PENSAMENTO SISTÊMICO
O NOVO PARADIGMA DA CIÊNCIA

MARIA JOSÉ ESTEVES DE VASCONCELLOS

PENSAMENTO SISTÊMICO
O NOVO PARADIGMA DA CIÊNCIA

PAPIRUS EDITORA

Capa	Fernando Cornacchia
Copidesque	Lúcia Helena Lahoz Morelli
Projeto gráfico	Marcos Valério dos Santos
Revisão	Margareth Silva de Oliveira e Taís Gasparetti

1ª Edição – 2002

Dados Internacionais de Catalogação na Publicação (CIP)
(Câmara Brasileira do Livro, SP, Brasil)

Vasconcellos, Maria José Esteves de
 Pensamento sistêmico: O novo paradigma da ciência/Maria José Esteves de Vasconcellos. – 11ª ed. – Campinas, SP: Papirus, 2018.

Bibliografia.
ISBN 978-85-449-0294-3

1. Ciência – Filosofia 2. Ciência – História 3. Conhecimento – Teoria 4. Paradigma (Teoria do conhecimento) 5. Teoria dos sistemas I. Título.

18-14127   CDD-003

Índice para catálogo sistemático:
1. Pensamento sistêmico: Paradigma da ciência:
   Conhecimento   003

11ª Edição – 2018
5ª Reimpressão – 2025
Tiragem: 180 exs.

Exceto no caso de citações, a grafia deste livro está atualizada segundo o Acordo Ortográfico da Língua Portuguesa adotado no Brasil a partir de 2009.

Proibida a reprodução total ou parcial da obra de acordo com a lei 9.610/98.
Editora afiliada à Associação Brasileira dos Direitos Reprográficos (ABDR).

DIREITOS RESERVADOS PARA A LÍNGUA PORTUGUESA:
© M.R. Cornacchia Editora Ltda. – Papirus Editora
R. Barata Ribeiro, 79, sala 316 – CEP 13023-0 – Vila Itapura
Fone: (19) 3790-1300 – Campinas – São Paulo – Brasil
E-mail: editora@papirus.com.br – www.papirus.com.br

SUMÁRIO

APRESENTAÇÃO
Juliana Gontijo Aun 7

INTRODUÇÃO 11

PARTE I
Rastreando as origens do paradigma de conhecimento científico

1. IDENTIFICANDO AS NOÇÕES
DE PARADIGMA E EPISTEMOLOGIA 27
A noção de paradigma 29
A noção de epistemologia 40
Equivalência entre as noções de paradigma e epistemologia 43
A noção de paradigma de ciência 46

2. DESTACANDO MOMENTOS MARCANTES
NO DESENVOLVIMENTO DA CONCEPÇÃO DE
CONHECIMENTO CIENTÍFICO 49
O pensamento dos gregos 53
O pensamento do homem medieval 58
O pensamento do homem moderno 59

PARTE II
Acompanhando as transformações do paradigma da ciência

3. DELINEANDO O PARADIGMA
TRADICIONAL DA CIÊNCIA 67
O pressuposto da simplicidade 74
O pressuposto da estabilidade 81
O pressuposto da objetividade 89
As diversas ciências e o paradigma de ciência 94

4. DISTINGUINDO DIMENSÕES NO PARADIGMA
EMERGENTE DA CIÊNCIA CONTEMPORÂNEA 101
Pressupondo a complexidade 104
Pressupondo a instabilidade 118
Pressupondo a intersubjetividade 129
As diversas ciências e o
paradigma emergente da ciência contemporânea 145

5. PENSANDO O PENSAMENTO SISTÊMICO COMO
O NOVO PARADIGMA DA CIÊNCIA:
O CIENTISTA NOVO-PARADIGMÁTICO 147

PARTE III
Um adendo necessário: Teorias de sistemas

6. RASTREANDO AS ORIGENS DAS ABORDAGENS
TEÓRICAS DOS SISTEMAS 185
Distinguindo a necessidade deste adendo 185
Começando pela Teoria Geral dos Sistemas 195
Passando para a Cibernética 212
Voltando à Teoria Geral dos Sistemas:
Especificidades dos sistemas vivos 227
Voltando à Cibernética: Desenvolvimentos novo-paradigmáticos
nas duas vertentes da "ciência dos sistemas" 232

REFERÊNCIAS 254

ÍNDICE REMISSIVO 265

APRESENTAÇÃO

Há muito, venho acompanhando o processo de geração das ideias da autora deste livro. Em 1990, o primeiro contato pessoal com Humberto Maturana. Em 1991, a ida a Buenos Aires para o Encuentro Nuevos Paradigmas, Cultura y Subjetividad. Em 1992, a defesa de sua dissertação de mestrado que foi publicada no livro *Terapia familiar sistêmica: Bases cibernéticas*, em 1995. Ao longo desses 12 anos, assisti a incontáveis apresentações em congressos e coministrei com ela várias aulas – sempre estimulantes e prazerosas para mim. E agora tenho o grande prazer de ler e comentar este novo livro.

Vou salientar alguns momentos desse processo:

Primeiro, o Encuentro Nuevos Paradigmas, Cultura y Subjetividad. Nele, ela estabeleceu contato direto com os pensadores de ponta que questionavam o paradigma tradicional da ciência e que apresentavam suas mais recentes contribuições – cada um, uma nova contribuição, um novo paradigma. Nessa época, ela já estava com o rascunho de sua dissertação de mestrado quase pronto. Já conhecia os textos da grande maioria daquelas personalidades e agora as conhecia pessoalmente e constatava a coerência entre o que ela estava elaborando e as ideias mais recentes desses autores. Porém, Maria José foi além e brilhantemente foi capaz de articular e sintetizar aqueles vários paradigmas apresentados por cada um dos autores, criando um texto totalmente original. E, mais do que isso, teve ainda a ousadia de propô-lo como um novo paradigma para a ciência e não como vários novos paradigmas como o próprio nome do "Encuentro" sugeria.

O segundo momento foi quando, em 1995, atreveu-se a anunciar publicamente o pensamento sistêmico como o novo paradigma da ciência – ideia que já vinha gestando havia algum tempo e que não é uma ideia trivial. Pelo contrário, é uma ideia que traz implicações revolucionárias e profundas tanto quanto à atitude científica, como quanto às atitudes pessoais e que, muito originalmente, não tem nada a ver com o atual *revival* do misticismo, mas sim com a vida concreta cotidiana.

Finalmente, o terceiro momento é o atual, a publicação deste livro. No anterior, Maria José já se referia ao pensamento sistêmico como novo paradigma da ciência, mas dentro do contexto da terapia de família, o que ofuscou sua contribuição para a ciência em geral. Muitas vezes, apressadamente e tentando manter alguma coerência com o paradigma tradicional, por desatenção às implicações contidas no próprio texto e/ou para não perder de todo o pé, as pessoas constroem a ideia linear de que a terapia de família e de casal é a consequência natural e única desse novo paradigma. Agora, com este livro, não há mais desculpas. Ele nos apresenta o novo paradigma da *ciência* – dessa ciência que criou para si mesma a armadilha de separar ciências físicas de humanas, de sociais; de separar física de química, de psicologia, de sociologia, de biologia... e que, necessitando urgentemente de agrupá-las para lidar com o que já existe junto, de integrar o que não tem como coexistir desintegrado, não sabe agora como sair dessa armadilha. O pensamento sistêmico oferece uma linguagem comum, permite uma transdisciplinaridade e é por isso que pode ser apresentado como o novo paradigma da ciência. Neste livro, Maria José nos conta como isso é possível.

Ao longo de minha vida profissional, que é longa – 33 anos –, nunca consegui assumir integralmente apenas uma das "abordagens"/"linhas"/ "matrizes" do pensamento psicológico. Tampouco me foi possível separar pesquisa científica de prática em psicologia. Por outro lado, também nunca me satisfez uma posição eclética. Foi só quando entrei em contato com os autores sistêmicos e quando compreendi o pensamento sistêmico como paradigma da ciência, que me foi possível articular os diversos saberes da ciência que me interessem no momento, transitar entre seus diversos domínios, sem me sentir incoerente. Para chegar a essa posição tão confortável, o convívio com Maria José e com suas ideias foi de importância fundamental.

Atualmente, não sei mais dizer se continuo psicóloga. Sei dizer que me sinto profundamente integrada com meus clientes, sejam eles pessoas, redes sociais, famílias, instituições; que não trabalho diretamente com a psique de qualquer um desses clientes; que trabalho com o contexto – com o contexto no qual se inserem as pessoas, as famílias, as instituições, no qual se constituem as redes sociais, no qual se desenvolvem as políticas sociais. Não preciso mais julgar, avaliar, diagnosticar, encontrar o errado, o disfuncional, o doente. Nesse aspecto, adotar o pensamento sistêmico como novo paradigma da ciência me deixa muito mais livre. Por outro lado, essa adoção dirige meu olhar para o contexto, para os recursos dos meus clientes. Nesse sentido, essa adoção é uma coerção. É uma coerção para abdicar da posição "privilegiada do profissional competente" e exigir de mim mesma a competência para criar contextos de autonomia, nos quais os clientes possam assumir a competência da autoria de suas próprias vidas. Adotar o pensamento sistêmico integralmente, tal como no-lo apresenta Maria José, tem me permitido trabalhar com políticas públicas, resolvendo o dilema que me incomodava profundamente e que creio atazanar muitos dos profissionais da área social – o de agir para propiciar a mudança sem ser o autor da mudança. Adotar o pensamento sistêmico plenamente, como uma nova visão de mundo tal qual nos mostra Maria José, permite-nos, por exemplo, oferecer um curso transdisciplinar – para enfermeiros, administradores, sociólogos, pedagogos, ambientalistas, médicos, assistentes sociais, economistas domésticos, economistas... e até para psicólogos – em torno do tema família. O que não é pouco!

Assim, este não é um livro para aqueles que estão satisfeitos com a ciência tradicional; ou para os que aceitam o meio-termo do rigor científico para as ciências humanas/sociais – nem tão rigorosas como a física, mas também não totalmente descompromissadas com o rigor; ou para quem concorda com a ideia de que há uma ciência para o mundo inanimado e outra ciência para o mundo dos seres vivos. Não é um livro para aqueles que acreditam que a melhor solução é o meio-termo entre os extremos, ou que, referindo-se às ciências, acreditam no provérbio "cada macaco no seu galho".

Enfim, este é um livro para aqueles que estão dispostos a questionar os pressupostos da ciência e os seus próprios. Questionar coisa tão valiosa só vale a pena para quem está incomodado, insatisfeito, inconformado com a participação que nós – os humanos – estamos tendo nos rumos deste mundo. Para quem desconfia das certezas do pensamento científico, mas que, ainda assim, quer continuar cientista – radicalmente um novo cientista. Para quem está disposto a fazer a volta autorreflexiva, isto é, para quem está disposto a aplicar a ciência sobre si mesma para questioná-la e reformulá-la a partir dela mesma.

Um último comentário. Sua trajetória fez com que Maria José fosse chamada carinhosamente de "nossa epistemóloga" pela comunidade científica dos terapeutas de família do Brasil. Correndo o risco de ser indiscreta, revelo que inicialmente ela se sentia incomodada com esse apelido, achava que era responsabilidade demais, que ela não o merecia. Aos poucos foi aceitando-o e, com este livro, Maria José vai além, ultrapassa as fronteiras da comunidade científica dos terapeutas de família e assume, diante do grande público científico, seu papel de epistemóloga da ciência. Na realidade, este é um presente para a comunidade científica, que está longe de reconhecer a importância dessa proposta e de dar-lhe a dimensão devida. Trata-se de uma voz latino-americana, brasileira, mineira, feminina, dificilmente ouvida no mundo dos epistemólogos – um mundo predominantemente masculino, constituído pelo eixo norte-americano-europeu, com hegemonia da língua inglesa. Mesmo num mundo globalizado, é muito difícil romper essa barreira, infelizmente para a ciência. Que pena!

Juliana Gontijo Aun
Consultora em Políticas Públicas, terapeuta de família e de casal, mestre em Psicologia Social pela UFMG, membro da EquipSIS – Equipe Sistêmica: Atendimento, Formação e Pesquisa em Recursos Sistêmicos e Terapia Familiar.

Belo Horizonte, julho de 2002

A elaboração de novas ideias depende da libertação das formas habituais de pensamento e expressão. A dificuldade não está nas novas ideias, mas em escapar das velhas, que se ramificam por todos os cantos da nossa mente.

J.M. Keynes

INTRODUÇÃO

Quando me vem às mãos um livro novo, cujo tema me desperta o interesse, algumas coisas costumam acontecer: depois de ver, pelo sumário, como o autor se propôs a abordar o tema, passo diretamente à seção de referências. Fico sempre curiosa: com que outros autores ele tem dialogado? E costumo procurar também mais algumas informações sobre o autor, nas orelhas, na capa, na apresentação, no prefácio. Acho que isso me ajuda a elaborar pelo menos uma contextualização inicial do texto, o que considero essencial para minha leitura.

Assim como sinto necessidade de ter uma contextualização para o que leio, também tenho me preocupado em contextualizar para o ouvinte/ leitor o meu trabalho.

Desde que defendi minha dissertação de mestrado pela UFMG, em 1992 – sobre as "As bases cibernéticas da terapia familiar sistêmica. Contribuições à precisão do quadro conceitual" (Esteves de Vasconcellos 1992) –, passei a ser convidada a apresentar e discutir as ideias que elaborei, ministrando cursos, participando de mesas-redondas, de debates, em diversos contextos científicos, nacionais e internacionais.

De início, era convidada a falar para pessoas interessadas em terapia familiar e era apresentada como psicóloga, especialista em terapia familiar sistêmica. E assim falei várias vezes, mas sempre focalizando os fundamentos do trabalho sistêmico com as famílias, considerando a Cibernética e a Si-Cibernética[1] como epistemologias implícitas nesse trabalho.

Até que um dia, num evento científico no Rio de Janeiro, fui recebida no hall de entrada com a exclamação: "Olhem, está chegando a nossa epistemóloga!". Lembro-me bem do impacto que sofri com esse comentário e das muitas reflexões que se seguiram. O fato é que estava deixando de ser definida como psicóloga. O novo rótulo passava a me constituir como epistemóloga e assim passava a ser apresentada. Que implicações essa mudança de rótulo poderia ter para mim?

Para começo de conversa, ninguém tinha me perguntado, quando eu era apresentada como psicóloga, "o que é uma psicóloga?". E então passaram a perguntar com frequência: "epistemóloga?! o que é isso?!". Mas o mais importante é o que se refere aos efeitos recursivos das expectativas geradas pelo rótulo.

Em 1999, ia apresentar uma palestra para um grupo de terapeutas de família, cujo título era "Trabalhando si-cibernéticamente com as famílias", e muitas pessoas me diziam: "estarei lá para te ouvir". Fiquei pensando: o que será que esperam que eu fale?

Lembrei-me então de que o diretor do Grupo Amana, Oscar Motomura (Motomura 1997), ao apresentar a edição brasileira de *A teia da vida* (Capra 1996), conta que, quando Capra veio a São Paulo, no início dos anos 90, o auditório estava lotado. Motomura achou interessantes as reações do público: de um lado, pessoas maravilhadas com a possibilidade de conectar o que faziam em gestão/liderança com uma nova ciência; de outro lado, pessoas perplexas, imaginando que tinham vindo ao evento errado ou que Capra tinha errado no tema a abordar. Essas últimas queriam certamente coisas mais práticas e diretamente aplicáveis em seus trabalhos

---

1. Todos os termos técnicos vão ser definidos e todos os autores citados vão ser apresentados ao leitor, a partir do Capítulo 1.

de gestão/liderança, e não reflexões sobre percepção e formas de pensar e enxergar o mundo.

Então – como, naquela palestra, eu pretendia falar das formas de pensar que embasam nossas formas de fazer –, fiquei pensando: será que essas pessoas estão indo me ouvir porque o título da palestra sugere formas de fazer e também vão sair pensando que eu errei de tema? Será que me definem como epistemóloga? Como será para elas ouvirem sobre as inevitáveis relações recursivas entre nossa epistemologia e nossas práticas? Que significado têm, para mim, o rótulo de epistemóloga – que instala uma realidade – e o meu corresponder às expectativas que o rótulo cria?

Reflexões desse tipo se fizeram acompanhar de uma necessidade cada vez mais presente de contextualizar meu trabalho, minhas propostas, e de incluir nessa contextualização um pouco da minha história.

De fato, Maturana e Varela (1983) nos mostram que nosso passado, nossa história de interações estão contidos em nossa estrutura presente e que é esta que vai permitir, ou não, estas ou aquelas ações/interações. Mas, por outro lado, esses autores nos mostram também que somos (vivos, humanos) na linguagem e que esta permite a quem opera nela descrever-se a si mesmo e às suas circunstâncias. E assim, sendo na linguagem, produzimos um mundo e a nossa versão do nosso viver nesse mundo. Segue-se, então, um pouco da minha versão das interações que vêm constituindo a mim e às minhas ações/produções.

No decorrer dos anos 80, quando frequentava cursos de especialização em terapia de família, eu sempre perguntava pelos fundamentos das práticas que se desenvolviam na área. Em geral recebia respostas que a mim – acostumada aos estudos de metodologia científica e psicologia experimental – não satisfaziam: "os fundamentos são a teoria geral dos sistemas, a cibernética e a teoria da comunicação". Ficava insatisfeita, apesar de já conhecer a *Teoria geral dos sistemas*, de Bertalanffy (1968), desde 1974, e a *Pragmática da comunicação humana*, de Watzlawick (Watzlawick, Beavin e Jackson 1967), desde 1979. Além disso, comecei a perceber mudanças acentuadas em aspectos importantes das práticas que se desenvolviam na terapia familiar sistêmica e também me perguntava por que essas mudanças estavam acontecendo.

Instigada por essas questões, defini que minha dissertação de mestrado seria sobre "o conceito de intervenção na terapia familiar sistêmica". E um dia, conversando com a professora Júlia Bucher – uma das mais importantes pioneiras da terapia familiar no Brasil –, ela me disse: "Então, estude bastante a cibernética".

Nesses estudos, ficou mais claro para mim que a Cibernética representava para a terapia de família uma epistemologia: o sistema familiar era concebido como análogo a um sistema cibernético. Também percebi que estavam acontecendo mudanças importantes na Cibernética e que se falava não só de uma Segunda Cibernética, mas ainda de uma Cibernética de Segunda Ordem. Ah! Então as mudanças na terapia de família estão refletindo mudanças na Cibernética.

Mas, ao mesmo tempo, eu estava ouvindo e lendo sobre uma revolução paradigmática na ciência, sobre o surgimento de um novo paradigma da ciência. Então me perguntei: como a Cibernética se localiza no quadro geral da ciência? Na ciência tradicional ou nessa ciência novo-paradigmática? E para responder a essa pergunta tive que me debruçar sobre os textos que estavam tratando do novo paradigma da ciência.

Exatamente nesse momento tive a oportunidade de assistir ao "Encontro Interdisciplinar Internacional Novos Paradigmas, Cultura e Subjetividade" (Schnitman et al. 1991), em Buenos Aires, onde estavam alguns dos principais participantes dessas mudanças na ciência. E mais, conversei com Carlos Sluzki – também epistemólogo da terapia familiar – que, vendo atentamente o esquema que eu já tinha preparado para a dissertação, me referendou e me estimulou a continuar naquela direção.

E assim cheguei a elaborar, e apresentei na dissertação, um quadro de referência que não só evidencia as principais dimensões dessa mudança paradigmática, mas também aponta para a sua articulação.

No texto da dissertação, essa trajetória que percorri na sua preparação aparece invertida: primeiro, aparece um quadro geral da ciência; em seguida, a Cibernética e sua inserção nesse quadro da ciência; e, finalmente, a terapia familiar de base cibernética.

Como se vê, foi incidentalmente que cheguei ao tema da mudança de paradigma da ciência. Apesar disso, considero que minha principal contribuição com esse trabalho foi a constituição desse quadro de referência amplo, que pode ajudar a compreender as muitas manifestações dessa mudança de paradigma com que temos deparado em nossos contextos contemporâneos. Entretanto, como a dissertação e o livro que dela se derivou – *Terapia familiar sistêmica. Bases cibernéticas* (Esteves de Vasconcellos 1995b) – tratam da terapia familiar sistêmica, o tema do novo paradigma da ciência não foi, a meu ver, suficientemente focalizado e desenvolvido.

Continuando a estudar e pesquisar a epistemologia sistêmica, procurei focalizar suas possíveis implicações nas mais diversas práticas profissionais contemporâneas.

Logo percebi que, como a psicoterapia foi uma das áreas em que mais rapidamente se desenvolveu uma forma de trabalho sistêmico, estabeleceu-se uma errônea identificação do pensamento sistêmico, como se fosse apenas mais uma dentre as diversas abordagens em psicoterapia. Por isso, passei a dizer enfaticamente que não estou falando – nem ministrando cursos de pensamento sistêmico – como psicóloga, nem apenas para psicólogos.

Em fevereiro de 1995, numa mesa-redonda promovida em Belo Horizonte, pela Associação Brasileira de Treinamento e Desenvolvimento e pela EquipSIS, afirmei pela primeira vez que considero "o pensamento sistêmico como o novo paradigma da ciência" (Esteves de Vasconcellos 1995a). Desde então venho expondo e procurando explicitar essa concepção.

Em diversas ocasiões e em diversos contextos, tenho observado que, em geral, as pessoas parecem não captar a importância e as profundas repercussões do que se tem identificado como essa revolução paradigmática em curso na ciência. Por coincidência, não faz muito tempo, encontrei num artigo de Glasersfeld (1991a),[2] essa mesma observação. Ele se refere ao papel desempenhado por Heinz von Foerster no desenvolvimento da Ciber-

---

2. Com o objetivo de preservar a cronologia dos trabalhos citados, ao indicar a data de uma publicação referida, apresento a data da publicação original. Mas, quando há citação de páginas, elas correspondem às do material efetivamente consultado, indicado também nas referências.

nética e a como suas formulações expressam os "efeitos das 'revoluções' científicas (...) ocorridas no decorrer dos últimos cem anos, *das quais até hoje somente poucos tomaram plena consciência de toda sua extensão*" (p. 18, grifo meu).

E essa tem sido então mais uma questão sobre a qual tenho refletido. Por que será que tantos profissionais e das mais diferentes áreas parecem não perceber que não estamos falando de algo trivial? Que essa mudança de paradigma implicará necessariamente profundas e amplas transformações em nossas práticas e em nossas relações?

Penso que, para perceber que algo mudou ou está mudando, é preciso ter atentado bem ao como era antes de se iniciar a mudança. Nesse caso, para perceber bem e avaliar as implicações da mudança de paradigma na ciência, é preciso que se tenha atentado bem para o paradigma de ciência que prevalecia até então.

Entretanto, tenho como hipótese que nossos cursos universitários oferecem poucas oportunidades de explicitação e reflexão sobre essa questão do paradigma científico.

Cursos que se definem como pertencentes ao grupo das ciências aplicadas geralmente não incluem temas tais como história e filosofia/ epistemologia da ciência, distinção entre o conhecimento científico e outros tipos de conhecimento, e, quando incluem uma disciplina de metodologia científica, esta geralmente aborda a metodologia de redação de relatórios científicos e não a metodologia da pesquisa e da produção do conhecimento científico. Isso pode parecer natural, uma vez que esses profissionais iriam apenas aplicar conhecimentos desenvolvidos em outras disciplinas. E, para eles, o paradigma de ciência acaba ficando apenas implícito.

Por seu lado, cursos definidos como pertencentes ao grupo das ciências básicas, na área das chamadas ciências físicas ou exatas, podem ter o paradigma tradicional de ciência tão incorporado às suas práticas de pesquisa e de elaboração teórica, que nem sintam mais necessidade de reservar um espaço para explicitar e refletir com os alunos sobre os pressupostos epistemológicos, ou o paradigma, de suas produções científicas.

Finalmente, cursos de ciências básicas, na área das chamadas ciências humanas e sociais, costumam não se aprofundar no paradigma científico tradicional, recusando-o logo de início como o paradigma das ciências físicas e inaplicável a seu próprio objeto de estudo.

E, além de tudo isso, este assunto – fundamentos, pressupostos epistemológicos – costuma ser visto como muito especulativo, filosófico demais para nossas mentes ocidentais pragmáticas: seriam disciplinas apenas laterais em cursos nos quais o que os alunos precisam mesmo é aprender a fazer, a atuar.

Se essas hipóteses não se distanciarem muito do que vem ocorrendo nos diversos cursos, serão de fato muito poucos os profissionais que, ao saírem da universidade, terão tido oportunidade de atentar bem para o paradigma de ciência que orienta a produção e a aplicação do conhecimento científico em sua área.

Entretanto, o que pode parecer contraditório é que, apesar de a maioria das pessoas não estar atenta ou não ter o hábito de pensar sobre o paradigma da ciência, é a ciência que embasa o viver em nossa cultura.

Monod (1970, p. 149) já afirmava que "as sociedades modernas são construídas sobre a ciência". Considera que, ao adotarem o conhecimento objetivo como fonte única de verdade, essas sociedades romperam com tradições milenares e se impuseram uma renúncia a outras fontes de alimento para o espírito. Entretanto, a ideia de conhecimento científico se impôs em virtude de seu prodigioso poder de realização. As sociedades modernas aceitaram as riquezas e os poderes que a ciência lhes oferecia e parecem ter-se encantado com a perspectiva de um desenvolvimento prodigioso da humanidade. E mais: as fontes de conhecimento e as fontes de valores que antes se fundiam ficaram então separadas. Essas sociedades tentaram se manter vinculadas às tradições anteriores, animistas, religiosas, para justificar seus valores, sua ética, mas abandonaram essas tradições como fonte de conhecimento e de verdade. Instalou-se a disjunção entre conhecimento científico e ética, então pertencentes a domínios diferentes. A propósito, Glasersfeld (1991b) reafirma essa disjunção, ao considerar que nenhuma teoria racional jamais foi capaz de formular uma base para a ética, apesar de terem se esforçado.

Maturana (1997) também nos fala do papel que a ciência desempenha em nossa organização social. Ele ressalta que existem tantos domínios explicativos quanto critérios de aceitabilidade para diferentes explicações e que a cada domínio de explicações corresponde um domínio de ações que um dado observador considera legítimas, por ter preferido as premissas básicas que constituem esse domínio. Portanto, cada domínio explicativo gera um domínio de coerências operacionais na práxis do viver daqueles que elegeram operar nesse domínio. Segundo ele, assim como existem os domínios das religiões, das ideologias, das doutrinas políticas, dos sistemas filosóficos, existe o domínio explicativo da ciência. Os cientistas geram "um domínio especial de conhecimento, um domínio de afirmações que têm características especiais" (p. 45) e são pessoas que se encontram em pontos nodais de muitos momentos do viver humano moderno. "A ciência desempenha um papel central na validação do conhecimento em nossa cultura ocidental e, portanto, em nossas explicações e compreensão dos fenômenos..." (p. 256).

Como diz Bertalanffy (1967), a visão de mundo do homem da rua é obra de Newton, Locke, Darwin, Freud, mesmo que aquele nunca tenha ouvido falar desses.

Considerando também que erguemos confiantemente a organização de toda nossa vida sobre os pressupostos da ciência clássica, Rifkin (Rifkin e Howard 1980) usa as palavras de Bertrand Russell para se referir às mudanças que estão acontecendo: "É um fato curioso que, exatamente quando o homem comum (o homem da rua) começou a acreditar inteiramente na ciência, o cientista (o homem do laboratório) começou a perder a fé" (p. 221).

Tem-se falado muito sobre as crises vividas pela sociedade contemporânea, muitas vezes associando-as ao fato de a sociedade ter adotado a ciência como base de sua organização.

Por um lado, a tradução tecnológica dos conhecimentos científicos ampliou enormemente a eficácia do homem para viver nos mais variados ambientes. Mas com isso, não só modificou as relações do homem com a natureza, colocando-o cada vez mais dependente do uso da ciência e da técnica, como também tornou iminente o risco de uma catástrofe ecológica. Tendo dominado o ambiente ecológico, parece que o homem deslocou as questões de sua sobrevivência para o plano das relações com seus semelhantes. E aí também parece que as contribuições da ciência não têm sido suficientes ou adequadas para afastar de nossa civilização o risco real de sua própria extinção.

Por outro lado, essa mesma tradução tecnológica dos conhecimentos desenvolvidos pela ciência está trazendo novidades num ritmo superacelerado, tornando essas novidades presentes simultaneamente em todos os pontos do nosso planeta, manifestando-se, por exemplo, no que se tem chamado de globalização. Isso está impactando fortemente nossa organização social, nossas relações, e exigindo de todos nós mudanças profundas na nossa forma de estar no mundo.

Começa-se então a falar de um mundo excessivamente complexo e acusa-se a ciência de não dar conta de responder às novas necessidades nele instaladas. Passa-se então a falar da urgência de se adotarem "novos paradigmas", sob pena de não se acompanhar o fluxo da vida no planeta no terceiro milênio. E assim surgem inúmeras novas propostas para as diversas áreas de atuação humana, todas elas batizadas como "novos paradigmas": novos paradigmas em administração, novos paradigmas empresariais, novos paradigmas em educação, paradigma da qualidade em educação, paradigma familiar-escolar, novo paradigma de desenvolvimento sustentável, novo paradigma para o judiciário, novos paradigmas de nutrição e certamente mais, e mais, e mais novos paradigmas.

Na maioria dessas propostas percebe-se claramente que pretendem continuar vinculadas à ciência e a seus desenvolvimentos mais recentes. Por exemplo, um desses novos paradigmas para a educação no terceiro milênio baseia-se numa descrição do funcionamento do cérebro humano e propõe que daí se derivem as novas práticas educacionais. Outro exemplo, na área da administração: apresenta-se um novo paradigma, partindo da afirmação de que "a empresa é uma sociedade quântica".

Inúmeras outras práticas que se propõem – geralmente consideradas alternativas, por serem bem menos vinculadas à ciência – também são justificadas pela necessidade de novos paradigmas, em virtude da incapacidade da ciência para responder às novas necessidades do homem contemporâneo: astrologia, astrologia médica, tarologia, numerologia, projeciologia, iridologia, aromaterapia, cristaloterapia, cromoterapia, mapa astral, quiromancia, cinesiologia, alquimia interior, yoga, xamanismo, I Ching, técnica de aura-soma, cura prânica, terapia da linha de tempo, florais, mandalas de palavras, terapia Reiki, búzios, terapia dos chacras, biodança, terapia dos mantras, shantala, terapia do corpo astral, harmonização energética, e outras práticas místico-esotéricas.

Essas práticas têm sido apresentadas como práticas holísticas. Recentemente anunciou-se que uma "Semana Holística" se constituiria de "palestras e vivências em numerologia, tarô, anjos, biodança, musicoterapia, massagens orientais, entre outros assuntos" e que paralelamente aconteceria "uma feira de livros esotéricos, fitas de relaxamento, velas e óleos perfumados e artigos indianos".

Essa ideia de práticas holísticas tem-se associado às diversas áreas da atividade humana. Assim, encontramos variadas propostas: educação holística, paradigma holístico em educação, odontologia holística, saúde holística, medicina holística, culinária holística, paradigma de administração holística, desenvolvimento empresarial holístico, gerenciamento holístico, ecologia holística, paradigma holístico para o meio ambiente, desenvolvimento holístico, visão holística do direito, paradigma holístico na política, assistência holística internacional, engenharia holística.

Acontece que os defensores dessas práticas místico-esotéricas muitas vezes o fazem associando-as a recentes desenvolvimentos da ciência. Por exemplo, em entrevista publicada em jornal, um proponente de uma dessas práticas, o xamanismo, observou que

> estamos passando por um ponto de mudança conceitual, mudando de paradigmas muito fortes, saindo da ciência oficial, de cerca de 300 anos no Ocidente. Estamos saindo do paradigma de Newton e entrando no de Einstein, que é o quântico. Estamos saindo do paradigma newtoniano, que observa os fenômenos como meramente mecânicos e entrando numa concepção energética do *quantum*, ou *quanta*, lidando mais com o funcionamento das energias do universo. Agora se pode verificar com métodos científicos o que os místicos e as grandes tradições já usavam como princípio.

Parece evidente uma necessidade de reconhecimento científico para essas práticas, embora se mostre como muito frágil sua identificação como práticas científicas.

E acontece mais: essas práticas também têm sido apresentadas e justificadas como derivadas do pensamento sistêmico, da visão sistêmica de mundo. Daí se desenvolve então uma associação de pensamento sistêmico com esoterismo, o que tem feito com que "pensamento sistêmico" seja visto com desconfiança pelos que o consideram da perspectiva das explicações científicas. E assim, ao recusar o esoterismo, recusa-se o pensamento sistêmico. Mas essa desconfiança em relação ao pensamento sistêmico se justifica, por exemplo, quando uma professora de terapia sistêmica – da qual em geral se espera que esteja inserida no domínio das ciências – dá entrevista publicada em jornal, em que se lê:

> Usando de tudo – tarô, I Ching, jogos e a observação do cotidiano – a terapia sistêmica é diferente das demais porque trabalha o ser humano como um todo, baseia-se no pensamento da física quântica e nos conceitos de relatividade e usa, quase como uma tática, a prescrição das tarefas, espécie de "Para Casa", que obrigam o cliente a continuar o trabalho fora do consultório.

E ainda:

> O tarô, o I Ching e os demais jogos utilizados na terapia sistêmica funcionam como os exames de laboratório para tratamento médico. As colagens são outro recurso dos sistêmicos, para quem a montagem de fotos, textos e palavras nunca é feita por acaso pelos clientes. Dentro da ideia da Sistêmica, não há acaso e nem coincidências.

Se ditos especialistas em pensamento sistêmico associam-no com esoterismo, pode-se compreender que o livro *A teia da vida*, de Capra (1996) – que é físico e reconhecido pensador sistêmico –, tenha sido recentemente encontrado na estante "Esotéricos" de uma grande livraria, apesar de o livro ter como subtítulo: "Uma nova compreensão científica dos sistemas vivos".

Diante de tudo isso, compreendo como pode ser difícil para as pessoas lidarem com minha ideia de que "o pensamento sistêmico é o novo paradigma da ciência". Por um lado, apesar de terem a ciência como base de sua organização social – o que as leva a perguntar frequentemente pela cientificidade de tudo que se propõe de novo –, não têm ainda como avaliar como seria uma ciência novo-paradigmática. Por outro lado, se pensamento sistêmico estiver associado a outros domínios de explicações – que não o da ciência – como ele poderia ser o novo paradigma da ciência?

Costuma-se afirmar que o paradigma dominante na ciência encontra-se em crise. Alguns autores consideram que essa crise resulta de "condições sociais e de condições teóricas" (Santos 1985, p. 24). De um lado teríamos, então, as condições decorrentes da própria aplicação da ciência pressionando para que essa reveja seu paradigma: crise gerada a partir da ciência aplicada. E, de outro lado, avanços teóricos dentro da própria ciência, mostrando os limites de seu paradigma: crise gerada a partir da ciência básica.

Entretanto, parece que a ideia mais difundida é a de que a crise social está forçando a mudança de paradigma da ciência. Assim, focalizar a mudança de paradigma a partir dos desenvolvimentos dentro da própria ciência pode parecer menos importante – ou menos interessante. Tanto que já me foi sugerido que poderia despertar mais o interesse da plateia "falando a partir da globalização e das novas necessidades das empresas e evitando essa parte que as pessoas acham menos interessante e mais difícil de entender", a dos desenvolvimentos dentro da própria ciência.

Reconheço que há, necessariamente, uma relação recursiva entre os efeitos que o conhecimento científico produz e sua própria evolução. Entretanto, acredito que essa mudança de paradigma da ciência – tal como a tenho concebido e descrito – é algo que tem origem dentro da própria ciência básica. Penso que não é apenas por não dar conta de lidar com situações geradas por sua aplicação que a ciência encontrou os limites de seu próprio paradigma.

De fato, a ciência tradicional é inadequada para lidarmos com situações complexas, instáveis, que exigem que reconheçamos nossa própria participação no curso dos acontecimentos. Mas já não é preciso abandonar o domínio da ciência, pois temos um "novo paradigma sistêmico" que, mantendo-se científico, oferece possibilidade de lidarmos com essas situações. E ainda mais, que permite superar-se aquela disjunção entre conhecimento científico e ética.

Há múltiplas e variadas fontes de que podemos alimentar nossos espíritos, como diz Monod (1970), ou muitas embarcações acessíveis para nos levar para o outro lado do rio, como diz Keeney (1982), ou múltiplos domínios de explicações e de coerências operacionais, como diz Maturana (1997), e cada um de nós escolherá o que quer aceitar como explicação e adotar como base para sua forma de estar no mundo. Mas tomar o caminho da ciência é diferente de tomar qualquer dos outros.

Recentemente, têm-se encontrado autores que, com as explicações que propõem, promovem uma "cientifização de tradições místicas, ou, ainda, uma misticização da ciência, o todo resultando num sincretismo científico-místico". É preciso, de fato, responder ao desafio posto pela complexidade, não só no nível da teoria, mas também da prática. Mas as novas soluções não virão certamente apenas da intervenção de um "especialista em *insight*" (Garcia 1990, p. 161).

Pode-se reconhecer que sejam naturais essas confusões, num momento em que "os processos de mudança são tão explosivos e o tempo curto demais. Mas isso não significa trocar fatos por fantasia, nem rigor por imaginação" (Laszlo 1972, p. vii). A ciência está de fato revendo muitos de seus conceitos, mas não chega a essas conclusões pelo abandono do procedimento científico, e sim pela descoberta das limitações intrínsecas aos conceitos e métodos que até então utilizava. Não há por que considerar, por princípio, que a ciência não seja compatível com "os processos complexos que constituem o mais familiar dos mundos, o mundo natural onde evoluem os seres vivos e suas sociedades" (Prigogine e Stengers 1979, p. 25). Por isso, não significa que, por mudar seu paradigma, a ciência esteja deixando de ser científica ou se confundindo com outros domínios de explicações.

Isso é o que tenho procurado mostrar em meus cursos, artigos e participações diversas em eventos científicos. Minhas interações nessas situações têm-me permitido repensar o quadro de referência que elaborei para a transição paradigmática na ciência, na tentativa de torná-lo cada vez mais integrador. E sei que vou continuar nesse processo – que certamente não terá fim – já que não pretendo apresentar nenhuma proposta fechada, definitiva ou verdadeira.

Então, apesar de saber que a proposta vai continuar "em processo de tornar-se", resolvi elaborar essas ideias em forma de livro, para inclusive responder aos muitos pedidos que tenho recebido de "algo mais para ler a respeito disso que você falou". É claro que a bibliografia é vastíssima e traz contribuições inestimáveis à nossa compreensão do pensamento sistêmico – e estará progressivamente indicada ao longo do livro. Sei que este livro não dispensará essas leituras e, por isso mesmo, sempre digo que ele não representa mais do que um quadro de referência em que se possam articular as múltiplas contribuições dos diversos autores.

Mantendo-me dentro dos limites dessa proposta, vou procurar deixar bem claro em que sentido considero "o pensamento sistêmico como o novo paradigma da ciência", ou como "a epistemologia da ciência novo-paradigmática" (Esteves de Vasconcellos 1995a). Além disso, preciso mostrar que estou falando de epistemologia sistêmica e não de teoria sistêmica ou teoria(s) dos sistemas (Esteves de Vasconcellos 1996) e por que considero que nem tudo que se apresenta como sistêmico é, a meu ver, novo-paradigmático (Esteves de Vasconcellos 1997a). Preciso abordar também as possibilidades de articulação entre a ciência novo-paradigmática e a ciência tradicional. Finalmente, preciso justificar por que não falo de novos paradigmas da ciência e sim do "novo paradigma da ciência". De fato, no contexto do que se apresenta como essa nova ciência, encontramos referências a paradigma da complexidade, paradigma do construtivismo, paradigma da ordem a partir da flutuação, paradigma da auto-organização e outros. Entretanto, o que tenho apontado é a possibilidade de perceber as convergências e de, articulando-as, poder falar do "novo paradigma da ciência", o qual, sendo assumido pelo cientista, pode transformá-lo num "cientista sistêmico novo-paradigmático".

Tenho destacado também, em diversos contextos, como esse novo paradigma já começa a se manifestar em algumas práticas, ou seja, como o fato de haver pessoas pensando sistemicamente já começa a ter implicações em suas formas de atuação. Por outro lado, tenho apontado que outras práticas, que podem estar representando avanços significativos em suas áreas, não podem entretanto ser consideradas, ainda, como novo-paradigmáticas. A meu ver, tendo passado a pensar sistemicamente, qualquer profissional estará em condições de repensar as práticas em sua área de atuação. Entretanto, tenho percebido como costuma ser difícil para as pessoas pensarem o aspecto transdisciplinar do pensamento sistêmico e como se manifesta a tendência a quererem encaixá-lo dentro de algum dos compartimentos disciplinares da ciência.

Desenvolvo minha proposta, escrevendo numa linguagem bem simples, tão simples que até posso correr o risco de dar a impressão de estar falando de coisas triviais. Mas sei que não o são e que o mais importante acontecerá se nossa interação, por meio deste texto, gerar surpresa e reflexão. Reflexão que tenha implicações profundas, tão profundas que necessariamente impliquem mudança. Pois estou convicta de que não é a ciência que vai promover mudanças. Cada um de nós, ao mudar seu paradigma, é que se constituirá como um foco de possíveis e significativas transformações.

Entretanto, como foi dito recentemente, num seminário no qual a presença principal foi a de Edgar Morin, os partidários do pensamento complexo ainda somos uma minoria dispersa pelo mundo, que não representa uma ameaça ao pensamento tradicional.

Por isso me sinto animada quando encontro autores dizendo que talvez, depois da ênfase ao pensamento científico que se estabeleceu a partir da revolução científica iniciada no século XVII, o mundo, agora, já esteja pronto para o pensamento sistêmico (Fishman e Rosman 1986).

Pessoalmente, tenho me empenhado em contribuir para a construção de espaços de reflexão sobre essa concepção sistêmica, não só da ciência, como dos nossos afazeres cotidianos. Caberá a cada um decidir até quanto se empenhará nessa reflexão e até quanto assumirá suas implicações.

Trata-se de uma questão que nos implica tanto, e tão pessoalmente, que é por isso que, ao longo de todo o texto, utilizo o discurso na primeira pessoa do singular. Você perceberá que essa já é uma das implicações de ter assumido esse novo paradigma sistêmico.

PARTE I
Rastreando as origens do paradigma de conhecimento científico

IDENTIFICANDO AS NOÇÕES DE PARADIGMA E EPISTEMOLOGIA

1

Em 1968, o biólogo austríaco Ludwig von Bertalanffy publicou um livro que teve grande repercussão, com o título *Teoria geral dos sistemas* (Bertalanffy 1968).

Tendo estudado as peculiaridades dos fenômenos biológicos e suas diferenças em relação aos fenômenos físicos, propôs-se a identificar os princípios gerais do funcionamento de todos os sistemas. Sua teoria geral dos sistemas seria uma disciplina formal, aplicável às várias ciências empíricas, transcendendo fronteiras disciplinares.

Na introdução desse livro, ele diz que um levantamento dos termos que vinham aparecendo com maior frequência na literatura científica, naquela época, certamente mostraria a palavra "sistema" no topo da lista.

De fato, mais de 40 anos depois, o substantivo "sistema" e o adjetivo "sistêmico" têm tido uso muito frequente entre nós, aparecendo em diversas expressões, tais como: "Ele é sistêmico?"; "Vim para conhecer a sistêmica"; "Trabalhamos com o sistema"; "Tenho muita afinidade com a abordagem sistêmica".

Você mesmo pode fazer um exercício, listando palavras (substantivos) que você e outras pessoas costumam adjetivar com "sistêmico"/"sistêmica".

Assim:

Paradigma sistêmico
Epistemologia sistêmica

É provável que sua lista em grande parte coincida com as listas da maioria das pessoas, em que as palavras que mais costumam aparecer são:

Quadro 1 – O que pode ser adjetivado como sistêmico

Epistemologia sistêmica	Teoria sistêmica	Prática sistêmica
paradigma sistêmico	modelo sistêmico	trabalho sistêmico
visão sistêmica	movimento sistêmico	atuação sistêmica
pensamento sistêmico	linha sistêmica	intervenção sistêmica
quadro de referência sistêmico	abordagem sistêmica	efeito sistêmico
perspectiva sistêmica	enfoque sistêmico	método sistêmico
concepção sistêmica	conhecimento sistêmico	técnica sistêmica
pressuposto sistêmico	ciência sistêmica	atendimento sistêmico
percepção sistêmica		terapia sistêmica
postura sistêmica		prescrição sistêmica
		equipe sistêmica
		formação sistêmica
		metodologia sistêmica

De fato, todas essas expressões – e outras – encontram-se na literatura científica contemporânea.

Coloquei-as em três colunas que, *grosso modo*, poderiam corresponder a três dimensões geralmente reconhecidas na atividade científica, a saber: a epistemologia, a teoria e a prática.[1] Essa lista mostra que o termo sistêmico tem sido associado a essas três dimensões. Aqui vou abordar, de modo especial, a ideia associada às expressões que estão na primeira coluna. Entretanto, como veremos, pressupostos epistemológicos, além de poderem ser explicitados, manifestam-se não só na teoria, como também nas práticas correspondentes.

---

1. Adiante, no Capítulo 5, abordarei as relações entre essas três dimensões do afazer científico, na ciência tradicional e na ciência novo-paradigmática.

Tenho considerado – e aqui vou desenvolver essa ideia – o pensamento sistêmico como o paradigma da ciência contemporânea ou como a epistemologia da ciência novo-paradigmática (Esteves de Vasconcellos 1995a).

Quadro 2 – Pensamento sistêmico como paradigma ou epistemologia

---
PENSAMENTO SISTÊMICO:

Paradigma da ciência contemporânea
Epistemologia da ciência novo-paradigmática

Portanto, vou trabalhar com as noções de paradigma e epistemologia e é muito importante que fique bem claro em que sentido vou usar esses termos.

Posteriormente, também o sentido de sistêmico precisará ser bastante esclarecido porque, só num sentido bem específico desse termo, é que ele fica adequado na minha afirmação de que o pensamento sistêmico é o novo paradigma da ciência. Assim, explicitarei que nem tudo que se apresenta como pensamento sistêmico pode ser reconhecido como novo paradigma da ciência.

A noção de paradigma

Vou começar por um sentido em que o termo paradigma tem sido amplamente usado para se referir à forma como percebemos e atuamos no mundo, ou seja, às nossas regras de ver o mundo.

Uma experiência bem simples e rápida pode nos ajudar a começar a entender o que queremos dizer quando usamos paradigma nesse seu primeiro sentido. Você pode realizá-la facilmente com um grupo de pessoas.

A EXPERIÊNCIA DOS PROVÉRBIOS

Inicialmente, prepare o material para a experiência. Escolha alguns provérbios que possam ser facilmente divididos em duas frases. Por exemplo: "quando um não quer/dois não brigam". Pense numa forma de alterar a segunda parte do provérbio, mas mantendo uma frase que faça sentido. No exemplo, poderia ser: "quando um não quer/não há casamento".

continua

continuação

Escolhidos os provérbios e alteradas suas segundas partes, escreva cada metade de cada provérbio em uma ficha, tudo em maiúsculas.

Tendo um número par de participantes, cada um receberá uma ficha e andará pela sala, em silêncio, mostrando sua ficha aos demais e procurando ler as fichas dos outros. O objetivo de cada um será encontrar o colega cuja ficha forme, junto com a sua, uma frase de sentido completo. Quando, sem falar coisa alguma, duas pessoas concordarem que formam um par, deverão sentar-se. Limite o tempo, de modo que nem todos tenham chegado a sentar-se.

Em seguida, peça aos participantes para dizerem como vivenciaram a experiência.

Você provavelmente verá que aqueles que receberem a primeira parte do provérbio resistirão a aceitar a segunda parte modificada. Tendo uma expectativa já formada sobre a segunda parte da frase, insistirão em procurar a frase "correta", ou seja, o provérbio conhecido. Os que receberem a segunda metade da frase não terão expectativas e poderão aceitar mais prontamente uma articulação com alguma outra frase. É claro que a familiaridade das pessoas com os provérbios será um fator que influenciará o seu comportamento nessa situação.

Poderíamos dizer que as pessoas foram influenciadas por seu "paradigma de provérbios", ou seja, por sua crença sobre a forma "correta" daquelas frases.

Num vídeo que se chama *A questão dos paradigmas* (Barker, s.d.), são apresentados muitos outros exemplos de paradigmas e não é difícil identificá-los em muitas situações de nossa vida cotidiana.

Definindo os paradigmas (do grego *parádeigma* = "modelo", "padrão") como conjuntos de regras e regulamentos, esse vídeo mostra que, além de estabelecerem limites – como o fazem em geral os padrões de comportamento –, essas regras e esses regulamentos vão nos dizer como ter sucesso na solução de situações-problema, dentro desses limites.

O tempo todo estamos vendo o mundo por meio de nossos paradigmas. Eles funcionam como filtros que selecionam o que percebemos e reconhecemos e que nos levam a recusar e distorcer os dados que não combinam com as expectativas por eles criadas. Sendo diferentes os paradigmas de duas pessoas em relação a um determinado tema, o que é percebido por uma será imperceptível para a outra. É a isso que se chama "efeito paradigma".

O termo paradigma entrou em evidência depois que foi amplamente usado por Thomas Kuhn, em 1962, em seu livro *A estrutura das revoluções científicas*. Nesse livro, Kuhn descreve uma experiência de percepção, realizada por Bruner e Postman, com cartas de baralho, a qual também é reproduzida nesse vídeo.

A EXPERIÊNCIA DAS CARTAS DE BARALHO

Para a experiência, utilizam-se algumas cartas normais de baralho, que são intercaladas com outras que sofreram alterações: por exemplo, um seis de copas, porém com as figuras pretas, ou um nove de espadas, porém com as figuras vermelhas. Passa-se a sequência de cartas rapidamente (dois segundos para cada carta), pedindo-se que a pessoa identifique as cartas apresentadas. Passa-se uma segunda vez, com um tempo de exposição um pouco maior (quatro segundos para cada carta). E ainda uma terceira vez, com um tempo de exposição ainda maior (dezesseis segundos para cada carta).

A maioria das pessoas não percebe as alterações – ou não vê as exceções – e identifica todas as cartas como "normais". Antes de mostrar as cartas, costumo perguntar às pessoas se têm pouca ou muita experiência com baralhos. Em geral, aquelas que se consideram muito experientes em baralhos são as que mais distorcem os dados para ajustá-los a seu "paradigma de baralho", vendo todas as cartas como se fossem "normais". Será sempre muito difícil perceber aquilo que está além do nosso paradigma.

Além de influir sobre nossas percepções, nossos paradigmas também influenciam nossas ações: fazem-nos acreditar que o jeito como fazemos as coisas é "o certo" ou "a única forma de fazer". Assim costumam impedir-nos de aceitar ideias novas, tornando-nos pouco flexíveis e resistentes a mudanças.

Tomemos um exemplo de paradigmas em ação. Os pais vão com as crianças lanchar na casa dos avós. Esses colocam um queijo na mesa e o menino toma a faca e vai cortá-lo em fatias, como se corta uma pizza. Imediatamente, a avó toma-lhe a faca, dizendo: "não é assim que se corta o queijo", e mostra-lhe o "jeito certo", que, para ela, é em cortes paralelos uns aos outros. O menino se assusta, e não entende em que errou – não sabe ainda que, para a avó, existe um "jeito certo" de cortar queijo, um "paradigma de cortar queijo".

Vamos ver mais uma experiência da influência dos paradigmas sobre nossas ações.

A EXPERIÊNCIA DE LIGAR PONTOS

Dado o conjunto de pontos reproduzidos abaixo, pede-se que, com apenas quatro segmentos de reta, se liguem todos os nove pontos, sem tirar o lápis do papel.

Em geral as pessoas tentam, insistem e concluem ser impossível atender às instruções. É que seu paradigma – de que as linhas não deveriam ultrapassar o espaço delimitado pelo conjunto de pontos – as impede de encontrar a solução do problema. Para resolvê-lo, é preciso desenhar linhas que avancem para além dos pontos:

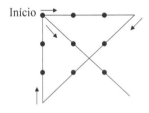

Ainda no vídeo *A questão dos paradigmas*, encontramos ressaltados alguns aspectos importantes dos paradigmas:

- Os paradigmas estão em todos os aspectos de nossas vidas, em nossas práticas domésticas, religiosas, profissionais, educacionais, sociais, científicas. Por exemplo: todos os pais têm certamente seu "paradigma de educação de filhos".

- Vimos que os paradigmas nos isolam dos dados que os contrariam. Mas, por outro lado, eles nos permitem recortar em detalhes as informações que recebemos, podendo ser úteis, na medida em que concentram ou focalizam nossa atenção.

- Quando nosso paradigma se torna *o* paradigma, o único modo de ver e de fazer, instala-se uma disfunção que é chamada de "paralisia de paradigma" ou "doença fatal de certeza". E essa doença é mais fácil de contrair do que se pode imaginar.

- Em geral, as pessoas que criam novos paradigmas são pessoas que, sendo de fora da área, não estão amarradas a velhos paradigmas e, portanto, não têm nada a perder. Assim, os movimentos de mudança costumam começar nas bordas, nos limites da área em questão.

- Os pioneiros de um novo paradigma têm que ser corajosos, porque ainda não há provas de que é assim – do novo jeito – que se deve fazer. As primeiras feministas, por exemplo, só sabiam que o modelo anterior não servia. Então, a decisão de abraçar um novo paradigma deve ser tomada com fé e exige coragem e confiança nas novas ideias.

- Podemos decidir mudar nossas regras e nossos regulamentos, decidir ver o mundo de um modo diferente.

Uma pergunta que pode nos ajudar a perceber os limites de nosso atual paradigma pode ser: "O que hoje me parece impossível fazer, mas que, se fosse feito, mudaria radicalmente as coisas?". O que hoje nos parece impossível pode se tornar o padrão amanhã. Podemos fazer com que isso aconteça. Nossos antepassados lidaram com profundas mudanças de paradigmas, à medida que foram surgindo o rádio, o cinema, o avião, o raio X, a luz elétrica e tantas outras novidades. Também nós temos capacidade para criar e lidar com mudanças de paradigmas.

Para terminar esses comentários sobre o vídeo, mais uma historinha que ele apresenta. Um homem ia dirigindo em alta velocidade por uma estrada, quando deparou com um carro que vinha na contramão, dirigido por uma mulher, que lhe gritou: "porco!". Ele imediatamente gritou: "vaca!", pois, de acordo com suas antigas regras, ele, ao ser xingado, devia também xingar. Xingou, acelerou e atropelou um porco.

A "paralisia de paradigma" pode nos conduzir a não ver as oportunidades positivas que se encontram à nossa volta. Para reconhecê-las e usufruir delas, precisamos ser flexíveis e dispostos a visões diferentes daquelas a que estamos acostumados.

Existem experimentos em neuroanatomia e neurofisiologia que demonstram que o sistema nervoso só começa a registrar estímulos a partir do momento em que esses começam a ter significado. Se não compreendemos o que vemos, não o vemos, ou seja, é preciso "crer para ver", e não como se diz geralmente: "ver para crer". Portanto, a maneira como descrevemos o que acontece pode ou inibir ou facilitar sua percepção (Foerster 1991b, p. 109). A "paralisia de paradigma" tem, portanto, uma base biológica.

Edgar Morin, importante filósofo da ciência contemporânea, em seu livro *Introdução ao pensamento complexo* (1990),[2] considera que os paradigmas são princípios "supralógicos" de organização do pensamento, princípios ocultos que governam nossa visão do mundo, que controlam a lógica de nossos discursos, que comandam nossa seleção de dados significativos e nossa recusa dos não significativos, sem que tenhamos consciência disso.

Num importante livro, *Pragmática da comunicação humana. Um estudo dos padrões, patologias e paradoxos da interação*, Watzlawick (1967), um dos pioneiros na abordagem sistêmica das interações humanas, mostra como se formam essas nossas crenças, ou pressupostos – que ele chama de premissas de terceira ordem – a partir de nossas experiências ou vivências. Nossos contatos com o mundo nos permitem um conhecimento direto das coisas, de primeira ordem, ou seja, tomamos conhecimento de sua existência. Lidando com essas coisas experimentamos certas consequências do nosso modo de lidar com elas e assim elas adquirem significado para nós, ou seja, adquirimos conhecimento de segunda ordem. E, vivenciando repetidas vezes essas experiências, inferimos ou abstraímos algumas regras ou princípios a seguir em nosso estar no mundo, que serão nossas premissas de terceira ordem, cujo conjunto constitui nossa visão de mundo, uma síntese de nossas vivências. Nesse sentido, penso que poderíamos chamar nossas premissas de terceira ordem de nossos paradigmas.

O economista americano Jeremy Rifkin (Rifkin e Howard 1980), em seu livro *Entropia. Uma nova visão de mundo*, faz algumas considerações sobre o papel que o paradigma desempenha em nossa vida. Ele diz:

---

2. Os títulos dos livros e/ou artigos citados aparecem aqui sempre em português, mesmo que se tenha consultado a obra em outra língua.

O aspecto mais interessante da visão de mundo de uma sociedade é que os indivíduos que aderem a ela, na maior parte, são inconscientes de como ela afeta o seu modo de fazerem as coisas, de perceberem a realidade em torno deles. Uma visão de mundo funciona, na medida em que é tão internalizada, desde a infância, que permanece não questionada. (p. 5) (...) Somos tão presos no nosso paradigma que todos os outros modos de organizar nossos pensamentos parecem totalmente inaceitáveis. (p. 56)

Nesse livro, Rifkin mostra, com muita clareza, a relação entre o princípio da entropia – o segundo princípio da termodinâmica[3] – e as diversas atividades humanas: economia, agricultura, transportes, urbanização, atividades militares, educação, saúde, ciência. Ele nos vai mostrando os paradigmas de nossa cultura que orientam nossas atividades nessas diversas áreas e os problemas que estão daí decorrendo.

Conscientizarmo-nos de nosso paradigma – e questioná-lo – requer esforço e não é um processo fácil. Ao contrário, é quase sempre um processo doloroso. Diante dos questionamentos, as pessoas costumam sentir-se confusas, como se tivessem levado uma martelada na cabeça ou como se estivessem de cabeça para baixo. Como enfatiza Morin (1990; 1991), a mudança de paradigma é difícil e lenta, pois a mudança de premissas implica o colapso de toda uma estrutura de ideias.

Num outro livro, *A linguagem da mudança*, Watzlawick (1977) relata pesquisas sobre os diferentes modos de funcionamento dos nossos dois hemisférios cerebrais: o esquerdo sendo o hemisfério verbal, das representações lógicas, da análise, da comunicação digital, e o direito, chamado de mudo, sendo o hemisfério das formações conceituais intuitivas, da apreensão unitária de conjuntos complexos, da comunicação analógica, metafórica. Considerando que nossas crenças e nossos valores – nossa visão de mundo – estão associados ao funcionamento do hemisfério direito, ele aponta a dificuldade de se produzirem mudanças nesses aspectos, quando se tentar utilizar uma linguagem racional, própria do hemisfério esquerdo.

Por isso, as mudanças de paradigmas só podem ocorrer por meio de vivências, de experiências, de evidências que nos coloquem frente a frente com os limites de nosso paradigma atual.

---

3. Mais adiante, voltarei a comentar o trabalho de Rifkin, quando abordar o "segundo princípio da termodinâmica" ou "lei da entropia".

Maturana e Varela (1983), os biólogos chilenos cujas contribuições estão revolucionando a ciência, abordam essa questão:

> Nossas visões do mundo e de nós mesmos não conservam registros de suas origens. (...) Daí que tenhamos tantos e renomados *"pontos cegos"* cognitivos, que não vejamos que não vemos, que não percebamos que ignoramos. Só quando alguma interação nos tira do óbvio – por exemplo, aos sermos transportados a um meio cultural diferente – *e nos permitimos refletir* – é que nos damos conta da imensa quantidade de relações que tomamos como garantidas. (p. 260, grifos meus)

Para vivenciar a ideia de ponto cego, você pode fazer uma experiência bem simples.

A EXPERIÊNCIA DO PONTO CEGO

Sustente o livro com a mão direita e feche o olho esquerdo, cobrindo-o com a mão esquerda, se for preciso. Fixe o olhar na estrela e mova o livro para frente e para trás, até que, a uma distância de mais ou menos 20-30 centímetros do olho, o círculo preto desaparecerá da sua visão. A existência desse ponto cego é explicada fisiologicamente pela ausência de cones e bastonetes na área da retina de onde sai o nervo óptico. Entretanto, nossa visão binocular compensa essa lacuna e a consequência é que não tomamos conhecimento dela, ou seja, "não vemos que não vemos" (Foerster 1991b).

A ciência é uma das atividades humanas e também tem "regras e regulamentos" que guiam as percepções e ações dos cientistas e que os fazem ter pontos cegos e tomar como garantidas muitas relações. Minha proposta é a de tratar de questionamentos e mudanças do nosso "paradigma de ciência", ou seja, da nossa visão de ciência.

Mas precisamos ver o que se quer dizer quando se fala de "paradigma de ciência". Na ciência, paradigma é um termo de múltiplos sentidos e fonte de mal-entendidos. Em *A estrutura das revoluções científicas*, Kuhn (1962) o usou com diversos sentidos diferentes.

Posteriormente, ele procurou rever esses usos. Em 1963, publicou *A função do dogma na investigação científica* e, em 1971, *Segundos pensamentos sobre paradigmas*. No Posfácio de 1970 à sua obra de 1962, ele relata que uma leitora lhe escreveu, mostrando que em seu livro ele tinha usado o termo paradigma em 22 sentidos diferentes. Então, ele reconhece a necessidade de rever esses usos, mas sugere que dois deles, bem distintos, precisam ser mantidos. São os dois sentidos que aparecem a seguir: teoria de um lado e paradigma de outro.

Quadro 3 – Dois sentidos do termo "paradigma" na ciência

TEORIA	PARADIGMA
("matriz disciplinar")	("exemplares")
regras e	crenças e valores
padrões	subjacentes
da prática	à prática
intradisciplinar	transdisciplinar
(intratemático)	

No primeiro sentido, paradigma foi usado por Kuhn para se referir a uma *estrutura conceitual*, partilhada por uma comunidade de cientistas, e que lhes proporciona modelos de problemas e de soluções. Ele próprio diz que, nesse caso, o termo paradigma é inapropriado e que o termo mais adequado seria *teoria*. Ele gostaria que o termo teoria pudesse ser novamente utilizado nesse sentido de estrutura conceitual. Entretanto, reconhecendo que "teoria" já tem outras conotações em filosofia da ciência, propõe "matriz disciplinar": disciplinar porque se refere a algo que é posse comum dos praticantes de uma disciplina particular, que lhes fornece *regras e padrões de prática*. Ao que tudo indica, essa sugestão de Kuhn não foi acatada pelos cientistas, que continuam a usar "paradigma" com esse sentido de "teoria".

Assim, encontramos, por exemplo, "paradigma sociológico", no lugar de "teoria sociológica". Não faz muito tempo, ouvi um psicólogo afirmar: "a psicologia não tem ainda um paradigma", e entendi que ele queria se referir à falta de uma teoria abrangente, integradora. Trata-se de um uso intradisciplinar do termo paradigma.

Mas, além disso, esse sentido de paradigma costuma especificar-se ainda mais, passando a associar-se a diferentes teorias sobre fenômenos particulares, dentro de uma mesma disciplina. Nesse sentido é que se fala de "paradigma corpuscular da luz", de "paradigma homeostático do funcionamento familiar" etc. Também nessas expressões, o termo paradigma pode ser substituído por "teoria", tendo um uso intratemático.

Assim, nesse sentido de teoria, o termo paradigma tem tido ou um uso intradisciplinar ou um uso intratemático.

Vejamos agora o segundo sentido de paradigma, proposto por Kuhn. Toda teoria tem, subjacentes à sua elaboração, pressupostos que nem sempre são explicitados em sua formulação.

Então, Kuhn ressalta que toda "matriz disciplinar", ou teoria, inclui, entre seus elementos, compromissos dos cientistas com *crenças* sobre o mundo, que fundamentam os modelos e fornecem analogias e metáforas. E inclui também compromissos com *valores* que, sendo amplamente partilhados por diferentes comunidades de cientistas, lhes proporcionam um sentimento de pertencerem a uma "comunidade global".

Nesse caso, diz ele, o termo *paradigma* seria totalmente apropriado. Entretanto, em virtude das dificuldades já referidas, Kuhn sugere usar, nesse segundo caso, *exemplares*. Este termo também não foi adotado pelos cientistas. Mas, pelo menos nesse caso, quando usam o termo paradigma, estão de acordo com o que Kuhn considerou apropriado, ou seja, paradigma se referindo ao conjunto de *crenças e valores subjacentes à prática* científica, sendo, portanto, transdisciplinar.[4]

Entretanto, na ciência, o termo paradigma continua sendo usado indistintamente nos dois sentidos, às vezes como teoria, às vezes como paradigma.

Kuhn também afirma que esse segundo sentido de paradigma – como crenças e valores compartilhados – é o aspecto mais novo e menos compreendido de seu livro. Considera que é por não se compreender bem isso que, ao se abordarem as dificuldades dos estudantes com os textos científicos, geralmente se enfatiza o conteúdo cognitivo da ciência, a necessidade de o estudante adquirir destrezas

---

4. Adiante, no Capítulo 5, veremos as diferenças entre as noções de multidisciplinar, interdisciplinar, transdisciplinar.

baseadas na teoria e nas regras. De fato, para aprender a resolver problemas em ciência, o estudante precisa antes aprender uma *maneira de ver* a natureza e, na ausência de tais "exemplares" – valores e crenças –, as teorias e regras não fariam sentido. Ou seja, Kuhn considera que, antes que o cientista aprenda a pesquisar, a usar as teorias, ele precisa aprender uma visão de mundo específica, aprender/ apreender um paradigma.

Nesse sentido, de crenças e valores subjacentes à prática científica, tem-se usado frequentemente o termo paradigma. Em seu livro, *O ponto de mutação* (1982), o físico Fritjof Capra, por exemplo, usa paradigma para significar a totalidade de *pensamentos*, *percepções* e *valores* que formam uma determinada visão de realidade, que é a base do modo como uma sociedade se organiza, no caso, como o faz a comunidade científica.

É muito importante prestar atenção a esse ponto: quando trabalhamos em ciência, nós o fazemos sempre a partir de nossos pressupostos, nossa maneira de ver a natureza, nossa visão do objeto com que trabalhamos.

No livro *Os segundos pensamentos de Kuhn* (Musgrave 1971), enfatiza-se que, quando Kuhn diz que cientistas imbuídos de diferentes paradigmas veem o mundo de modo diferente, não quer dizer que estejam vendo uma mesma coisa e apenas interpretando diferentemente. Duas pessoas com paradigmas diferentes, olhando para um mesmo objeto, veem coisas diferentes. Por exemplo, uma aglomeração de pessoas que um comerciante vê como um tumulto destrutivo, um revolucionário vê como uma produtiva e útil manifestação política. Não há um fato que seja em si uma coisa ou outra. Para sabermos as coisas que estão sendo vistas, temos que nos perguntar pelos paradigmas daqueles que estão vendo.

Assim, quando Capra, no livro *Sabedoria incomum. Conversas com pessoas notáveis* (1988), fala de "mudança paradigmática na ciência", está falando de mudanças profundas de visão ou concepção de mundo e de atividade científica. Então, nesse sentido, poderemos ter o adjetivo "novo-paradigmático" acoplado a qualquer das disciplinas ou de seus temas, indicando que essas disciplinas estão atuando e abordando seus temas a partir de uma nova concepção de mundo e de trabalho científico. Assim, podemos falar de uma física novo-paradigmática, de uma psicologia comunitária novo-paradigmática, de uma terapia familiar novo-paradigmática, de uma geopolítica novo-paradigmática, de uma biologia novo-paradigmática, de um gerenciamento novo-paradigmático etc.

Tenho percebido que em algumas disciplinas, por exemplo, na sociologia, na psicologia, o termo paradigma tem sido usado num sentido que parece não corresponder a nenhum dos dois sentidos de Kuhn. Em outubro de 1988, num seminário de pesquisa, uma expositora se referia à "pluralidade de paradigmas em psicologia", citando os "paradigmas evolucionista, funcionalista, culturalista, probabilístico (normalidade), determinismo inconsciente, materialismo dialético". Não estava se referindo a pressupostos transdisciplinares, mas também não me parece que estivesse falando de teorias psicológicas. Parece que o sentido que estava dando a paradigma é o mesmo em que há autores falando de "matrizes do pensamento psicológico": sistemismo, mecanicismo, funcionalismo, estruturalismo, fenomenologia, entre outras. De novo, parece que não se trata nem de teorias psicológicas, nem de paradigmas transdisciplinares, tal como Kuhn define esses conceitos.

Visto assim o termo paradigma, vamos ver agora o termo epistemologia. Esse também é um termo de múltiplos sentidos e usos.

A noção de epistemologia

Um conhecido filósofo da ciência, Mario Bunge, em seu livro *Epistemologia. Curso de atualização* (Bunge 1980), mostra-nos como o conceito de epistemologia tem passado por transformações. Segundo ele, podem-se destacar três momentos nessa evolução do conceito.

Originalmente, a epistemologia – que era considerada como um capítulo da teoria do conhecimento – se ocupava da natureza e do alcance do conhecimento científico, em oposição ao conhecimento vulgar. Como se pode conhecer cientificamente o mundo, um objeto de estudo? Em que se distingue o conhecimento obtido por um cientista do conhecimento de um leigo? Considerava-se que a "maneira de conhecer" cientificamente o objeto – ou seja, esse "processo de conhecer" – é condicionada pela concepção que se tem do mesmo objeto. Então, admitia-se que, subjacente à epistemologia, encontrava-se a ontologia, ocupando-se esta dos estudos ou especulações sobre a natureza ou a "essência do ser" a ser conhecido.

O segundo período da evolução do conceito de epistemologia, Bunge o associa ao Círculo de Viena, reunião de importantes filósofos e estudiosos do início do século XX, dentre os quais se destacou Ludwig Wittgenstein. Em 1921,

Wittgenstein publicou o *Tratactus logico-philosophicus*. Nesse livro, considerava que as proposições científicas – ou seja, o que é dito na linguagem, sobre o mundo – refletem de maneira especular o mundo. A "filosofia analítica" ou análise das proposições científicas deveria indicar como reconhecer as proposições verdadeiras, aquelas que descrevem adequadamente o mundo natural. Então, durante esse período, a filosofia da ciência, ou epistemologia, ficou reduzida à análise da linguagem da ciência, das proposições científicas.[5]

Finalmente, num terceiro momento da evolução do conceito, houve um renascimento da epistemologia como filosofia da ciência – deixando de ser apenas filosofia da linguagem da ciência – propondo-se a abordar vários dos problemas ou aspectos da ciência e tendo, portanto, diversos ramos: lógica da ciência, semântica da ciência, teoria do conhecimento científico, metodologia da ciência, ontologia da ciência, axiologia (estudo dos valores) da ciência, ética da ciência.

Num artigo em que aborda questões epistemológicas e ontológicas em ciências sociais, Paul Dell (1985) mostra que não é difícil encontrar, na literatura de algumas disciplinas, os diversos sentidos em que o termo epistemologia tem sido usado, desde o de teoria do conhecimento, até o de visão pessoal do mundo, passando pelos de paradigma e de cosmologia.[6]

Marcelo Pakman, um psiquiatra argentino radicado nos Estados Unidos, que, além de dedicar-se à prática clínica, tem-se dedicado à epistemologia sistêmica, também reconhece que o termo epistemologia tem sido usado com diferentes sentidos e destaca dois usos frequentes (1988, p. 35).

---
5. O *Tratactus...* (Wittgenstein 1921) caracteriza um primeiro momento da obra de Wittgenstein. Mais adiante, será abordado o segundo momento de seu trabalho quando, em *Investigações filosóficas* (1953), ele muda radicalmente suas concepções. Deixa de afirmar que "a linguagem reflete especularmente o mundo", para afirmar que "a linguagem constitui o mundo".
6. A cosmologia dedica-se ao problema de compreender o mundo, incluindo a nós e nosso conhecimento como parte deste mundo.

Quadro 4 – Dois sentidos do termo "epistemologia" na ciência

perguntas sobre o conhecer (perguntas epistemológicas) e perguntas sobre o ser (perguntas ontológicas)	respostas às perguntas sobre o ser e o conhecer ou pressupostos implícitos que configuram a visão de mundo que "todo mundo tem"

Ele considera que toda disciplina, de algum modo, implícito ou explícito, tenta responder a perguntas básicas que o ser humano vem sempre se colocando: Que é o mundo? Que é o homem? Que é e como é o conhecimento que o homem pode ter do mundo? Que é conhecer, em sentido amplo? Então, na sua concepção, epistemólogo é aquele que reflete sobre como um campo do saber ou um campo de práticas respondem a essas *perguntas sobre o ser e o conhecer* (perguntas, portanto, ontológicas e epistemológicas). Essas reflexões epistemológicas realimentam esse saber e essas práticas, de modo que se evite seu dogmatismo e se facilite seu desenvolvimento.

Então, o primeiro uso do termo epistemologia se refere ao estudo das perguntas sobre o conhecer ou *perguntas epistemológicas*, sempre associadas às perguntas sobre o ser ou *perguntas ontológicas*, num campo teórico ou prático.

Em seu livro, *Passos para uma ecologia da mente*, Gregory Bateson (1972) – antropólogo, estudioso da comunicação e importante precursor do pensamento sistêmico novo-paradigmático – explicitou que iria referir-se tanto à epistemologia quanto à ontologia, usando apenas o termo epistemologia. Assim, este termo incorporou também o sentido de "concepção que se tem do objeto".

O segundo uso frequente do termo epistemologia se refere às próprias respostas obtidas com esse estudo. É nesse sentido que se diz que uma teoria, uma pessoa, uma família, uma instituição, um grupo social têm uma epistemologia. Pakman (1988) lembra a afirmação de Bateson: "Todo mundo tem uma epistemologia e quem diz que não tem, tem uma epistemologia muito ruim"

(p. 35). Bateson quis compreender como se chega a ter uma epistemologia. Nos contextos amplos em que aprendemos a aprender, ou aprendemos as regras, desenvolvemos premissas básicas de conduta e de comunicação. Dando sentido geral às experiências, esses contextos amplos permitem configurar essa *epistemologia implícita*, que *todo mundo tem*, e que não é, portanto, algo herdado ou intuitivo, mas sim uma epistemologia construída a partir das experiências e comunicações que a pessoa vai tendo.

Pakman enfatiza ainda que, se não reconhecermos essas *premissas* ou esses *pressupostos* implícitos que configuram nossa *visão de mundo*, podemos ficar sujeitos a uma ideologização e a um dogmatismo dessa concepção de mundo, que pode ser transformada na única aceitável ou verdadeira. Então, pode-se dizer que uma epistemologia que não se reconhece a si mesma como epistemologia – como apenas uma entre várias possíveis – é uma epistemologia muito ruim.

Portanto, quando se fala de uma "nova epistemologia da ciência", está se falando de uma nova visão ou concepção de mundo e de trabalho científico, de uma nova concepção de conhecimento, implícita na atividade científica – em suas teorias e práticas.

Lembremo-nos de que é também se referindo a mudanças profundas de visão ou concepção de mundo e de atividade científica que, como já vimos, Capra (1988) fala de "mudança paradigmática na ciência".

Espero, então, que já esteja ficando bem claro em que sentido "mudanças paradigmáticas na ciência" pode ser tomado como equivalente de "mudanças epistemológicas na ciência".

Equivalência entre as noções de paradigma e epistemologia

Quando afirmo que o pensamento sistêmico é o novo paradigma ou a nova epistemologia da ciência, é o sentido de paradigma como crenças e valores dos cientistas que tomo como equivalente de epistemologia ou de quadro de referência epistemológico, no sentido de visão ou concepção de mundo implícita na atividade científica. De fato, os *critérios de cientificidade* compartilhados pelos cientistas, ou seja, os princípios diretores da investigação científica, refletem seu paradigma, sua epistemologia, sua visão de mundo, as crenças e os valores com que estão comprometidos.

Quadro 5 – Equivalência dos termos

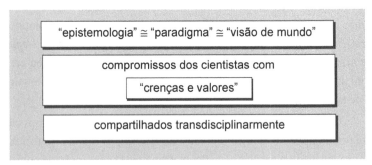

Mas nem sempre as pessoas são explícitas quanto ao sentido que dão a esses termos, usando-os de formas que podem nos confundir. Por exemplo, recentemente uma universidade brasileira divulgou um curso de especialização, com nível de pós-graduação, no qual uma das disciplinas se chama "bases epistemológicas do pensamento sistêmico". Será que, para eles, adotar um pensamento sistêmico é algo diferente de ter uma epistemologia sistêmica?

Essa equivalência entre os termos epistemologia/ontologia/paradigma está presente na literatura. Encontra-se, por exemplo, o uso indiscriminado das expressões "epistemologia cibernética" e "paradigma cibernético", para se referir aos fundamentos ou pressupostos de determinadas propostas de trabalho sistêmico.

Entretanto, essa equivalência de termos pode ser questionável e eu mesma – que tenho denunciado a falta de precisão no uso de conceitos e termos sistêmicos[7] – não me sinto muito confortável ao propô-la. Por isso, tenho sempre dito, em palestras, cursos, artigos, que é um dos sentidos de epistemologia que considero equivalente a um dos sentidos de paradigma.

Alguns autores se preocupam em distinguir esses termos. Quando Capra esteve em São Paulo, para o "II Congresso Internacional Amana de Administração Estratégica" (Capra 1992), em sua conferência, ressaltou que um paradigma é diferente de uma visão de mundo. Segundo ele, uma visão de mundo pode ser defendida por um único filósofo, ou uma única pessoa, enquanto um paradigma é compartilhado por uma comunidade. Então, o paradigma forma a base de como

---

7. Além de alguns artigos sobre o tema da (im)precisão conceitual dentro da abordagem sistêmica (Esteves de Vasconcellos 1991a; 1991b; 1994a; 1995c), também abordo a questão da importância da precisão conceitual na Introdução do livro *Terapia familiar sistêmica. Bases cibernéticas* (Esteves de Vasconcellos 1995b).

essa comunidade se organiza. Capra distingue também paradigma de cultura corporativa de uma empresa, porque, segundo ele, o paradigma em geral se aplica a uma comunidade maior e se refere especialmente à visão da realidade, enquanto a cultura corporativa se refere mais aos modos de conduta adotados pela corporação. Ele ainda procura distinguir paradigma de epistemologia, dizendo: "No *novo paradigma*, acredita-se que a epistemologia, a compreensão do processo de conhecimento, tem que ser explicitamente incluída na descrição do fenômeno" (p. 20, grifo meu).[8]

Note-se, entretanto, que aqui epistemologia conserva aquele seu sentido original: o modo ou processo de conhecer. Mais uma vez, destaco que é noutro de seus sentidos – o de premissas ou pressupostos – que o tenho considerado como equivalente a paradigma.

A partir de agora, você poderá ficar atento, quando encontrar textos ou pessoas usando esses termos. Que tal começar a organizar um painel de recortes em que apareçam os termos paradigma e epistemologia? Também, ao conversar com pessoas que os estejam usando, você prestará atenção ao significado que lhes estão atribuindo.

Meu hábito de estar atenta aos usos que as pessoas fazem dos termos me levou a constatar que Morin (1990), em seu livro *Introdução ao pensamento complexo*, ao tratar da questão da complexidade, usou de forma indiscriminada todas as expressões que se seguem, além da expressão "pensamento complexo": lógica da complexidade, concepção complexa, teoria complexa, ideia complexa, pensamento da complexidade, paradigma da complexidade, epistemologia da complexidade. Você poderia naturalmente perguntar-se: "Será que, para Morin, todos esses termos são equivalentes?". Mais adiante, no Capítulo 4, tratarei desse pressuposto epistemológico da ciência contemporânea, o pressuposto da complexidade.

Voltemos então à questão do nosso "paradigma de ciência".

---

8. Mais adiante, ao falar do novo paradigma da ciência, vamos retomar a noção de epistemologia, para destacar como também muda fundamentalmente essa noção, quando mudamos nosso paradigma de ciência.

A noção de paradigma de ciência

Já falamos da importância que a ciência tem na organização da nossa sociedade, que parece confiar cada vez mais nela como possibilidade de embasar suas certezas e demonstrar suas verdades. Entretanto,

> a maior parte dos cientistas ainda não fez a grande descoberta científica de que a ciência não é totalmente científica. A cientificidade é a parte emersa de um *iceberg* profundo de não-cientificidade, constituído pelos pressupostos ou postulados: (...) o postulado do determinismo universal, o princípio da causalidade são indemonstráveis, necessários à demonstração. (Morin 1983, pp. 17-18)

Segundo Rifkin (Rifkin e Howard 1980), nosso "paradigma de ciência" hoje faz parte de uma visão de mundo que tomou forma há uns 400 anos e que, apesar de ter passado por modificações durante esses anos, ainda retém muito do paradigma newtoniano do mundo como máquina, do século XVII.

Interessante notar que nem todos o chamam de paradigma newtoniano. Há quem o chame de paradigma cartesiano (de Descartes).

A propósito, nem todos destacam os mesmos nomes, quando falam dos personagens que foram historicamente influentes na constituição de nosso "paradigma de ciência". Vejamos, por exemplo, os nomes destacados por Jeremy Rifkin (Rifkin e Howard 1980), Fritjof Capra (1992) e Ivan Domingues (1992) – este último, professor de filosofia da Universidade Federal de Minas Gerais.

Quadro 6 – Personagens historicamente influentes na constituição do paradigma tradicional da ciência, segundo diferentes autores

Autores	Personagens considerados influentes			
	Séc. XVII		Séc. XVIII	Séc. XIX
Rifkin (1980)	Bacon		Descartes	Newton	
Capra (1992)		Galileu	Descartes	Newton	
Domingues (1992)		Galileu	Descartes		Comte

↓ paradigma cartesiano ↓ paradigma newtoniano

Esse paradigma de ciência – newtoniano ou cartesiano – veio se mantendo através dos séculos e chegou até nós. Agora um novo paradigma de ciência está emergindo e certamente se desenvolverá no próximo período da história.

Nossa geração, apanhada entre o velho paradigma de ciência de que fomos nutridos e o novo paradigma de ciência apenas emergente, questiona suas crenças anteriores, mas se sente no novo paradigma como numa terra estranha. Incapazes de abandonar completamente a visão de mundo a que fomos condicionados, não ficamos completamente confortáveis com a nova visão e não somos capazes de articulá-la em nossas rotinas diárias. Para a geração de nossos netos, o novo paradigma de ciência será sua segunda natureza; eles não pensarão sobre ele, mas viverão nele. Como fomos, por muito tempo, inconscientes do domínio que a visão newtoniana teve sobre nós, também eles não perceberão, conscientemente, o domínio do novo paradigma sobre eles (Rifkin e Howard 1980).

No nosso caso, desde nossa infância, e especialmente na escola e em nossos cursos de formação profissional, aprendemos a distinguir o que é científico e o que não é científico e a valorizar o conhecimento científico e as práticas científicas.

Como um exercício interessante, procure identificar pelo menos dois aspectos do paradigma de ciência em que você aprendeu a acreditar, seja como estudante de uma disciplina científica, seja como profissional. Pense em suas premissas, suas "regras" e seus "regulamentos". Que critérios você aprendeu a usar para considerar uma teoria ou uma prática como científica? Que cuidados você aprendeu a ter para que suas afirmações ou suas práticas possam ser reconhecidas, por você mesmo ou pelos outros, como científicas?

Agora, veja algumas frases que tenho encontrado em resposta a essa pergunta: "Mudança está relacionada com reflexão"; "Devo atacar um problema de cada vez"; "Cada macaco em seu galho, cada especialista em sua área"; "Os fenômenos são descritos por leis"; "Para promover a cura, o médico precisa primeiro um diagnóstico certo"; "É importante ser lógico e objetivo"; "Preciso atacar a causa"; "O conhecimento confere poder ao cientista"; "A ciência permite promover mudanças"; "Preciso ser racional"; "O profissional de saúde recupera o funcionamento normal do organismo"; "O mundo econômico está sujeito a leis econômicas"; "Devo adotar uma teoria como base para minhas práticas"; "Não posso me influenciar pela primeira impressão"; "Só se pode aceitar uma teoria depois de devidamente comprovada".

Outro modo de reconhecer nosso paradigma de ciência é por meio das palavras que geralmente associamos a "conhecimento científico". Antes de prosseguir a leitura, procure listar as palavras que lhe ocorrem, quando você pensa em "conhecimento científico". Quando penso em "conhecimento científico", lembro-me de: ... Liste a seguir suas associações.

DESTACANDO MOMENTOS MARCANTES NO DESENVOLVIMENTO DA CONCEPÇÃO DE CONHECIMENTO CIENTÍFICO

2

O homem sempre buscou o conhecimento. As Sagradas Escrituras (Gênesis, 2, 7-9; 3, 1-7) relatam que a serpente tentou Eva a comer o fruto proibido, dizendo: "... no dia em que comerdes, vossos olhos se abrirão e vós sereis como Deus, conhecendo o bem e o mal". A mulher viu que seria bom comer o fruto da árvore, pois era atraente para os olhos e desejável para alcançar o conhecimento, o saber.

E nós, como vimos, desde muito cedo, fomos ensinados a não só valorizar o conhecimento, mas ainda a distinguir o conhecimento científico de outras formas de conhecimento. A palavra ciência (do latim *scire*) significa saber. Porém, hoje, ela se refere a um tipo específico de saber. Muitas vezes, diante de alguma afirmação ou proposta nova, a gente se pergunta: "Será que isso é científico?", "Já está provado cientificamente?", "Tem base científica?".

Quer dizer que a comunidade – ou pelo menos alguns de seus setores – valoriza o conhecimento desenvolvido pelos cientistas, um conhecimento que se caracteriza por uma forma específica de ver e pensar o mundo, e a nós mesmos como parte desse mundo. Em outras palavras, existe uma forma de pensar cientificamente, que é reconhecida e distinta de outras formas de pensar.

Tenho apresentado o pensamento sistêmico como uma forma nova de pensar cientificamente. Como já disse, tenho considerado o pensamento sistêmico como o novo paradigma da ciência, ou seja, como um novo conjunto de pressupostos a embasar a atividade científica nos próximos tempos.

Trata-se de uma forma de ver e pensar o mundo, e, portanto, de lidar com ele, que é bastante diferente da nossa forma tradicional de pensar ou de conhecer cientificamente o mundo.

Interessante que, para entender bem esse novo paradigma da ciência, é absolutamente fundamental que se tenham bem claros os pressupostos em que os cientistas vêm embasando seu trabalho ao longo dos tempos, ou seja, é fundamental compreender bem a forma tradicional de pensar cientificamente.

Portanto, precisamos começar vendo qual o paradigma de ciência em que aprendemos a acreditar, para depois vermos qual o novo paradigma que está surgindo.

Se você elaborou uma lista das palavras que lhe ocorrem, quando pensa em "conhecimento científico", é provável que ela seja parecida com uma lista que elaborei, baseada nas respostas de diversas pessoas:

Quadro 7 – O que associamos a "conhecimento científico"

princípio explicativo	demonstração
lógica	prova
consistência lógica	argumento
coerência	verificação
racional	empírico
explicação	válido
identificação da causa	comprovação
análise	verdadeiro
racionalidade	refutável
atomização	fidedigno
hipótese	confiável
causalidade	confiabilidade
mecanicismo	público
mecanismos de funcionamento	universal
determinismo	veracidade
controle	verdade
poder	certeza

continua

continuação

previsão	evidências de experiência
leis	legitimidade
mensuração	objetividade
medição	neutralidade
matematização	estudo
precisão	pesquisa
rigor	descoberta
quantificação	metodologia
experimentação	método

Essas palavras costumam aparecer nos textos de metodologia científica geralmente adotados no início dos cursos – de graduação e/ou pós-graduação – que formam especialistas nas diversas áreas da ciência, ou seja, aqueles que vão se dedicar à pesquisa e à produção do conhecimento científico.

Essas palavras apontam para nossa *concepção de conhecimento científico* e podemos nos perguntar como essa concepção se desenvolveu, onde podemos encontrar suas origens.

Em 1992, aconteceu, na Pontifícia Universidade Católica de Minas Gerais, um curso que se chamou "Nas fronteiras da ciência moderna", o qual se encerrou com um seminário, "O sucesso e os limites da ciência moderna".

Nesse curso, os diversos módulos foram ministrados por especialistas das diversas disciplinas científicas: a física clássica, a física termodinâmica, a teoria da evolução, a biologia do conhecimento, a economia e a história, a sociologia e a antropologia, a psicologia. Tudo isso se iniciou com um módulo sobre história e filosofia da ciência, ministrado pelo filósofo Ivan Domingues.

Baseando-me não só nesse curso de Domingues (1992), como também em seu livro *O grau zero do conhecimento* (1991), proponho fazermos uma volta no tempo, para ver como essa ideia de conhecimento científico veio, através dos tempos, até nós. Vou me valer ainda de um artigo recentemente publicado pelo físico e filósofo Armando Lopes de Oliveira (1998), intitulado "A descoberta da razão. Do mito ao *logos*". Embora Domingues aprofunde muito mais o tratamento das questões que vou abordar a seguir, meu objetivo aqui é apenas o de apontar, de forma bem simples, como nossas ideias atuais sobre pensamento científico estão enraizadas muito longe no passado. Portanto, o que vou delinear aqui é apenas um quadro bem esquemático e simplificado da história de nossas ideias sobre ciência.

A seguir, encontra-se uma linha de tempo esquemática, que destaca alguns momentos marcantes no desenvolvimento da concepção de conhecimento científico. Ela foi elaborada originalmente por Juliana Aun, em 1994, também com base no curso de Domingues. Depois de algumas adaptações, dei-lhe o título "Momentos marcantes no desenvolvimento do pensamento científico".

Quadro 8 – Momentos marcantes no desenvolvimento do pensamento científico

Adaptado de Aun (1994)

Quero enfatizar bastante que, com a inclusão desse esquema, não pretendo apresentar uma história do desenvolvimento do pensamento científico. Pretendo apenas mostrar como articulei as distinções, feitas por diferentes autores (Domingues 1991, 1992; Aun 1994; Oliveira 1998), de eventos ou momentos desse desenvolvimento, cujas repercussões em nossas ideias atuais sobre o pensamento científico podemos distinguir.[1]

---

[1]. Aqui distinção tem o sentido específico, proposto por Maturana, conforme veremos no Capítulo 4.

O pensamento dos gregos

Pode-se considerar que um momento privilegiado e único na história da humanidade, que ocorreu na Grécia Antiga, entre os séculos VIII a.c. e VI a.c., foi a chamada "descoberta do *logos*", "descoberta da razão", ou "salto do mito para o *logos*". Ou seja, o reconhecimento, pelos gregos, de que a razão, a alma racional, pode ser usada como instrumento de conhecimento do mundo, das coisas. Domingues considera a "descoberta do *logos*" como o fato maior da *episteme* ocidental.

A emergência dessa racionalidade ou pensamento racional – argumentação a partir da razão, e não mais a partir da autoridade como no mito – marca um ponto de não retorno, ou um salto qualitativo na história do pensamento ocidental. Esse fato está representado pela primeira inflexão da linha de tempo.

Isso aconteceu num pequeno burgo da Ásia Menor, a cidade de Mileto, que integrava a Grécia Arcaica. Ali, na chamada Escola de Mileto, alguns pensadores – Thales, Anaximandro e Anaxímenes – tentaram compreender o mundo, buscando seu princípio explicativo.

Thales (624-562 a.C.) foi, segundo Aristóteles, quem primeiro rompeu com o mito como forma de conhecimento humano, introduzindo a filosofia da natureza. Segundo ele, a água é o princípio ou causa material de todas as coisas; um princípio elementar empírico e palpável.

Anaximandro (611-546 a.C.) contrapõe à água o *apeíron*, algo indeterminado e ilimitado, uma idealidade sem analogia empírica ou observável, que seria o princípio de todos os seres aparentes, limitados e determinados.

Anaxímenes (586-525 a.C.) retrocedeu um pouco, considerando como princípio elementar de tudo o ar, concebido como entidade viva, ao mesmo tempo que sensível, indefinido e ilimitado.

Pelo enfoque da teoria do conhecimento, costuma-se relacionar esses três pensadores a três momentos da evolução do pensamento lógico, no período pré-socrático:

- momento empirista, em que o princípio explicativo se coloca num nível palpável e sensível, como em Thales;

- momento idealista, em que as explicações são abstratas, não palpáveis, puramente ideais, não tangíveis, como o *apeíron* de Anaximandro;
- momento realista, como tentativa de harmonização de opostos, sendo o princípio explicativo tanto idealidade, quanto concretude, conforme foi tentado por Anaxímenes.

Esse salto do mito para o *logos*, ou seja, a "descoberta do *logos*", só aconteceu com os pré-socráticos, mais de quatro mil anos depois do aparecimento das primeiras civilizações. E essa descoberta só foi consolidada posteriormente, entre os séculos V a.C. e IV a.C., em Atenas, com Sócrates, Platão e Aristóteles.

Sócrates (469-399 a.c.) foi quem primeiro trabalhou de forma clara a ideia de que é necessário justificar as proposições, por meio da demonstração, cujo fio condutor é o argumento.

Em seguida, tanto Platão (427-347 a.c.) quanto Aristóteles (384-322 a.C.) não se cansaram de enfatizar a importância de instalar um conhecimento verdadeiro e combateram tanto o mito quanto a opinião.

O mito (*mythos*) é uma forma de conhecimento cuja narrativa é inspirada pelos deuses e em que se fala sem nenhuma preocupação de prova dos acontecimentos. Os atores dessa narrativa são os deuses ou as forças naturais que intervêm e instalam a ordem no mundo. Sendo as verdades reveladas obtidas por inspiração divina, é uma forma de conhecimento que se instala *ex-abrupto* e à qual têm acesso apenas uns poucos iniciados. São verdades que, além de sagradas, são verdades notórias, ou seja, referindo-se a evidências, impõem-se por si mesmas e dispensam toda prova. Ainda hoje, nas comunidades tribais primitivas se encontram muitas verdades míticas.

Tanto Platão quanto Aristóteles se ocupam de mostrar que o mito não é uma forma de conhecimento a partir da razão e que, portanto, não se pode levar a sério os que se valem do mito.

A opinião (*doxa*) também é desconsiderada pelos gregos como forma legítima de conhecimento, sendo rotulada como própria do senso comum. Embora não seja um conhecimento revelado, apoia-se nas sensações e não no raciocínio exercido sobre elas. Baseia-se nas informações que chegam aos sentidos e, portanto, fica colada na aparência das coisas, não sendo um conhecimento seguro sobre o ser das coisas. Assim como o mito, é um conhecimento imediato, ou seja, não é mediado pela razão.

Tanto Platão quanto Aristóteles, ao afirmarem que essa é uma forma de pensar que não é boa, já têm presente a ideia de ciência como conhecimento racional. A *doxa*, não sendo capaz de garantir a verdade de suas afirmações, fica como pseudoconhecimento, não passando essas afirmações de simples opiniões. Apenas abre caminho entre a ignorância – ou ausência de conhecimento – e o conhecimento, no sentido forte, que seria a ciência. Sendo suscetível de mudança, não constitui ciência, mas apenas crença. Essa oposição, entre o *logos*, ou *episteme*, e a opinião, está representada pela segunda inflexão da linha de tempo.

Também entre nós, ainda hoje, um levantamento de opinião não tem o mesmo *status* de uma pesquisa científica, reconhecida como tal. E, além do mais, "opinião não se discute", enquanto resultados científicos são abertos ao questionamento.

Então, é a esses traços do mito e da opinião que o *logos* vai se opor, permitindo instalar uma forma de racionalidade, própria da ciência e da filosofia. Essa nova forma de racionalidade foi batizada pelos gregos de *episteme*. No início, ciência e filosofia não se distinguiam, ficando integradas nessa mesma forma discursiva, a *episteme*, e ocupando-se ambas do mesmo objeto, o ser.

Diferentemente do mito e da opinião, a *episteme* se apresenta com alguns traços característicos. O discurso do *logos* (do sujeito do conhecimento) é pensado como separado da realidade (o objeto do conhecimento), da qual deverá apropriar-se, por intermédio da mediação do pensamento ou da ideia. A verdade é relativa a uma essência do ser, que permanece escondida pela aparência das coisas e que, não se mostrando ao olho sensível, tem que ser desvendada ou demonstrada (*demostrada*) pelo olho do espírito, que é o pensamento. Há uma desocultação da verdade pela demonstração: mostrar o que está oculto, mostrar a verdade que fica escondida. Daí veio certamente a ideia de descoberta científica.

Os gregos não se preocuparam em saber por que a realidade fica escondida. Limitaram-se a constatar que o mundo existe e que a realidade das coisas nem sempre se revela integralmente. As constatações levaram a problematizar realidade e verdade e, com a emergência da razão, surge a obsessão de encontrar o princípio das coisas ou a substância, no interior delas mesmas e não fora, como no mito.

O argumento é o fio condutor da demonstração por meio da qual se justificam as proposições ou afirmações; seu elemento próprio não é nem a sensação (da *doxa*), nem a fabulação (do mito), mas a ideia (*eidos*) ou pensamento; seu objeto

Pensamento sistêmico | 55

próprio não é nem a aparência (da *doxa*), nem o sobrenatural (do mito), mas a essência das coisas; seu fim não consiste em instalar toda a verdade (mito), nem em contentar-se com o comum dos sentidos (*doxa*), mas em atingir a verdade por meio da demonstração, por meio da constituição da prova.

Portanto, o conhecimento científico, assim como o filosófico, é mediado pela razão, ou seja, racional, discursivo e demonstrativo.

De fato, na unidade originária ciência-filosofia, já estão presentes duas formas de racionalidade, que podemos distinguir, sem dicotomizar: a racionalidade matemática e a racionalidade lógica.

A racionalidade matemática – tal como em Pitágoras, Platão, Arquimedes, Euclides – é o mais antigo padrão de inteligibilidade do *logos*. Desde as épocas mais remotas, podemos assinalar seu emprego pelos gregos, em diferentes domínios. Matemática, em sua acepção originária, vem de *máthema*, que significa ciência rigorosa, com regras precisas de derivação e dedução. Essas regras se estendem à geometria, à física, à metafísica,[2] e se convertem no padrão de racionalidade do *logos*. Essa racionalidade matemática é puramente abstrata, e por isso pode ser usada qualquer que seja o objeto do conhecimento. Mas, por outro lado, o conhecimento é contemplativo, encadeamento *a priori* de ideias, e não há preocupação com a realização de experiências, nem com o uso prático que se possa fazer dele. A ideia da observação controlada, sistemática, só aparece muitos séculos mais tarde, na ciência moderna. Aqui, a técnica não fica na dependência da ciência e o conhecimento científico, embora importante, é um conhecimento inútil, que não se aplica.

A outra forma de racionalidade, a racionalidade lógica, teve seu padrão fixado por Aristóteles, foi posteriormente desenvolvida pelos pós-aristotélicos e pelos escolásticos medievais e vem prevalecendo por mais de dois mil anos, tanto na ciência, quanto na filosofia.

Nos *Primeiros analíticos*, Aristóteles se ocupa da doutrina do silogismo, sua contribuição mais importante às ciências formais, que constitui a esfera da lógica *stricto sensu*. Nos *Segundos analíticos*, ele estende a estrutura do silogismo a outras esferas e constitui o que depois se entendeu por epistemologia ou filosofia da ciência.

---

2. Define-se metafísica como a tentativa de descobrir a natureza última das coisas, da realidade. A verdade tem que nascer do interior do pensamento e mostrar o "em si da coisa". Segundo Domingues (1992), dar ao princípio do pensamento o valor de um princípio da realidade é o nó da metafísica.

O silogismo é a peça fundamental da teoria da demonstração em Aristóteles. Silogismo significa cálculo, designando as operações do pensamento, no raciocínio em geral: no raciocínio dedutivo, estando dada alguma coisa, outras dela se derivam necessariamente. A doutrina do silogismo fixa as regras, a consistência lógica, para um discurso ser admitido como racional.

Por meio de um exemplo de silogismo, podemos entender como, por intermédio da demonstração lógica, instala-se a verdade: Todos os animais são mortais; todos os homens são animais; logo, todos os homens são mortais.

No silogismo, as três proposições (premissa, termo médio e conclusão) cumprem papéis diferentes. Através do termo médio ou proposição intermediária, estabelece-se um nexo necessário entre os dois extremos: a animalidade é a *causa* ou razão de ser da mortalidade. O nexo da necessidade lógica diz respeito ao nexo real que liga as coisas entre si.

Além dessa característica da necessidade, o silogismo perfeito tem também a característica da universalidade: o argumento não é válido para uma só coisa, em um só tempo, mas aponta para um atributo de todo um grupo de coisas. E, uma vez que o objetivo da ciência não é o acidental ou o fortuito, mas sim o universal e o necessário, o padrão por excelência do silogismo científico é o silogismo necessário. Aristóteles inclusive critica Platão por não ter percebido a importância da conexão lógica.

O raciocínio dedutivo sempre supõe um conhecimento prévio, fixado nas premissas ou princípios, que são o ponto de partida: é preciso que a premissa contenha o universal e que seja extensiva ao particular. Então, em todo conhecimento fundado no *logos*, a demonstração instala a verdade, mas o grau de certeza pode variar, dependendo do modo como se constitui cada ciência em particular. Ou seja, dependendo do modo como se adquirem os princípios ou premissas – por intuição, por indução,[3] por abstração – o que sugere uma diversidade de métodos nos diferentes campos do conhecimento.

Aristóteles já propõe uma primeira classificação das ciências em: teoréticas, práticas, produtivas. E acredita que o próprio nexo dedutivo varia de uma ciência para outra. Uma ciência será tanto mais perfeita quanto mais amparada no silogismo perfeito, o necessário.

---

3. É interessante lembrar que o raciocínio dedutivo não esgota os instrumentos do *logos* e os dispositivos da ciência e que a indução ou raciocínio indutivo, que vamos ver adiante, não cabe na silogística.

Pensamento sistêmico | 57

Então, na Grécia Antiga já temos um arcabouço da nossa racionalidade ocidental: existe uma forma melhor de conhecer o mundo, uma forma correta, válida, aceitável: o conhecimento é relativo ao objeto e a verdade é relativa a uma ordem transindividual e supratemporal.

Segundo Domingues (1992), as consequências, ou o preço a pagar, da adoção dessa racionalidade são:

- sacrifício do sujeito: exclui-se o subjetivo e submete-se tudo à razão;
- expurgo do sensível: não às sensações e percepções;
- eliminação do tempo histórico: busca-se a essência apenas, sem olhar as circunstâncias.

Só na modernidade se procedeu ao resgate desses aspectos.

Após esse momento dos gregos, a linha de tempo é interrompida e só mostra outra inflexão cerca de 20 séculos depois, quando na Idade Moderna, a partir do século XVII, voltamos a distinguir fatos importantes com relação à nossa concepção do desenvolvimento do pensamento científico ocidental. Entre os gregos e os modernos, temos o pensamento do homem medieval.

O pensamento do homem medieval

Durante a Idade Média, toda a reflexão sobre o conhecimento se dá nos quadros de uma filosofia de tipo religioso, ficando incertas as fronteiras entre a filosofia e a teologia. Acima das verdades da razão estão as verdades da fé, e as tentativas de racionalização avançam apenas até onde não questionam as verdades reveladas. Para o homem medieval, o conhecimento é graça, iluminação, irrupção de Deus no mundo dos mortais. Dois filósofos/teólogos importantes desse período são Santo Agostinho e Santo Tomás de Aquino.

Santo Agostinho afirma que, na filosofia anterior a Cristo, havia um erro fundamental, o de celebrar o poder da razão como o maior poder do homem. Que a razão é incerta, o homem só poderia sabê-lo depois que a revelação divina viesse iluminá-lo.

Também Santo Tomás segue a mesma linha. Embora confira à razão um poder um pouco maior do que Santo Agostinho, está convencido de que essa faculdade só pode servir-se de seus poderes se for iluminada pela graça divina.

Para os medievais, a leitura do livro do mundo só pode ser feita graças à superposição de um outro livro, as Sagradas Escrituras.

O padrão de racionalidade da Idade Média tenta acolher tanto as exigências do pensamento racional, quanto as exigências do pensamento teológico. Enfrenta então uma dificuldade: nem sempre se consegue conciliar os princípios do pensamento racional, que são verdades da razão, com os princípios do pensamento teológico, que são artigos de fé. Daí dizer-se que a *episteme* medieval é atravessada por uma antinomia e que ela se propõe a uma empresa contraditória.

O pensamento do homem moderno

Em seguida, vêm os tempos modernos, que são o cenário para uma revolução na história do pensamento científico. A questão da ciência aparece, de forma forte, no século XVII d.C. Nossa linha de tempo marca, nesse momento, a separação entre a ciência e a filosofia. As ciências empírico-positivas passam a funcionar à parte das elaborações filosóficas. Quebra-se aquela unidade originária ciência-filosofia, com a instalação de modelos de cientificidade, que descobrem que podem se bastar sem a filosofia.

Essa cisão tem a ver com a matematização da experiência. Como vimos, para os antigos, a matemática era puramente abstrata e estava dissociada da experiência. Nesse momento se introduz a matematização da experiência, na experimentação. Foi Descartes quem enfatizou que o método da filosofia seria a especulação, ou o método reflexivo, enquanto o da ciência (das ciências empírico-positivas) seria a experimentação ou o método matemático. O espírito científico, no sentido moderno, é entendido como matematismo e não simplesmente como logicismo.

Aplicado esse novo padrão de racionalidade centrado nas matemáticas, a natureza é atomizada, reduzida a seus elementos mensuráveis, e buscam-se as leis que a governam, segundo a linguagem do número e da medição. São afastadas as causas finais na explicação dos fenômenos, concentrando-se os esforços na identificação das causas eficientes.[4]

---

4. Na metafísica de Aristóteles, é fundamental a noção de causalidade, e é importante distinguir uma "causa eficiente" de uma "causa final". Na causalidade eficiente (qual o agente), a causa precede um efeito, identifica-se o agente causal antecedente. Na causalidade final (qual o fim), a ação é causada por uma meta – ou um fim ou propósito – que funciona como agente propulsor: são as explicações teleológicas (*teleíos* = fim, finalidade, propósito, meta, objetivo).

O projeto da modernidade é ambicioso: é o projeto de uma ciência universal da ordem e da medida, é um projeto de estender esse novo padrão de racionalidade a todos os domínios, do universo físico ao mundo social, político e moral. Esse projeto se dirigiu primeiro ao mundo das coisas: astronomia (física celeste) e física (física terrestre), nos séculos XVI e XVII; em seguida ao mundo dos homens: ciências humanas, nos séculos XVII e XVIII.

As questões da certeza e seus métodos de justificação e da necessidade de legitimar as evidências só se colocam a partir dos modernos: eles são desconfiados em relação ao conhecimento e querem um conhecimento fundado. Consideram insuficiente a evidência da razão e buscam a evidência da experiência ou o princípio empírico.

Diferentemente do ideal contemplativo da antiguidade clássica, essa ciência nova é profundamente associada com a técnica e pretende oferecer os meios para o homem superar a ignorância e tornar-se senhor e possuidor da natureza, exercendo o controle sobre ela.

Vimos, no Capítulo 1, que se costumam destacar alguns nomes da Idade Moderna, considerados historicamente influentes na constituição de nosso paradigma tradicional de ciência,[5] a saber: Bacon, Galileu, Descartes, Newton e Comte (ver Quadro 6, p. 46).

Vamos destacar, a seguir, as contribuições fundamentais de cada um desses pensadores.

Francis Bacon (1561-1626) foi um filósofo inglês, considerado como precursor da filosofia empírico-positivista. Seu nome é associado à proposta do método indutivo, como uma nova maneira de estudar os fenômenos naturais. Ele considera que para chegarmos à verdadeira compreensão dos fenômenos, precisamos da observação da natureza e da experimentação, guiados pelo raciocínio indutivo. Não podemos ficar na dependência do raciocínio dedutivo ou silogístico, que é puramente mental.

---

5. É preciso lembrar que aqui estarei sempre me referindo a esse paradigma de ciência como o "paradigma tradicional da ciência" e que reservarei o termo "novo paradigma da ciência" ou "paradigma emergente da ciência contemporânea" para um paradigma científico que está agora se constituindo. Entretanto, tem havido outros usos do termo "novo paradigma" que poderiam nos confundir. Santos (1985), por exemplo, referindo-se às características dessa ciência cartesiana ou newtoniana, diz que seu modelo totalitário – que nega as outras formas de conhecimento – simboliza a ruptura desse "novo paradigma científico" com os que o precedem. Ele está considerando novo esse paradigma cartesiano/newtoniano, em relação à ciência antiga, ou clássica.

Para pensar indutivamente, além de proceder a uma descrição pormenorizada dos fatos observados, ele propõe que se façam tabulações para o registro das observações feitas: uma tábua com os casos de ocorrência do fenômeno, outra com os casos de ausência do fenômeno e uma outra com o registro das variações de intensidade do fenômeno. Por exemplo, se em todas as observações feitas sobre a cor dos ursos polares, encontraram-se ursos brancos, conclui-se que todos os ursos polares são brancos. Ele ressalta que para se chegar a ter uma mentalidade científica, é preciso expurgar a mente dos preconceitos (ou ídolos) e estar aberto aos fatos observados. Só assim o conhecimento científico dará ao homem poder sobre a natureza.

Galileu Galilei (1564-1642) foi um físico italiano, que tem seu nome associado aos princípios da dinâmica, considerado importante por ter introduzido e valorizado o método experimental nas ciências da natureza, criando uma física não contemplativa.

Além de experimentos em laboratório, com o plano inclinado, por exemplo, também realizava demonstrações empíricas – que podem ser repetidas e vistas por todos – em lugares públicos, por exemplo, atirando objetos de pesos diferentes do alto da Torre de Pisa. Como todos os objetos chegaram juntos ao solo, isso contrariou um preceito da física aristotélica. Aliás, ele criticava Aristóteles por ter ficado só com a demonstração lógica ou dedução. A experimentação gera conhecimento público, a que todos, e não só uns poucos privilegiados, podem ter acesso.

Tendo inventado um telescópio com grande poder de aumento, verificou que as leis dos movimentos dos planetas estavam relacionadas a um sistema de referência ligado ao Sol e não à Terra. Comprovou assim as ideias de Copérnico, que eram rejeitadas na época.

Galileu faz da matemática o novo modelo da racionalidade: diz que o livro do mundo está escrito em linguagem matemática e que seus caracteres são os planos e as figuras. A discrepância entre suas ideias, por exemplo, a de se poder controlar o mundo natural, e passagens das Sagradas Escrituras, chamou a atenção das autoridades, que o levaram ao Tribunal da Inquisição.

René Descartes (1596-1650) foi um pensador francês, físico e matemático, geralmente considerado como a figura central, na origem da ciência moderna. Por isso, como já vimos, nosso paradigma de ciência é frequentemente chamado de paradigma cartesiano.

Ao assumir uma posição dualista no que diz respeito à questão ontológica da relação entre o pensamento e o ser, fracionou oficialmente o mundo em material e espiritual, corpo e mente, nos seres vivos. Admitia duas substâncias: uma das coisas, cujo atributo é a extensão (*res extensa*); e outra do sujeito pensante (*ego cogitans*), cujo atributo é o pensamento; portanto, dois princípios independentes, um material e um espiritual. Como vimos, instala-se aí a separação entre filosofia (o domínio do sujeito, da meditação interior) e ciência (o domínio da coisa, da medida, da precisão). E aí estão as raízes da disjunção entre cultura humanista e cultura científica.

Ele se opunha à filosofia da Idade Média e propôs que, para ser científico, o conhecimento do mundo deveria substituir a fé dos escolásticos pela razão e ocupar-se dos objetos, mensuráveis e quantificáveis. Assim, o conhecimento científico se edifica em torno da matemática.

Descartes queria um conhecimento certo, fundado, e considerava necessário livrar-se das ideias preconcebidas, para estabelecer verdades irrefutáveis. Propôs então, como método de raciocínio, a dúvida: duvidando de tudo, a certeza surgirá do lado da dúvida e não do lado das verdades preestabelecidas. Ao propor a dúvida, reconhece que duvidar é pensar e funda o conhecimento no *cogito* (em latim, *cogitare* = pensar): "penso, logo existo". O critério de verdade – ou a certeza – vai se encontrar na razão mesma. Por essa sua teoria do conhecimento, é chamado de pai do racionalismo.

Isaac Newton (1642-1727) foi um físico e matemático inglês, que elaborou a primeira grande síntese da física. Tendo tido importantes contribuições na área da matemática, com destaque para o cálculo diferencial e integral, pode-se dizer que seu trabalho se concentrou na física: leis da mecânica, teoria da gravitação universal, teoria da luz e da cor, teoria corpuscular da luz. Costuma-se dizer que o nosso paradigma de ciência é o paradigma newtoniano do mundo como máquina.

Ele também inventou o telescópio de reflexão com espelho côncavo e deu muita atenção ao movimento dos astros, estendendo ao sistema solar as propriedades dos sistemas de pontos sujeitos à ação de forças centrais.

Em seu livro *Philosophia naturalis principia mathematica*, inclui, além do tratamento matemático ao problema da organização dos sistemas do mundo, considerações filosóficas sobre os fenômenos, as regras do raciocínio e as proposições.

Com Newton, a ciência moderna, que vinha se edificando em torno da matemática, passa a se edificar em torno das ciências da natureza: a física empírica torna-se o modelo de ciência, o paradigma.

Antes de conhecermos o próximo personagem dessa história, observemos que a nossa linha de tempo marca, no século XIX, uma outra separação, entre as ciências positivas ou da natureza e as ciências do homem. Aqui se introduz a ideia de que o homem não faz parte da natureza.

Augusto Comte (1798-1857) foi um filósofo francês que fundou a escola filosófica conhecida como positivismo. Era antimetafísico e diz-se que foi tão admirado no início do século XX, como Aristóteles na Idade Média.

Abordando a relação entre a ciência e a filosofia do século XIX, considera que cabe à filosofia coordenar os resultados das diversas ciências, a fim de criar uma tese que os harmonize, e que o filósofo será, portanto, um especialista em generalidades.

Suas reflexões sobre a história do pensamento humano levaram-no a estabelecer a "lei dos três estágios", segundo a qual o pensamento humano se desenvolveu em três etapas. A primeira é a teológica, em que os fenômenos são explicados pela ação de seres míticos. A segunda é a metafísica, em que os fenômenos se explicam por abstrações racionais, possibilitando várias teorias sobre o mesmo fenômeno. Por exemplo: por que o ópio faz dormir? Porque tem uma virtude entorpecente. Finalmente, a terceira etapa é a positiva, em que se busca conhecer a explicação da natureza por meio da observação e da experiência, buscando as leis que regem os fenômenos. Mas essas leis gerais não podem ir além do que permitem a experimentação e a dedução matemática. Tudo que vai além disso é metafísica e não tem valor. O objetivo de conhecer as leis é poder fazer previsão: conhecemos para prever os acontecimentos.

Com base nessa "lei dos três estágios", Comte hierarquizou as ciências, segundo um critério de generalidade decrescente e rigor crescente, separando as que já atingiram das que ainda não atingiram a etapa positiva. Daí vem a ideia de que as diversas disciplinas científicas foram se desprendendo da filosofia, deixando o estágio metafísico e se constituindo como ciência, ao passar para o estágio positivo. Assim: matemática, astronomia, física, química e biologia – já consideradas como ciências positivas, cada uma com seu objeto específico. Na sequência, introduz a sociologia – termo criado por ele – ou ciência da sociedade humana, que deveria seguir o exemplo das demais e transformar-se em "física social".

O positivismo reintroduz a desconfiança quanto a fundar o conhecimento no homem. Funda o conhecimento na coisa e o sujeito deve anular-se para que apareça a coisa em si. Aqui se configura a exigência da objetividade. O sujeito, o cientista, faz *tábula rasa* de seus juízos e valores, para deixar as coisas falarem. Deve atuar como uma câmara fotográfica, que dá a cópia fiel da coisa.

Devendo a prova ser experimental, a verdade passa pela exigência de testemunhos e garantias fornecidas pela experiência: só a observação confiável, fidedigna, que foi compartilhada, pode fundamentar as afirmações. E há também a exigência de neutralidade: as afirmações do cientista devem ser impessoais e ele deve apresentar apenas os resultados de sua pesquisa; proposições marcadas por posições pessoais não são científicas.

Segundo Domingues, o procedimento positivista, que vinha sendo fértil nas ciências da natureza, mostra-se também inicialmente fértil no campo das ciências do homem. Baseando-se na observação e na experiência, focalizam-se manifestações exteriores, os fenômenos humanos. Mas, cedo se percebem os limites desse modelo de cientificidade para abordar o homem e a sociedade, e as ciências humanas passam então a elaborar seu próprio padrão de cientificidade, para além dos marcos estreitos das ciências naturais.

Nesse contexto, aparece o filósofo alemão Wilhelm Dilthey (1833-1911), que, com o objetivo de preservar a especificidade das ciências humanas, propõe a divisão das ciências em dois grandes grupos. De um lado, as ciências naturais que, trabalhando com o princípio da causalidade eficiente, explicam os fenômenos da natureza: por exemplo, o calor dilata os corpos. De outro lado, as ciências humanas – hermenêuticas ou históricas –, que teriam seu próprio padrão de cientificidade, uma vez que não podem dispensar a teleologia (*teleíos* = fim, finalidade, propósito, meta, objetivo), ou seja, as causas finais e os esquemas valorativos, e cujo método seria então o da compreensão. Explicamos a natureza e compreendemos o homem. Os cânones da explicação e da compreensão não são os mesmos.

Estabelecendo a especificidade das ciências humanas, Dilthey reabilita tacitamente a natureza humana, que, em última análise, explicaria a especificidade dos fenômenos humanos e sociais em relação aos fenômenos da natureza, físicos e biológicos.

Aqui ficou bem reforçada não só a ideia de Comte, da separação entre as ciências da natureza e as ciências do homem, como também a ideia de que "a natureza humana é de uma natureza diferente da natureza", ou seja, de que o homem não faz parte da natureza.

Além do mais, só as ciências da natureza, as ciências positivas, continuaram satisfazendo as exigências do padrão de cientificidade vigente e só elas puderam usufruir o rótulo de *hard sciences* ou ciências rigorosas. Enquanto isso, as ciências humanas levavam o rótulo de *soft sciences*, apesar de muitas vezes ainda estarem se esforçando para satisfazer os critérios de cientificidade estabelecidos pelas *hard sciences*.

Pode-se agora perceber que as várias separações marcadas na linha de tempo foram propostas com a pretensão de preservar o rigor e a precisão do conhecimento científico, mas que o preço que se paga é o das rupturas, o da fragmentação do saber. Ao final da linha, insinua-se uma perspectiva de integração, por meio do novo paradigma emergente no final do século XX. Entendendo bem em que consiste esse novo paradigma da ciência, você mesmo poderá avaliar essa possibilidade.

Entretanto, vamos precisar pensar uma forma de distinguir, na linha de tempo, as mudanças que constituem, das que não constituem, saltos qualitativos. Penso que nessa linha, a emergência do novo paradigma marcará um ponto de não retorno, um salto qualitativo, como o foi a emergência do *logos* que estabeleceu a racionalidade epistêmica.

Agora, feito esse longo percurso que nos trouxe desde o século VIII a.C. até o século XXI d.C., proponho que voltemos àquela lista de palavras comumente associadas a "conhecimento científico". Você poderia retomá-la e verificar se aquelas palavras apareceram (todas? quais?) nessa rápida retrospectiva que acabamos de fazer.

Tudo isso que vimos foi importante na constituição do que proponho chamar, e tenho chamado, de paradigma da ciência tradicional e que alguns chamam de ciência clássica, outros de ciência moderna.

Tenho proposto também, desde 1992, uma forma de descrever e organizar essas características do paradigma da ciência tradicional, mostrando que elas refletem três pressupostos epistemológicos fundamentais:

A *crença* na *simplicidade* do microscópico, ou seja, a crença em que, analisando ou separando em partes o objeto complexo, encontrar-se-á o elemento simples, a substância constituinte, a partícula essencial, mais facilmente compreensível do que o todo complexo.

A *crença* na *estabilidade* do mundo, ou seja, a crença em que o mundo é um mundo estável, que já é como é, e de que podemos conhecer os fenômenos *determinados* e *reversíveis* que o constituem, para poder prevê-los e controlá-los.

A *crença* na possibilidade da *objetividade*, ou seja, a crença em que é possível e indispensável sermos objetivos na constituição do conhecimento verdadeiro do mundo, da realidade.

No Capítulo 3, vamos ver mais detalhadamente o *paradigma tradicional da ciência*, para depois podermos acompanhar as transformações que estão acontecendo, no âmbito da própria ciência, e que nos estão dando o *paradigma emergente da ciência contemporânea*, "o novo paradigma da ciência".

PARTE II
Acompanhando as transformações do paradigma da ciência

DELINEANDO O PARADIGMA TRADICIONAL DA CIÊNCIA 3

O tema da mudança de paradigma da ciência tem estado amplamente presente em nossos dias. Não só os filósofos da ciência, os epistemólogos, como também os profissionais de várias áreas, estão falando sobre isso, promovendo debates, ministrando cursos, utilizando-se da imprensa para abordar essas mudanças e apontar suas repercussões na nossa vida cotidiana.

O que tenho percebido é que nem sempre as pessoas conseguem entender bem o que significam essas novidades, por não terem tido oportunidade de refletir sobre como as coisas eram antes dessas mudanças que estão acontecendo. Como diz Morin (1990), para compreender o paradigma da complexidade é preciso saber antes que existe um paradigma de simplicidade.[1]

Para entender essa transição paradigmática, é importante a gente se perguntar: tudo isso é novo em relação a quê? O que está mudando? O que significa essa novidade? Que repercussões poderá ter em minha vida, em mi-

---
1. Se você já conhece bem o paradigma de ciência vigente, se já teve oportunidade de refletir sobre ele ou se já trabalha efetivamente na produção do conhecimento científico dentro desse paradigma, não precisa se deter neste capítulo. Caso contrário, penso que este poderá contribuir para que você perceba em que consiste a mudança de paradigma que está em curso e apreenda bem as suas implicações.

nhas práticas? Ou seja, é importante procurar entender bem, não só como se constituiu o paradigma tradicional ao longo dos tempos – o que já vimos no Capítulo 2 – mas também as manifestações desse paradigma na ciência e nas práticas dela derivadas.

Quando se aborda a questão do paradigma da ciência, aparece uma multiplicidade de termos, alguns já familiares para nós, outros muito novos. Torna-se importante não só procurar saber em que sentido estão sendo usados esses termos, ou a que geralmente se referem, mas ainda dispormos de um quadro de referência amplo, em que todos eles possam se encaixar. Um quadro de referência permitirá organizar as ideias a respeito.

O quadro de referência que elaborei para abordar a mudança de paradigma da ciência descreve, de forma resumida, essa transição de uma ciência tradicional para uma ciência novo-paradigmática emergente.

Para evitar mal-entendidos, é preciso esclarecer que aqui "tradicional" se refere a algo que tem uma origem muito remota, mas não a algo que já tenha desaparecido e/ou sido substituído. A ciência tradicional continua vigorosa em nossos dias.

A expressão "novo-paradigmática emergente" é usada aqui para se referir a algo que tem uma origem relativamente recente, no século XX, especialmente a partir de sua segunda metade, portanto algo muito novo em relação à ciência tradicional, que tem mais de 400 anos de história.

Como a ciência tradicional tem sido chamada de "ciência moderna" (séculos XVII a XIX), essa nova ciência tem sido chamada também de "ciência pós-moderna" (século XX). Prefiro chamá-la de "ciência novo-paradigmática emergente" ou simplesmente de "ciência novo-paradigmática".

Muitos autores reconheceram a existência de diversos pressupostos epistemológicos, presentes na ciência clássica, cartesiana, newtoniana, moderna. E hoje, eles mesmos, ou outros, estão descrevendo uma mudança epistemológica, uma revisão do paradigma até então dominante, dando origem a uma ciência pós-moderna, novo-paradigmática.

Nesse amplo conjunto de descrições do *paradigma tradicional*, distingui três dimensões, que adotei como descrição resumida desse paradigma:

Quadro 9 – Paradigma tradicional da ciência[2]

> **SIMPLICIDADE (do microscópico)**
> análise
> relações causais lineares
>
> **ESTABILIDADE (do mundo)**
> determinação – previsibilidade
> reversibilidade – controlabilidade
>
> **(possibilidade da) OBJETIVIDADE**
> subjetividade entre parênteses
> uni-*versum*

1. O pressuposto da *simplicidade* (do microscópico): a crença em que, separando-se o mundo complexo em partes, encontram-se elementos simples, em que é preciso separar as partes para entender o todo, ou seja, o pressuposto de que "o microscópico é simples". Daí decorrem, entre outras coisas, a atitude de análise e a busca de relações causais lineares.
2. O pressuposto da *estabilidade* do mundo: a crença em que o mundo é estável, ou seja, em que "o mundo já é". Ligados a esse pressuposto estão a crença na determinação – com a consequente previsibilidade dos fenômenos – e a crença na reversibilidade – com a consequente controlabilidade dos fenômenos.
3. O pressuposto da possibilidade da *objetividade*: a crença em que "é possível conhecer objetivamente o mundo tal como ele é na realidade" e a exigência da objetividade como critério de cientificidade. Daí decorrem os esforços para colocar entre parênteses a subjetividade do cientista, para atingir o uni-*versum*, ou versão única do conhecimento.

Acompanhando os desenvolvimentos contemporâneos da ciência, pude identificar como eles conduzem necessariamente a mudanças nessas três dimensões epistemológicas, constituindo-se assim o *novo paradigma da ciência,* com três novos pressupostos que serão abordados no Capítulo 4.

---

2. Essa é apenas a primeira metade do quadro de referência para a transição paradigmática da ciência e se refere ao paradigma tradicional da ciência, ou paradigma da ciência tradicional, tema deste capítulo. No Capítulo 4, o quadro aparecerá completo, incluindo a parte referente à ciência novo-paradigmática emergente.

Então, como um exercício inicial, proponho que você leia com atenção todos os termos que aparecem no Quadro 10, os quais costumam aparecer na literatura científica atual.

Em seguida, procure separá-los em dois conjuntos: de um lado, os que você acha que se referem a crenças, valores, atitudes, propostas da ciência tradicional – ou seja, o *paradigma tradicional da ciência* – e, de outro, os que você pensa que podem se referir a crenças, valores, atitudes, propostas que representam uma novidade com relação a paradigma de ciência – ou seja, um *novo paradigma de ciência*. Compare finalmente os dois grupos de termos que você formou com os agrupamentos que aparecem nos Quadros 11 e 12.

Quadro 10 – Alguns termos de uso corrente no âmbito da ciência

representação da realidade; complexidade; verificação empírica; mecanicismo; racionalidade; reversibilidade; análise; física reversível; padrões interconectados; especialistas; sistema observado; desordem; uni-*versum*; interação instrutiva; transdisciplinaridade; redução; termodinâmica do não equilíbrio; crise; certeza; física do devir; retroação da retroação; objeto em contexto; múltiplas verdades; indeterminação; segunda lei da termodinâmica; objetividade sem parênteses; reflexividade; multi-*versa*; construção da realidade; relações funcionais; redes de redes; lei da entropia; lógicas heterodoxas; conjunção; mundo ordenado; flutuação; incontrolabilidade; autorreferência; previsibilidade; compartimentação do saber; caos; objetividade; contextualização; ordem a partir da flutuação; conexões ecossistêmicas; sistemas complexos; ponto de bifurcação; registros objetivos; espaços consensuais; determinismo estrutural; fidedignidade; perturbação; lógica clássica; intersubjetividade; distinção

continua

continuação

ordens de recursão	visão de 2ª ordem	física de processos	multidisciplinaridade
	acaso	atitude "e-e"	
	explicação		acoplamento estrutural
	causa eficiente	atitude "ou-ou"	
instabilidade do mundo	complexidade organizada devir	leis singulares	objetividade entre parênteses relatório impessoal	seta do tempo
realismo do universo	determinismo histórico	quantificação imprevisibilidade	foco nas interligações	sistema observante
sistemas que funcionam longe do equilíbrio	estabilidade do mundo não reducionismo relações causais lineares	controle matematização	relações causais recursivas verdade irreversibilidade	leis gerais princípio dialógico termodinâmica do equilíbrio

coconstrução da realidade na linguagem	salto qualitativo do sistema	determinismo estrutural do sistema	
	mundo em processo de tornar-se	previsão	subjetividade entre parênteses
		classificação	disjunção
trajetórias determinadas e reversíveis	determinação causalidade linear	simplicidade atomizada	descoberta científica
recursividade	ampliação do foco	foco nas relações	controlabilidade
simplicidade do microscópico		amplificação do desvio	física do ser
	sistemas que admitem estado de equilíbrio		ontogenetismo
sistemas de sistemas		atomização	teoria dos tipos lógicos
		narrativas	neutralidade
	contradição	sistemas amplos	
observadores independentes	simplificação		teoria científica do observador

Pensamento sistêmico | 71

Quadro 11 – Ciência tradicional

representação da realidade

verificação empírica

mecanicismo

reversibilidade

racionalidade

especialistas

sistema observado

física reversível

interação instrutiva

redução

análise

certeza

previsibilidade

termodinâmica do equilíbrio

relações funcionais

objetividade sem parênteses

experimentação

registros objetivos

mundo ordenado

lógica clássica

compartimentação do saber

determinismo ambiental

realismo do universo

multidisciplinaridade

causa eficiente

atitude "ou-ou"

uni-versum

quantificação

relatório impessoal

estabilidade do mundo

matematização

relações causais lineares

leis gerais

verdade

objetividade

classificação

explicação

subjetividade entre parênteses

trajetórias determinadas e reversíveis

simplicidade atomizada

controle

descoberta científica

fidedignidade

previsão

causalidade linear

sistemas que admitem estado de equilíbrio

disjunção

atomização

determinação

simplicidade do microscópico

controlabilidade

física do ser

observadores independentes

simplificação

neutralidade

teoria dos tipos lógicos

Quadro 12 – Ciência novo-paradigmática emergente

padrões interconectados	complexidade	transdisciplinaridade	desordem
crise	segunda lei da termodinâmica	física do devir	objeto em contexto
múltiplas verdades	reflexividade	retroação da retroação	multi-*versa*
incontrolabilidade	redes de redes	lei da entropia	indeterminação
caos	contextualização	conjunção	construção da realidade
autorreferência		ordem a partir da flutuação	lógicas heterodoxas
sistemas complexos	ponto de bifurcação		conexões ecossistêmicas	flutuação
	visão de 2ª ordem	atitude "e-e"		espaços consensuais
ordens de recursão		física de processos		distinção
		acaso	perturbação	
instabilidade do mundo	complexidade organizada	intersubjetividade	objetividade entre parênteses
	devir	determinismo histórico	leis singulares	acoplamento estrutural
sistemas que funcionam longe do equilíbrio		imprevisibilidade	foco nas interligações	seta do tempo
não reducionismo		relações causais recursivas	princípio dialógico	sistema observante
coconstrução da realidade na linguagem		salto qualitativo do sistema	irreversibilidade	termodinâmica do não equilíbrio
		mundo em processo de tornar-se	determinismo estrutural do sistema	foco nas relações
recursividade			ampliação do foco	
		narrativas		ampliação do desvio	ontogenetismo
sistemas de sistemas		contradição	sistemas amplos	teoria científica do observador

Pensamento sistêmico | 73

Vamos então procurar entender bem os diversos termos que descrevem o *paradigma tradicional da ciência*, a fim de que possamos ir detalhando nosso quadro de referência, de modo que todos esses conceitos possam se localizar nele.

À medida que for entendendo bem cada um deles, você os irá associando às diferentes dimensões ou pressupostos epistemológicos que distinguimos na ciência tradicional: simplicidade, estabilidade, objetividade.

O pressuposto da simplicidade

No nosso quadro de referência, um dos eixos ou dimensões – um dos pressupostos epistemológicos – que distingui na ciência tradicional é o da *simplicidade*, ou seja, a crença em que "o microscópico é simples". O que quer dizer isso?

Em sua busca de conhecimento, o cientista depara com um universo que se apresenta – e sempre se apresentou – complexo. O mundo aristotélico era um mundo descrito como complexo, qualitativamente diferenciado, autônomo, de "uma complexidade divinamente ordenada ou imaginativamente concebida" (Laszlo 1972, p. 15).

Entretanto, o cientista acredita que, por trás dessas aparências complexas, está a simplicidade e que, para compreender esse universo, sua tarefa é ultrapassar essas aparências complexas. Pressupõe o objeto simples no complexo, ordem subjacente ao caos aparente. Parte, portanto, para a *simplificação*. Aliás, Morin (1990) lembra-nos de que o filósofo da ciência Bachelard já teria apontado que o simples não existe, só existindo o que foi simplificado pelo cientista. Entretanto, Bachelard não teria sido devidamente considerado em sua época.

Assim, a ciência procede à *análise* dos todos complexos, à separação em partes. Começa por retirar o objeto de estudo dos contextos em que ele se encontra. Por exemplo, o biólogo leva a planta que recolheu numa montanha para ser estudada num laboratório, o psicólogo leva o indivíduo para ser observado, estudado, atendido, fora de seu contexto relacional. Então, a ciência procede à *atomização*, em busca, como diz Morin (1990), do ladrilho elementar com o qual está construído o universo. Nessa busca, a ciência física focaliza sucessivamente: a molécula, o átomo, o núcleo e os elétrons, e até os *quarks*. Os estudiosos da linguagem e da comunicação fazem análises gramatical e sintática, análise de conteúdo e assim por diante. Por isso se costuma dizer que a ciência tradicional trabalha com uma *simplicidade atomizada*. E, assim como separa em partes os constituintes do universo, a ciência procede também às separações entre os fenômenos: separa os físicos dos biológicos, os biológicos dos psicológicos, os psicológicos dos culturais, e assim por diante.

A partir da separação das partes, que é chamada de operação de *disjunção* ou operação disjuntiva, que separa o que está ligado, estabelecem-se categorias, para em seguida proceder-se à *classificação* dos objetos ou fenômenos, já então concebidos como entidades delimitadas e separadas umas das outras. É o que fazem, por exemplo, o químico, quando classifica os elementos químicos; o biólogo, quando classifica os seres vivos; o psicólogo, quando classifica as pessoas em tipos psicológicos, em tipos de personalidade.

O exercício de classificar exige do cientista que esteja sempre decidindo entre ou uma coisa ou outra. De acordo com a lógica, um objeto não pode pertencer simultaneamente a duas categorias, não pode ser ele e não ele (princípio da identidade), e um bom sistema de categorias (sistema de classificação) deve se constituir de categorias excludentes entre si. Isso desenvolve no cientista o que se tem chamado de *atitude "ou-ou"*, "ou isto ou aquilo". Ele não só adota essa atitude nas suas classificações científicas, mas também a leva consigo para as suas relações cotidianas: as situações serão ou boas ou más, as pessoas serão ou amigas ou inimigas, e assim por diante. E ainda, uma teoria estará ou corroborada ou não corroborada. Assim, quando surge uma nova teoria, se for reconhecida como aceitável, significa que a anterior já não é mais adequada e deve ser descartada.

Outra operação que a ciência realiza, em busca da simplicidade, é a operação de *redução*, que unifica o que é diverso. Encontrando um fenômeno complexo, o cientista procura reduzi-lo a um outro mais simples e já mais bem compreendido. Assim, pode tentar reduzir, por exemplo, o funcionamento biológico dos seres vivos ao funcionamento físico-químico nas células que o compõem.

É dessa atitude simplificadora, analítica, fragmentadora, disjuntiva, reducionista, que resultam a *compartimentação do saber*, a fragmentação do conhecimento científico do universo em áreas ou disciplinas científicas – *multidisciplinaridade* ou pluridisciplinaridade –, a fragmentação das instituições científicas em departamentos estanques.

Em cada uma dessas áreas, trabalham os *especialistas* em conteúdos específicos, atuando em domínios disjuntos, sendo bem ciosos dos limites de seus territórios, tendo grande dificuldade para se comunicar com os especialistas de outras áreas, para experimentar a interdisciplinaridade. Embora frequentemente constituam equipes "interdisciplinares", cada um se limita a seu domínio e espera ser compreendido pelos outros especialistas, mais do que se esforça por compreendê-los. E ouvimo-los muitas vezes dizerem, eximindo-se de maior comprometimento: "isso não é da minha especialidade", "não quero invadir seara alheia". Então, também não constituem equipes, mas apenas aglomerados de especialistas.

E outro aspecto dessa especialização – que voltarei a comentar mais adiante – é que, não só dentro da comunidade científica, como também na comunidade leiga, admite-se que o especialista tem um "acesso privilegiado ao saber" naquele conteúdo, um acesso privilegiado à compreensão daquela "fatia da realidade". Isso estabelece, como consequência, uma hierarquia, em que o especialista no assunto se posiciona acima de todos os demais: "sobre isso, quem sabe é o Fulano", "Fulano é que pode falar porque ele é o especialista nesse assunto".

E, além do mais, nossas instituições educacionais, focalizando aspectos que consideram positivos na especialização, procuram estimulá-la, dizendo coisas tais como: "A sociedade se beneficia com a especialização de seus profissionais. O homem se sente psicologicamente fortalecido com a especialização, uma vez que conseguirá competir no mercado de trabalho, garantindo com isso sua sobrevivência".

As diversas disciplinas científicas, na busca de compreensão do universo e para compreender o funcionamento de seus objetos de estudo, elegem trabalhar com situações estáveis e permanentes, com sistemas que admitem um estado de equilíbrio. Esses sistemas são concebidos como sistemas simples, como agregados mecanicistas de partes em relações causais separadas umas das outras. Admitindo que as supostas forças estão interagindo aos pares, o cientista vai variando, um de cada vez, os supostos fatores causais do fenômeno que quer entender, a fim de encontrar as leis simples de funcionamento desses sistemas.

Nessa forma de pesquisar ou de refletir sobre o funcionamento do universo está implícita a crença numa *causalidade linear*: a cada fenômeno observado (Y) corresponde uma causa (X) e cada fenômeno observado (Y) tem efeitos (Z). Assim, têm-se *relações causais lineares*:

Quadro 13 – Causalidade linear

Observe-se que essa é uma causalidade linear unidirecional. Isso quer dizer que só se pode aceitar como causa de um fenômeno observado algo que tenha acontecido antes desse fenômeno ou, na melhor das hipóteses, algo que lhe seja concomitante. Jamais um evento que ainda não aconteceu poderia ser invocado como causa ou explicação do que está acontecendo agora. Ou seja, a ciência tradicional só admite a *causa eficiente*, que precede o efeito. Como vimos, o termo causa eficiente é um termo aristotélico, que a ciência ainda conserva hoje.

A ciência tradicional rejeita pois a teleologia (em grego *teleíos* = fim, finalidade, propósito, meta, objetivo) ou as explicações teleológicas dos fenômenos em estudo, explicações dos fatos por suas causas finais. Por exemplo, a psicologia comportamental ou análise experimental do comportamento, disciplina que se esforça por se inserir rigorosamente nos critérios de cientificidade tradicionais, rejeita a explicação de que um organismo qualquer esteja emitindo um comportamento de esquiva ou evitação no presente para evitar um evento aversivo futuro. Argumenta-se que, na verdade, com seu comportamento, o organismo está fugindo de um sinal presente, que anuncia o evento aversivo futuro.

Mais adiante veremos como essa ênfase da ciência tradicional na identificação das causas eficientes levou ao estabelecimento de leis ou princípios cuja aplicação permitiu atingir o objetivo de produzir efeitos, de manipular os fenômenos, de promover modificações no mundo. Assim, por exemplo, se os físicos descobriram que o fenômeno B é causado pelo fenômeno A, esse conhecimento poderá ser amplamente utilizado pelos especialistas nas diversas tecnologias com que trabalham.

Associada a essa atitude simplificadora do cientista tradicional, está a crença de que o mundo é cognoscível, que pode ser conhecido, desde que seja abordado de modo racional. A ciência deve proceder a uma abordagem racional do mundo – *racionalidade* –, preocupando-se sempre com a coerência lógica de suas teorias, trabalhando para eliminar do discurso científico a imprecisão, a ambiguidade, a contradição. Trata-se, segundo Morin (1990), de uma "lógica homeostática, destinada a manter o equilíbrio do discurso mediante a expulsão da contradição" (p. 82).

A constatação da possível existência de contradições lógicas ou paradoxos no discurso científico constitui-se como sério problema para a *lógica clássica* (*vide* Quadro 14). O paradoxo é considerado como o "calcanhar de aquiles" de nossa concepção de mundo lógica-analítica-racional, porque mostra a insuficiência da dicotomia aristotélica de verdadeiro-falso e de outros pares contrapostos (Watzlawick 1977). Para lidar com os paradoxos, mantendo-se os princípios da lógica clássica, o filósofo Bertrand Russell elaborou a *teoria dos tipos lógicos* ou *teoria dos níveis lógicos*.

Quadro 14 – Os paradoxos

Num livro muito conhecido, *Pragmática da comunicação humana. Um estudo dos padrões, patologias e paradoxos da interação*, Watzlawick *et al.* (1967) tratam especialmente dos paradoxos na pragmática da comunicação humana, mas também abordam os paradoxos nos aspectos sintático e semântico da comunicação.

Um paradoxo é uma contradição lógica a que se chega, partindo-se de premissas verdadeiras e adotando-se um raciocínio correto ou uma rigorosa dedução lógica. Paradoxos podem se fazer presentes na comunicação humana nas três áreas:

- na *sintaxe* (relações formais entre os sinais): antinomias ou paradoxos lógico-matemáticos, ou paradoxos dos sistemas formalizados;
- na *semântica* (relações entre os sinais e os objetos): antinomias semânticas ou definições paradoxais;
- na *pragmática* (efeitos da linguagem sobre os usuários): paradoxos pragmáticos – injunções e predições paradoxais.

Na sintaxe:

O paradoxo de Russell é considerado o mais famoso paradoxo lógico-matemático e consiste na seguinte sequência de raciocínios que levam a uma conclusão contraditória:

continua

continuação

1) Uma classe é definida como a totalidade dos objetos que possuem uma certa propriedade, por exemplo, a classe dos gatos; os demais objetos constituem a classe dos não gatos e um objeto não pode pertencer a essas duas classes (não pode ser ele e não ele).

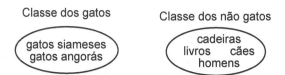

2) Uma classe não pode ser membro de si mesma: a classe de gatos – ou o conjunto de gatos (siameses, angorás etc.) – não pode ser membro de si mesma, porque não é, ela mesma, um gato.
3) Tomando a classe de conceitos – ou o conjunto de conceitos (conceito de gato, conceito de quadrúpede, conceito de pedra, conceito de cadeira etc.), depara-se com o fato de que a classe de todos os conceitos (o conceito de conceito) é ela própria um conceito e, portanto, pode ser membro de si mesma (ou seja, pode-se acrescentar, à lista de conceitos acima, o conceito de conceito).

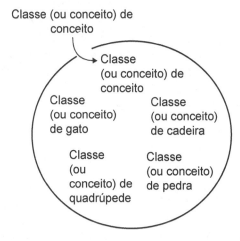

Portanto, tem-se uma classe que é membro de si mesma.

4) Essa é uma conclusão a que se chega por meio de uma rigorosa dedução lógica e que, entretanto, é uma conclusão contraditória porque viola um dos princípios da própria lógica, o de que uma classe não pode ser membro de si mesma.

continua

continuação

Refletindo sobre essa situação paradoxal, Russell elaborou a teoria dos tipos lógicos ou dos níveis lógicos. Mostrou que o problema não está na lógica, mas na nossa forma de usar a linguagem. Ele reiterou o princípio fundamental que postula que "tudo o que envolva a totalidade de um conjunto não deve ser parte do conjunto" (Watzlawick *et al.* 1967, p. 173). E apontou a necessidade de estabelecer uma hierarquia de níveis: aquilo que se referir à classe ou conjunto será de um nível lógico superior àquilo que se referir aos componentes do conjunto. Tendo-se presente essa hierarquia, desfaz-se o famoso paradoxo de Russell. De fato, esse paradoxo se deve a uma confusão entre níveis ou tipos lógicos: a classe de conceitos é de um tipo ou nível superior ao das demais classes (de gatos, de cadeiras etc.). Para falar dela, temos que subir um nível na hierarquia de tipos.

Na semântica:

Paradoxos semânticos são os que estão implicados na interpretação dos significados das mensagens: são as descrições ou definições paradoxais. Se, por exemplo, alguém afirma: "estou mentindo", o interlocutor não saberá como interpretar essa mensagem de significado indecifrável: a mensagem só será verdadeira se seu autor não estiver mentindo. A interpretação do significado de mensagens ambíguas desse tipo exige que se utilize uma metalinguagem, ou seja, que se emita uma outra mensagem, a partir de um outro nível, que qualifique a primeira: "quando eu disser estou mentindo, entenda-se...". É para indicar mudanças de nível que se usam, nos textos escritos, títulos, subtítulos, subsubtítulos.

Na pragmática:

Também no caso da pragmática, mensagens contraditórias podem deixar o interlocutor num beco sem saída, numa situação paradoxal que o paralisa: pois, se atender a um dos aspectos da mensagem, estará desatendendo ao outro, e vice-versa. Isso acontece nas injunções (instruções) paradoxais e nas predições paradoxais. Por exemplo, na instrução: "seja espontâneo", o receptor só poderá obedecê-la, desobedecendo-a. A única saída seria denunciar a contradição na comunicação, o que – novamente – só pode ser feito a partir de um outro nível lógico, numa comunicação que fala sobre a comunicação.

continua

continuação

> É importante lembrar que o fato de haver alternativas contrárias numa situação não implica necessariamente paradoxo, se a possibilidade de optar por uma delas for também parte da situação.

Estamos vendo aqui essa busca de racionalidade por parte da ciência, que se manifesta na adoção dos princípios da lógica clássica, associada ao pressuposto da simplicidade. Mas, como poderemos ver adiante, essa atitude racional e lógica acompanha o cientista também quando suas ações refletem o pressuposto da estabilidade do mundo ou ainda o pressuposto da objetividade do conhecimento científico.

Vejamos então agora os termos e conceitos que refletem o pressuposto da estabilidade do mundo.

O pressuposto da estabilidade

Outro pressuposto epistemológico que distingui na ciência tradicional – outro eixo ou dimensão no nosso quadro de referência – é o da *estabilidade*, ou seja, a crença em que o mundo é estável, em que o mundo já é, e em que nele as coisas se repetem com regularidade.

Concebendo um *mundo ordenado*, cujas leis de funcionamento, simples e imutáveis, podem ser conhecidas, o cientista procura conhecer as *relações funcionais* entre variáveis. Quando se diz que existe uma relação funcional entre dois fatores quaisquer, significa que um deles varia em função do outro.

Por exemplo, quanto maior a demanda por um produto, maior o seu preço no mercado. Essa é uma relação direta – quanto mais do fator causal, mais do efeito – representada hipoteticamente na Figura 1:

Figura 1 – Preço do produto em função da sua demanda

Ou então, quanto maior a altitude de um lugar, menor a temperatura ambiente. Agora a relação é inversa, representada hipoteticamente na Figura 2:

Figura 2 – Temperatura do ambiente em função da altitude do lugar

A proposta do cientista é a de realizar o que geralmente se considera serem os objetivos da ciência: explicar, prever e controlar a ocorrência dos fenômenos no universo.

Um exemplo bem simples mostra como isso pode acontecer. Suponhamos que um professor observe um fenômeno que se repete diariamente em suas aulas: decorrido um certo tempo a partir do início da aula, o aluno A levanta-se e vai sentar-se em outra cadeira. A curiosidade e a formação científica do professor levam-no a se perguntar: por quê? Ou seja, ele quer uma explicação para o fenômeno que observa.

Levanta uma hipótese, "talvez meu aluno se incomode com o cigarro do colega ao lado", e continua a observar, agora focalizando uma possível relação entre a ocorrência dos dois fatos: quer saber se, quando o aluno B fuma, o aluno A muda de lugar. Mas logo verifica que não existe tal relação, descarta essa hipótese e formula uma outra, que também acaba rejeitada, e assim por diante.

Finalmente, por meio dessas observações sistemáticas, descobre que existe uma relação entre a incidência do sol no lugar onde o aluno está sentado e sua mudança de lugar. Ele agora tem uma resposta à sua pergunta, tem uma *explicação* para o fenômeno, conhece uma relação funcional, sabe por que o aluno muda de lugar. Ele agora tem um conhecimento que é tido como superior à simples descrição dos fenômenos: além de dizer *como* as coisas acontecem, ele é capaz de dizer *por que* acontecem desse jeito. Ou seja, ele sabe explicar, o que consiste em propor um mecanismo que, ao operar, gere o fenômeno que se quer explicar.

Além de saber explicar, ele também se tornou capaz de fazer *previsão* do fenômeno: ele poderá prever que o comportamento do aluno irá ou não ocorrer, dependendo de estar ou não presente o fator causal.

E mais, se o professor puder promover a ocorrência ou não ocorrência do fator causal, por exemplo, colocando um sol artificial no dia chuvoso ou colocando uma cortina no dia ensolarado, poderá exercer *controle* sobre o comportamento do aluno, provocando-o ou inibindo-o, conforme o considere desejável ou indesejável.

Essa situação muito simples, quase caricatural, evidencia como o pressuposto de que os fenômenos são regidos por leis leva o cientista a buscar o conhecimento dessas leis, para tirar proveito desse conhecimento.

Só um mundo concebido como ordenado, em que há repetição, constância, invariabilidade, em que as relações entre as variáveis são altamente prováveis, pode ser descrito por meio de leis ou princípios explicativos.

Mas nem sempre o cientista conseguirá estabelecer relações funcionais simplesmente por meio da "observação passiva" do que se passa à sua volta, como o fez o nosso professor.

O estabelecimento de relações funcionais claras e inequívocas exige muitas vezes que o cientista leve os fenômenos para estudá-los em laboratórios, onde ele possa "variar os fatores um de cada vez" e "exercer controle sobre as outras variáveis" ou fatores que possam interferir sobre o fenômeno estudado.

Por exemplo, no laboratório, um físico pode registrar a velocidade com que uma esfera se desloca num plano inclinado, sob diferentes condições de pressão atmosférica ou sob diferentes inclinações do plano, estudando separadamente a influência desses dois tipos de variáveis. Ou um psicólogo experimental, interessado em estudar a resistência à extinção de comportamentos condicionados, pode registrar quantas vezes um organismo (animal ou humano) insiste em repetir um comportamento que não está mais sendo reforçado (mas que já foi mais ou menos reforçado no passado), estando o organismo exposto a diferentes graus de motivação (ou de privação do reforçador).

Assim, por meio da *experimentação*, numa situação artificializada, o cientista prepara a ocorrência do fenômeno que vai observar, provocando a natureza para que explicite, sem ambiguidade, as leis a que está submetida, confirmando, ou não, suas hipóteses.

Então, o cientista prioriza a consideração dos fatos, garantindo objetividade para suas afirmações, o que corrige possíveis delírios lógicos e fornece um conhecimento testado. Essa característica de submissão aos processos de *verificação empírica* distingue a ciência de outras tentativas de compreensão da natureza.

Além disso, trabalhando em condições tanto quanto possível reprodutíveis – o que fundamenta o caráter comunicável e reprodutível dos resultados obtidos – o cientista quantifica as variáveis e as relações entre elas. Assim, obtém-se um protocolo matematizável, o que corresponde às maiores exigências de rigor e exatidão na representação das relações. Tem-se então a *quantificação* e a *matematização* como características importantes do conhecimento produzido pela ciência tradicional.

Essa associação entre ciência e quantificação é tão forte que gera fortes expectativas não só nos cientistas ligados à produção do conhecimento, mas também na comunidade em geral. Recentemente, uma cientista estava sendo entrevistada por um jornalista que pretendia divulgar uma pesquisa que ela acabava de realizar. Impressionou-me a insistência do repórter para que ela falasse dos resultados da pesquisa em termos de quantidades, de números. Podemos entender que, para corresponder à expectativa de seu público, o jornalista deveria falar de uma pesquisa científica apresentando tabelas de dados, porcentagens, diferenças quantitativas encontradas pela pesquisadora.

Estou me lembrando ainda de como, recentemente, essa questão apareceu numa defesa de tese a que assisti. Discutia-se se os dados da pesquisa, tipicamente qualitativos, deveriam ou não ter sido reduzidos a números – como o foram – para serem apresentados quantitativamente. Argumentou-se então que assim se fez porque as pessoas que leem as teses nas bibliotecas esperam uma ciência associada à matemática.

Mas, além de quantificar, à medida que realiza uma prática experimental, o cientista tradicional é levado a só colocar questões simples. Levando o fenômeno para o laboratório, exclui o contexto e a complexidade, e focalizando apenas o fenômeno que está acontecendo naquele momento, exclui toda a sua história. Assim, o mundo aristotélico, concebido como autônomo, complexo e qualitativamente diferenciado, é tornado autômato (determinado), simples e quantitativo.

Essa concepção do universo como algo perfeito e eterno foi fecunda na física, onde a busca de *leis gerais* ou universais conduziu ao descobrimento de leis importantes, como a gravitação, o eletromagnetismo, as interações nucleares.

Mas alguns cientistas ainda buscam uma verdadeira lei única que se encontraria na conexão entre essas diferentes leis (Morin 1990). Neste início de século, a mecânica quântica e a relatividade geral ainda continuam incompatíveis, mas os físicos procuram uma unificação que supere essas incompatibilidades e permita explicar todos os fenômenos do universo.

A ideia de "leis da natureza" é provavelmente a ideia mais fundamental da ciência ocidental e essa ideia tem uma conotação legalista: é como se a natureza fosse obrigada a seguir certas leis. Segundo alguns historiadores, é provável que essa ideia esteja ligada à ideia cristã de um Deus concebido como legislador onipotente. E essa obsessão pelo descobrimento das leis da natureza refletiria um desejo de aproximar o conhecimento humano a um ponto de vista divino (Prigogine 1991a).

A física foi a primeira disciplina a se desprender da filosofia e a adotar um modo próprio de abordar seus objetos de estudo, que lhe permitiu estabelecer leis e princípios explicativos do universo e ganhar o *status* de ciência.

De fato, a física se tornou o modelo para as demais ciências, certamente em virtude do sucesso que obteve, trabalhando com sistemas mecânicos – *mecanicismo* – na compreensão e na manipulação do mundo físico. Seu sucesso foi então fundamental para estabelecer mais firmemente seus pressupostos como verdades e para constituir critérios definitivos de abordagem científica do universo. O paradigma da física se torna assim o paradigma da ciência.

Um mundo concebido como estável é um "mundo que já é", isento de um processo de tornar-se, e assim a física – uma "física do ser" – soube bem escolher como objetos de estudo *sistemas que admitem um estado de equilíbrio*. E os mecanismos de funcionamento desse sistema dinâmico[3] vão ser descritos pelo conjunto das trajetórias de seus constituintes.

Uma trajetória é a descrição ou a representação da evolução[4] do sistema, ou seja, dos sucessivos pontos que ele ocupa no espaço, em sucessivas unidades de tempo. Em outras palavras, é a representação do comportamento do sistema, por exemplo, uma trajetória de um lançamento de uma pedra.

---
3. Aqui, *dinâmico* se refere a movimento, não implicando os sentidos de evolução, desenvolvimento, mudança na forma de funcionamento.
4. Aqui, *evolução* se refere à sequência de movimentos do sistema, não implicando o sentido de transformações na estrutura do sistema.

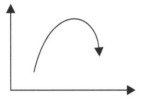

Figura 3 – Representação esquemática da trajetória do lançamento de uma pedra

Uma característica importante dessas trajetórias dos sistemas dinâmicos é o fato de serem *trajetórias determinadas e reversíveis*. Daí dizermos que a ciência tradicional trabalha com os pressupostos de determinação e reversibilidade dos fenômenos. Vamos ver o que isso quer dizer.

Primeiro, o pressuposto da *determinação* ou do *determinismo*. Dizer que a trajetória é determinada significa que sua evolução é regida por leis e determinada por suas condições iniciais. A descrição dinâmica de um sistema físico implica, pois, uma referência à situação de cada um de seus elementos constituintes num momento dado e uma referência às leis que regem a evolução desse tipo de sistema. E se a evolução é determinada pelas condições iniciais, uma preparação adequada do sistema provoca a evolução desejada, para este ou aquele estado predeterminado.

Concebendo-se a determinação dos fenômenos da natureza, ou seja, que todo fenômeno se segue naturalmente a alguma condição antecedente, decorre, como corolário da determinação, a *previsibilidade* dos fenômenos. Se conhecermos os princípios que regem a evolução da trajetória e se conseguirmos caracterizar bem o estado inicial do sistema, poderemos prever com segurança sua evolução. Assim, os cientistas empenham seus esforços no sentido de aumentar cada vez mais sua capacidade de prever os fenômenos. E, se não estão conseguindo prever com segurança, associam imprevisibilidade a conhecimento imperfeito e continuam a empenhar-se ainda mais para conhecer melhor o fenômeno.

Tomemos um exemplo bem conhecido que é a "Lei do Movimento", de Newton, ma = f, onde a força é igual à massa multiplicada pela aceleração. Essa é uma lei que tem como traço básico o seu caráter determinista. E, conhecidas as condições iniciais, pode-se prever qualquer posição passada ou futura do corpo em sua trajetória, uma vez que a trajetória é determinada.

Outro exemplo: se o cientista conhece bem as leis que regem o deslocamento de uma esfera num plano inclinado e se consegue descrever todas as condições iniciais de um sistema como esse – a massa da esfera, as condições da pressão atmosférica, as características da superfície do plano etc. –, poderá prever com grande exatidão como será e quanto tempo durará o percurso dessa esfera descendo no plano inclinado. Ou seja, será capaz de prever como o sistema se comportará.

Outro exemplo ainda, com que estamos todos bastante familiarizados, é o da grande exatidão com que os técnicos têm conseguido prever a rota de um míssil, com garantia quase total de que ele atingirá o ponto desejado.

E o pressuposto da *reversibilidade*, o que significa? Que significa dizer que as trajetórias dinâmicas são reversíveis? Quer dizer que, se o cientista interferir, ou inverter a manipulação, produzirá o retorno do sistema ao seu estado inicial. Por isso, costuma-se dizer que o sistema dinâmico evolui guardando a lembrança de seu estado inicial: "Se os sistemas físicos pertencem à classe de sistemas integráveis, não podem esquecer suas condições iniciais" (Prigogine 1980, p. 32).

No caso da "Lei de Newton", a trajetória também é reversível. Aí está implicada também uma concepção de tempo: sendo possíveis ambos os movimentos "para frente" e "para trás", a dinâmica descreve processos em que a direção do tempo não importa. A definição de um estado instantâneo do sistema não o caracteriza como estado inicial ou como estado que resultou de uma longa evolução. Por isso se diz que a dinâmica não faz distinção entre passado e futuro: o estado do movimento é invariante com respeito à inversão do tempo (t ↔ -t): "... a aceleração não muda se substituirmos t por -t" (Prigogine 1991a, p. 38). Apenas fenômenos desse tipo são passíveis de descrição pela "física reversível". Outro exemplo de fenômeno reversível: juntando moléculas de oxigênio e hidrogênio, em proporções adequadas, obtém-se água, mas também se pode inverter a manipulação e decompor a água em oxigênio e hidrogênio.

Da reversibilidade dos fenômenos decorre, como corolário, sua *controlabilidade*. As transformações reversíveis definem a possibilidade de agir sobre o sistema, de controlá-lo, de manipulá-lo. Como dizem Prigogine e Stengers no livro *A nova aliança. A metamorfose da ciência*, "claro que 'conhecer', no decurso dos três últimos séculos, foi muitas vezes identificado com 'saber manipular'" (1979, p. 205).

Então, com essa concepção, qualquer evolução incontrolada de um sistema é definida negativamente, significa que ele está escapando do controle. A ausência

Pensamento sistêmico | 87

de controle pode permitir uma evolução indesejada, não só nos sistemas artificiais, como nos naturais. Na dinâmica, a instabilidade do sistema é vista como desvio a corrigir, introduzindo-se algum mecanismo que se encarregue da correção desse desvio. Mais adiante, no Capítulo 6, você poderá ver como a Cibernética se desincumbiu com sucesso dessa tarefa de correção de desvios.

A crença nessas características de determinação e reversibilidade tem sobrevivido na física, até mesmo às revoluções da teoria quântica e da teoria da relatividade: até mesmo a equação de Schrödinger, na teoria quântica, continua sendo determinista e temporalmente reversível (Prigogine 1991a).

Da ideia de que o observador, ou o cientista, ou aquele que conhece, pode manipular o sistema e de que deve ser competente para fazê-lo, deriva-se naturalmente a concepção de que o especialista terá com o sistema uma *interação instrutiva*. Essa é uma consequência natural da concepção de *determinismo ambiental*, ou seja, da crença em que o comportamento do sistema será determinado pelas "instruções" que ele receber do ambiente e em que, portanto, poderá ser controlado e previsível.

Isso de fato acontece nos sistemas artificiais, como, por exemplo, o computador. É por isso que, quando uma pessoa diz: "veja só o que ele fez!", pode ser imediatamente corrigida por seu interlocutor: "não foi o computador que fez, mas foi você que, mesmo sem querer, lhe deu alguma ordem, ou instrução, a que ele obedeceu". Ou seja, o comportamento dele é determinado de fora, do ambiente externo a ele, por quem lhe dá instruções, ou seja, por quem interage instrutivamente com ele.

É dessa crença ou pressuposto do determinismo ambiental que se derivam as práticas instrutivas: no contexto escolar ou outros contextos educacionais, no contexto gerencial, nos contextos legislativos e outros. Daí se derivam também os sentimentos de culpa dos pais, quando percebem que seus filhos não se comportaram como deveriam: "eu não soube conduzi-los bem".

Ainda no século XIX, essa crença na estabilidade dinâmica começou a ser questionada a partir de alguns desenvolvimentos da física que exigiriam rever o conceito de leis da natureza para incluir as noções de probabilidade e de irreversibilidade. Em 1865, foi formulada por Clausius, a "segunda lei da termodinâmica" ou "lei da entropia". Parece, entretanto, que os físicos da época não assimilaram bem o sentido dessa lei. E aqueles que lhe deram importância foram calados pelos críticos. Boltzman, por exemplo, que avançava na direção das consequências dessa lei, ao colocar em evidência a irreversibilidade, a qual era incompatível com a reversibilidade das leis básicas da física, foi criticado e se viu obrigado a retroceder.

Então, nesse contexto de crenças tão arraigadas, qualquer evidência de irreversibilidade era interpretada como "ilusão", sugerindo-se que pudessem ser apenas resultado do enfoque ou ponto de vista que impomos ao estudar um universo reversível, descrito pelas leis clássicas da natureza. O próprio Einstein afirmou que o tempo, uma noção associada à irreversibilidade, é uma ilusão (Prigogine 1991a).

Essa termodinâmica desenvolvida no século XIX é chamada de *termodinâmica do equilíbrio*, termostática ou termodinâmica clássica. O uso da palavra termostática (estático = sem movimento) se deveu à ênfase nos estados de equilíbrio. Mais adiante, no Capítulo 4, falaremos de uma termodinâmica do não equilíbrio, que se desenvolveu na segunda metade do século XX.

O pressuposto da objetividade

Finalmente, mais um pressuposto epistemológico que distingui na ciência tradicional – um outro eixo ou dimensão no nosso quadro de referência – é o da *objetividade*, ou seja, a crença de que é possível conhecer objetivamente o mundo, "tal como ele é na realidade", e o estabelecimento da objetividade como critério de cientificidade.

Lembremo-nos de que, na nossa linha de desenvolvimento do pensamento científico, no Capítulo 2, ficou marcada, já entre os séculos V e IV a.C., uma separação entre a *episteme*, o conhecimento racional, e a *doxa*, ou opinião. Ali já está contida a ideia de que existe uma forma mais adequada de conhecer, que não se confunde com a simples opinião, e que pode produzir um conhecimento mais verdadeiro sobre o mundo.

Então, o cientista, para descobrir e descrever os mecanismos de funcionamento da natureza, deve ficar fora dela, numa posição privilegiada, de onde possa ter uma visão abrangente e sempre buscando discriminar o que é objetivo do que é ilusório, ligado à sua própria subjetividade, às suas simples opiniões. "O mundo que a ciência [tradicional] quer conhecer tem que ser um mundo objetivo, independente do seu observador" (Morin 1983, p. 17).

Portanto, a descrição científica será tanto mais objetiva quanto mais se conseguir eliminar o observador e obter, de um ponto de observação exterior ao mundo, "o nível fundamental de descrição – a partir do qual tudo o que existe pode, em princípio, ser deduzido" (Prigogine e Stengers 1979, p. 38).

Subjacente a essa busca de descrever o mundo eliminando toda interferência do observador, definindo-se a objetividade como ausência de referência ao observador, está a crença no *realismo do universo*. Acredita-se que o mundo, tudo que nele acontece, é real e que existe independente de quem o descreve.

Interessante que não é apenas o mundo físico que é tido como real. Por ocasião da desvalorização cambial da moeda brasileira, em janeiro de 1999, acompanhei pelo rádio um diálogo interessante entre um repórter e seus ouvintes. Comentando a alteração do câmbio, o jornalista falava de uma possível volta da inflação. Um ouvinte se manifestou, alertando-o de que, falando em inflação, poderia contribuir para seu efetivo retorno. Logo em seguida, um outro ouvinte se colocou enfaticamente contra o primeiro, dizendo: "não concordo com a opinião anterior, porque a inflação é um fenômeno econômico objetivo, produzido pelas autoridades em economia e você [dirigindo-se ao repórter] está apenas informando a população". Esse exemplo evidencia uma concepção de que os fatos ou fenômenos são reais e de que o cientista ou o jornalista vão apenas descrevê-los.

Acreditando-se que o mundo, a realidade, existe lá, independente do observador, cabe a este atingir uma *representação da realidade* que seja a melhor possível e trabalhar para descobrir essa realidade. Daí decorre a noção de *descoberta científica*: o trabalho do cientista consiste em *des-cobrir* a realidade.

Se existe uma realidade única deverá existir uma única descrição, uma melhor ou única versão, um uni-*versum*, que corresponda à *verdade* sobre essa realidade. E, como vimos, admite-se que só o *expert* no assunto conhece a verdade sobre seu objeto de estudo, por ter um "acesso privilegiado" a esse aspecto da realidade.

As metodologias de pesquisa científica procuram promover um distanciamento entre o sujeito e o objeto, entre o observador e o *sistema observado*, com o intuito de possibilitar um melhor acesso à realidade.

Assim, um dos critérios de *certeza*, ou uma das garantias de que aquela afirmação é verdadeira, advém da realização de observações em condições reprodutíveis, em que vários observadores possam observar a mesma situação. Então, se coincidirem os registros de diversos *observadores independentes*, consideram-se mais confiáveis os resultados ou mais objetivas as afirmações.

Aplicam-se inclusive procedimentos estatísticos para avaliar a *fidedignidade* dos resultados, ou seja, o grau de concordância (porcentagem da coincidência) entre os dados registrados pelos diferentes observadores. Os resultados da pesquisa ou da experiência precisam ser confiáveis, verdadeiros, fidedignos, ou dignos de fé (em latim, *fides* = fé).

Lendo relatos de pesquisas científicas em revistas especializadas, você encontra, ao lado das tabelas de resultados, os índices de fidedignidade. Assim, por exemplo: "aplicado o teste x, diferença significativa ao nível de 0,01", o que quer dizer que: se afirmarmos que existe uma diferença entre as duas condições estudadas, estaremos correndo um risco de apenas 1% de estarmos fazendo uma afirmação errada.

Essa preocupação com a objetividade perpassa toda a ciência tradicional, em todas as suas disciplinas: os resultados não podem estar contaminados pela subjetividade do pesquisador. Exemplificando com o que acontece na psicologia: quantas vezes os alunos são advertidos para se manterem imparciais, numa atitude de *neutralidade*, não só em suas pesquisas, como em seus atendimentos, em suas interpretações de resultados de testes, em seus laudos psicológicos?

Lembro-me de um curso de "Observação sistemática do comportamento" (Solitto 1973). Foi ministrado para professores da Universidade Federal de Minas Gerais, por especialistas da Universidade de São Paulo. Posteriormente, também ministrei esse curso, uma ou duas vezes, para alunos de graduação. O objetivo era o de treinar os alunos para fazerem *registros objetivos* do que se passava à sua frente: para se aterem a uma descrição minuciosa do comportamento, abstendo-se de qualquer interpretação. Assim, um bom protocolo de observação nunca deveria conter expressões, tais como: o menino ficou "muito alegre" ou o colega, "enraivecido", deu-lhe um tapa.

Também os meios de comunicação frequentemente explicitam sua crença na objetividade, fazendo afirmações tais como: "aqui você tem informação com precisão e pode saber a verdade dos fatos"; "esse é um livro que corresponde a um trabalho jornalístico: apenas apresenta os dados colhidos nas entrevistas com os jovens, sem qualquer interpretação"; "cabe à imprensa escrita analisar os fatos, refletir sobre eles e interpretá-los corretamente, devendo o jornalista ser um crítico isento".

A objetividade como critério de cientificidade implica também a exigência de um *relatório impessoal*. As regras da Associação Brasileira de Normas Técnicas (ABNT) sobre as características que um relatório deve apresentar para ser aceito para apresentação/publicação científica incluem orientação sobre a linguagem impessoal a ser adotada pelo autor. Não se deve usar a primeira pessoa, nem do singular, nem do plural, mas apenas a terceira pessoa, na voz passiva: "fez-se um levantamento", "foram testados n sujeitos", "mediu-se a velocidade de...", "calcularam-se as diferenças entre..." etc. Como diz Morin (1990), o autor se oculta atrás da objetividade e é como se sua caneta fosse instrumento para a manifestação de uma verdade anônima.

Essa ideia de verdade anônima parece estar muito presente também na área do direito. O juiz, para afastar toda possibilidade de decisões subjetivas, pessoais, deve levar em conta estritamente "o que está objetivamente registrado no processo". A concepção é de que existe uma justiça melhor a ser feita, que é a que está expressa pela lei, sendo o juiz apenas um instrumento de manifestação dessa justiça.

Então, sintetizando, costumo dizer que a ciência tradicional coloca a *subjetividade entre parênteses*. Ou poderíamos dizer, com Maturana e Varela (1983), que esse é o "caminho da objetividade sem parênteses". Adiante, no Capítulo 4, voltaremos a essa expressão de Maturana e Varela, que a contrapõem ao "caminho da objetividade entre parênteses".

Feita então essa descrição da ciência tradicional, podemos verificar se todos aqueles termos do Quadro 11 estão agora associados aos três eixos ou dimensões de nosso quadro de referência. Você pode fazê-lo, comparando o Quadro 15 ao Quadro 11.

Quadro 15 – Paradigma da ciência tradicional

SIMPLICIDADE

simplificação / análise / atomização / simplicidade atomizada / disjunção / classificação / atitude "ou-ou" / redução / compartimentação do saber / multidisciplinaridade / especialistas / causalidade linear / relações causais lineares / causa eficiente / racionalidade / lógica clássica / teoria dos tipos lógicos

ESTABILIDADE

mundo ordenado / relações funcionais / explicação / previsão / controle / experimentação / verificação empírica / quantificação / matematização / leis gerais / mecanicismo / física do ser / sistemas que admitem um estado de equilíbrio / trajetórias determinadas e reversíveis / determinação / previsibilidade / reversibilidade / física reversível / controlabilidade / interação instrutiva / determinismo ambiental / termodinâmica do equilíbrio

OBJETIVIDADE

realismo do universo / representação da realidade / descoberta científica / uni-*versum* / verdade / sistema observado / certeza / observadores independentes / fidedignidade / neutralidade / registros objetivos / relatório impessoal / subjetividade entre parênteses / objetividade sem parênteses

Costumo resumir esse paradigma dizendo que a ciência tradicional:
- simplifica o universo (dimensão da simplicidade);
- para conhecê-lo ou saber como funciona (dimensão da estabilidade);
- tal como ele é na realidade (dimensão da objetividade).

Esse conjunto de três pressupostos epistemológicos e de suas diversas manifestações é o que tenho chamado de paradigma da ciência tradicional.

Alguns chamam essa ciência de ciência clássica, outros de ciência moderna (a que se desenvolveu na Idade Moderna, a partir do século XVII).

Entretanto, como já vimos, há até quem se refira a essa ciência moderna como um novo paradigma científico, considerando-o uma nova visão de mundo que leva os cientistas a lutar contra todas as formas de dogmatismo e de autoridade presentes no saber aristotélico e medieval (Santos 1985).

Por isso, acho importante enfatizar que quando falo de *novo paradigma de ciência* estou me referindo ao paradigma emergente a partir do século XX, especialmente em sua segunda metade. Ou seja, aos desenvolvimentos científicos que estão ocorrendo a partir da própria ciência tradicional, levando os cientistas a rever seu paradigma de ciência. Esse novo paradigma será o objeto do Capítulo 4.

Mas, antes de passarmos à ciência novo-paradigmática emergente, ainda precisamos considerar a situação das diversas disciplinas, diante desse paradigma de ciência que acabamos de delinear.

As diversas ciências e o paradigma de ciência

Como vimos, foi nas *ciências físicas* que se desenvolveu e se estabeleceu esse paradigma de ciência que acabou sendo tomado, pelas demais disciplinas científicas, como modelo de cientificidade. Os físicos atuavam com base nesses três pressupostos, de simplicidade, de estabilidade e de objetividade, e, embasados nessas crenças, obtinham sucesso cada vez maior. Não só explicavam o mundo físico, mas ainda desenvolviam tecnologias tão sofisticadas que acabaram por modificar cada vez mais as relações do homem com a natureza.

Já a situação das *ciências biológicas* nunca foi tão tranquila. Os biologistas não queriam que o estudo do ser vivo ficasse fora do âmbito da ciência e se esforçavam por trabalhar de acordo com o modelo de ciência vigente. Mas reconheciam a insuficiência desse modelo para uma abordagem científica da natureza viva. Acredito que sua principal dificuldade estava ligada ao pressuposto da estabilidade de seu objeto de estudo.

Como explicar, pelas leis da física, a complexidade crescente dos seres vivos, por exemplo, a passagem de uma massa insensível como um ovo, para uma organização sensível, viva? Como explicar a autopreservação do ser vivo, por meio das leis físicas que preveem a dissolução? Como explicar a estruturação biológica, que conjuga ordem com atividade, como na célula, enquanto a estruturação do mundo físico conjuga ordem com inércia, como no cristal? Além disso, a metáfora do ser vivo como autômato não era satisfatória porque o autômato tem seu fim fora dele e sua organização lhe é imposta por seu construtor. E mais, as reações químicas presentes no ser vivo são irreversíveis e também escapam às teorias da "física reversível".

Os biologistas viviam uma situação de ambivalência: queriam uma biologia científica, mas o objeto científico já tinha sido identificado com o objeto newtoniano e, então, opor-se ao mecanicismo seria opor-se à própria ciência. Não estava disponível uma alternativa que fosse científica. Então eles praticavam uma atividade científica reducionista: focalizava-se o funcionamento físico-químico do ser vivo, submetido às leis da natureza inanimada, e compreendia-se o funcionamento do ser vivo sem se perguntar por sua essência ou sua gênese. Porém, muitos biologistas eram antirreducionistas e, entrando em conflito em sua área, acabaram por desertar para o "campo da filosofia". Assim, podiam recusar para os seres vivos uma finalidade externa e um modelo de organização recebido da tecnologia, podendo defender a ideia de uma finalidade interna e organização imanente (Prigogine e Stengers 1979).

As ciências biológicas então se desenvolveram paralelamente ao desenvolvimento da física bem-sucedida, debatendo-se entre o desejo e a impossibilidade de aplicar satisfatoriamente o modelo de ciência vigente. O biologista ficava ambivalente entre as causas eficientes do mecanicismo e as causas finais da teleologia: "a teleologia (...) é como uma mulher sem a qual o biologista não pode viver, mas com a qual tem vergonha de ser visto em público" (Brücke 1864, *apud* Atlan 1979, p. 14). Para aparecer nos congressos científicos, por exemplo, nas reuniões anuais da Sociedade Brasileira para o Progresso da Ciência, os biologistas devem ter-se sentido muitas vezes obrigados a se desvencilhar dessa mulher, deixando-a em casa. As ciências biológicas não conseguiam, contudo, formular um "paradigma" que lhes permitisse ultrapassar essa ambivalência.

Como se pode ver, essa dificuldade parece ligar-se especialmente ao pressuposto da estabilidade. É provável que o pressuposto da simplicidade também tenha trazido algum desconforto para os biologistas; entretanto, esse desconforto não os impediu nem de levar seu objeto para laboratório, nem de fracionar o estudo do ser vivo, estudando separadamente, por exemplo, os sistemas digestivo, respiratório, circulatório, nervoso etc. Quanto ao pressuposto da objetividade, esse não colocou dificuldades para as ciências biológicas: os biologistas continuaram pensando uma natureza que, embora viva, tem existência objetiva, independente do observador, e empenharam esforços para conhecê-la "tal como é na realidade".

Aliás, como já vimos, Comte, cuja proposta positivista configurou a exigência da objetividade no contexto da atividade científica, já incluía a biologia entre as ciências que já tinham atingido a etapa positiva.

E a situação das *ciências humanas*, como podemos caracterizá-la? Aqui, a situação se complicou muito mais e aparece, além das dificuldades com os pressupostos de simplicidade e de estabilidade, mais uma dificuldade, agora ligada especificamente ao pressuposto da objetividade.

As ciências humanas tentaram adotar o procedimento positivista, que vinha sendo tão fértil no campo das ciências naturais, buscando também o *status* de ciência. Foi o próprio Comte que criou o termo *sociologia* para se referir a essa ciência da sociedade humana, que deveria seguir o exemplo das demais ciências positivas e se desenvolver como uma "física social".

Assim, essa ciência deveria aplicar o paradigma das ciências da natureza, o único modelo de conhecimento universalmente válido, admitindo que não há diferenças fundamentais entre o processo científico no domínio dos fenômenos naturais e no domínio dos fenômenos humanos.

Então, as ciências humanas procediam à necessária simplificação das complexidades com que se defrontavam, procurando identificar seus componentes e classificá-los. Reduzindo os fatos sociais a seus componentes observáveis, buscavam as regularidades de funcionamento dos fenômenos humanos, relacionando-as a diversos fatores, obtendo-se assim as leis de funcionamento da sociedade.

Essas pesquisas, empíricas e quantitativas, e as teorias delas derivadas utilizavam-se muitas vezes de metáforas da física: metáforas mecânicas, elétricas, hidráulicas, termodinâmicas. Por exemplo: espaço social como campo de *forças*, *resistência* à frustração, *equilíbrio* emocional, *pressão* grupal, *explosão* demográfica, *energia* mental e muitas outras. Ou então, incomodadas com a inadequação dessas metáforas físicas, as ciências humanas recorriam à outra ciência da natureza, a biologia. Como Darwin, com a teoria da evolução, havia afastado do pensamento científico as causas finais, as ciências humanas desenvolveram o chamado "darwinismo social", procurando explicar os fenômenos sociais e os conflitos grupais por meio da teoria de "seleção natural". Mas, afinal, continuavam insatisfeitas.

Parece, entretanto, que foi a dificuldade de objetivar que constituiu o maior problema para as ciências humanas, levando-as a reivindicar "estatuto epistemológico próprio" e a tentar seu próprio modelo de cientificidade.

Desde que Descartes fez a separação entre o domínio do sujeito, reservado à filosofia, à meditação, e o domínio da coisa, reservado à ciência, à descrição precisa, instalou-se a disjunção entre uma cultura humanista, fundada na reflexão e que não pode desenvolver um saber objetivo, e uma cultura científica, fundada na objetivação do saber e que não pode refletir sobre si mesma (Morin 1990).

As ciências humanas, definidas como um ramo da ciência, viam-se presas num paradoxo: seu objeto, o homem, é o sujeito do conhecimento. Mas, para abordá-lo cientificamente, já que à ciência só compete tratar dos objetos e não do sujeito do conhecimento, as ciências humanas teriam que ignorar justamente sua característica de sujeito conhecedor (*res cogitans*), que o faria humano, e tratá-lo como um objeto. Como só à filosofia era dada a elaboração de teorias (filosóficas) sobre o sujeito do conhecimento, as ciências humanas muitas vezes se aproximaram da filosofia, afastando-se da ciência.

As ciências humanas resgatam então essas convicções: de que existe uma distinção polar entre o ser humano e a natureza; de que os fenômenos humanos são de natureza subjetiva e não se deixam captar pela objetividade,[5] como acontece com os fenômenos naturais; de que o cientista social não pode libertar-se dos valores que informam sua prática, não só cotidiana, como científica. Estabelece-se então definitivamente a ruptura entre ciências objetivas e ciências humanas, entre ciências da natureza e ciências do homem.

Mas, como consequência, surgem algumas sérias contradições. O estudo do homem é fracionado, desenvolvendo-se, nos departamentos de biologia, o conhecimento científico do homem como ser biológico e, nos departamentos de ciências humanas, o conhecimento científico do homem como ser social e cultural. E, como decorrência, surgem questões do tipo: até que ponto são biológicas (ou naturais) e até que ponto são culturais (ou humanas) essas formas de viver? Ou:

---

5. As ciências humanas acreditaram que a dificuldade da objetividade se deve à natureza de seu objeto. Entretanto, como veremos adiante, hoje se sabe que a impossibilidade da objetividade se deve às características biológicas do sujeito do conhecimento, o observador.

em que medida é herdada e em que medida é adquirida essa característica desse ser humano? Essas questões são muitas vezes respondidas como se o homem fosse 50% biológico e 50% cultural, obscurecendo-se a possibilidade de ser concebido como 100% biológico e 100% cultural. Adiante, ao abordarmos as contribuições dos biólogos chilenos Maturana e Varela para uma nova compreensão dos seres vivos, veremos como "somos sociais ao sermos biologicamente humanos".

Há outra contradição fundamental que decorre dessa ruptura. O homem sempre quis compreender o universo, do qual ele é parte. Como diz Popper (1959, *apud* Prigogine 1980): "Há pelo menos um problema filosófico pelo qual todos os homens pensantes se interessam. É o problema de compreender o mundo – incluindo a nós e nosso conhecimento, como parte desse mundo" (p. xviii).

Entretanto, ele agora conhece uma natureza da qual ele não é parte, uma vez que "a natureza humana é de uma natureza diferente da natureza".

Assim, se os objetos são de natureza diferente, também os métodos deverão ser diferentes. E, preservando a especificidade das ciências humanas, Dilthey propôs, como vimos, que o método das ciências naturais seria a explicação, baseada sempre numa causalidade eficiente, enquanto o método das ciências hermenêuticas ou históricas seria a compreensão, implicando não só a causalidade teleológica quanto os esquemas valorativos. Então, a ciência explica a natureza e compreende o homem.

Mas, apesar de defensivos em relação ao paradigma de ciência vigente, os estudiosos das ciências humanas ficavam frequentemente ambivalentes, desenvolviam um complexo de inferioridade em relação às ciências da natureza e continuavam envidando esforços para imitar as *hard sciences*.

Em *Um discurso sobre as ciências*, Santos (1985) considera que a segunda vertente das ciências sociais (para ele a primeira vertente é a que buscou aplicar o paradigma das ciências naturais), apesar de assumir uma postura antipositivista e de reivindicar estatuto epistemológico próprio, permaneceu subsidiária do modelo de racionalidade das ciências naturais. Considera que essa vertente das ciências sociais permaneceu reconhecendo a visão tradicional do mundo, só que não para os fenômenos humanos, "não deixando de ser prisioneira do reconhecimento da prioridade cognitiva das ciências naturais" (p. 23).

Assim, diante das dificuldades de trabalhar com os modelos de cientificidade disponíveis, esses cientistas muitas vezes recusaram como não científicos os fenômenos humanos que resistiam a essa abordagem. E, sendo frequentemente consideradas como atrasadas em relação às ciências naturais, as ciências humanas costumam ser chamadas de *soft sciences*.

Parece, então, que poderíamos resumir assim a situação das diferentes ciências com relação às três dimensões do nosso quadro de referência do paradigma da ciência tradicional:

Quadro 16 – Adoção dos pressupostos do
paradigma tradicional pelas ciências

	Ciências físicas	Ciências biológicas	Ciências humanas
simplicidade	tranquilo	difícil	difícil
estabilidade	tranquilo	especialmente difícil	difícil
objetividade	tranquilo	tranquilo	especialmente difícil

As ciências físicas adotaram sem problemas os três pressupostos epistemológicos; as ciências biológicas tiveram dificuldades em adotar os pressupostos da simplicidade e da estabilidade do mundo, especialmente o da estabilidade; e as ciências humanas tiveram dificuldades em adotar os três pressupostos, de modo muito especial o da objetividade.

Pensamento sistêmico | 99

DISTINGUINDO DIMENSÕES NO PARADIGMA EMERGENTE DA CIÊNCIA CONTEMPORÂNEA
4

Apesar da enorme amplitude dos desenvolvimentos contemporâneos da ciência, podemos distinguir neles três dimensões, correspondentes a avanços nas três dimensões epistemológicas, ou nos três eixos, que adotamos como descrição do paradigma tradicional.

Podemos distinguir os avanços:

1. Do pressuposto da simplicidade para o pressuposto da *complexidade*: o reconhecimento de que a simplificação obscurece as inter-relações de fato existentes entre todos os fenômenos do universo e de que é imprescindível ver e lidar com a complexidade do mundo em todos os seus níveis. Daí decorrem, entre outros, uma atitude de contextualização dos fenômenos e o reconhecimento da causalidade recursiva.
2. Do pressuposto da estabilidade para o pressuposto da *instabilidade* do mundo: o reconhecimento de que "o mundo está em processo de tornar-se". Daí decorre necessariamente a consideração da indeterminação, com a consequente imprevisibilidade de alguns fenômenos, e da sua irreversibilidade, com a consequente incontrolabilidade desses fenômenos.
3. Do pressuposto da objetividade para o pressuposto da *intersubjetividade* na constituição do conhecimento do mundo: o reconhecimento de que "não existe

uma realidade independente de um observador" e de que o conhecimento científico do mundo é construção social, em espaços consensuais, por diferentes sujeitos/observadores. Como consequência, o cientista coloca a "objetividade entre parênteses" e trabalha admitindo autenticamente o multi-*versa*: múltiplas versões da realidade,[1] em diferentes domínios linguísticos de explicações.

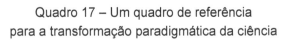

Quadro 17 – Um quadro de referência para a transformação paradigmática da ciência

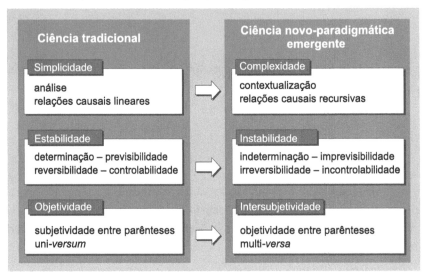

Vamos agora compreender aqueles termos – do Quadro 12, que passaram a constituir o Quadro 18, e que se referem ao paradigma emergente na ciência contemporânea – para associá-los às três dimensões ou pressupostos epistemológicos desse novo paradigma.

É provável que você tenha achado fácil associar os termos do Quadro 11 aos pressupostos epistemológicos da ciência tradicional. Mas agora, no caso dessa ciência novo-paradigmática emergente, suas dimensões são tão intricadamente relacionadas entre si, que você provavelmente vai ter a nítida sensação de que, *só forçando bastante, será possível associar um termo a apenas uma das*

---

1. Adiante veremos que o uso da expressão "múltiplas versões da realidade" não corresponde às recentes evidências científicas de que a realidade não preexiste às distinções do observador.

dimensões. Por meu lado, sei da grande dificuldade que terei para lhe apresentar esses conceitos complexos e interligados, mantendo-me numa proposta didática de clareza e precisão, que é típica e própria da ciência tradicional. Você verá que, embora pretendendo trabalhar numa das dimensões, estaremos todo o tempo transitando pelas duas outras.

Quadro 18 – Ciência novo-paradigmática emergente

padrões interconectados	complexidade	fechamento operacional do sistema	desordem
crise	transdisciplinaridade física do devir		retroação da retroação
múltiplas verdades	segunda lei da termodinâmica	reflexividade indeterminação	objeto em contexto multi-*versa*
incontrolabilidade		lei da entropia	construção da realidade
caos	redes de redes contextualização	conjunção	lógicas heterodoxas conexões ecossistêmicas	flutuação espaços consensuais
autorreferência		ordem a partir da flutuação	
sistemas complexos	ponto de bifurcação		perturbação distinção
			intersubjetividade
ordens de recursão	visão de 2ª ordem acaso	atitude "e-e"	acoplamento estrutural
instabilidade do mundo devir	complexidade organizada determinismo histórico	física de processos leis singulares imprevisibilidade	objetividade entre parênteses seta do tempo

continua

Pensamento sistêmico | 103

continuação

sistemas que funcionam longe do equilíbrio	não reducionismo relações causais recursivas		foco nas interligações	sistema observante
coconstrução da realidade na linguagem recursividade sistemas de sistemas	salto qualitativo do sistema mundo em processo de tornar-se narrativas contradição	determinismo estrutural do sistema ampliação do foco sistemas amplos	princípio dialógico amplificação do desvio	termodinâmica do não equilíbrio irreversibilidade causalidade circular recursiva foco nas relações ontogenetismo
			teoria científica do observador	

Pressupondo a complexidade

Uma importante dimensão, ou pressuposto epistemológico, que distingo nessa ciência novo-paradigmática emergente é a da *complexidade*. Hoje se fala tanto em complexidade, sistemas complexos, complexidade das organizações, complexidade da sociedade, que até corremos o risco de pensar que a complexidade é mais um produto novo que devemos consumir neste início de século XXI.

Por isso, é importante termos presente que, apesar de a estarmos tomando como uma das dimensões do novo paradigma da ciência, não é a complexidade que é nova, mas é o seu reconhecimento pela ciência que é muito recente.

Esse tema da complexidade explodiu de tal maneira dentro das ciências que, em junho de 1984, aconteceu em Cerisy, na França, um colóquio, cujos anais têm 463 páginas, que se intitulou "As Teorias da Complexidade" (Soulié *et al*. 1984). Reuniu especialistas das mais diversas áreas: matemática, matemática aplicada, informática, física, engenharia, biofísica, biologia, medicina, imunologia, física estatística, bioinformática, inteligência artificial, robótica, simulação de sistemas adaptativos, psicologia, psiquiatria, psicanálise, psicossomática, sociologia, ciências cognitivas, filosofia das ciências, epistemologia.

Esse colóquio foi motivado pela obra de Henri Atlan, que é médico e biólogo, professor de biofísica. Em sua conferência de abertura, Atlan considera que faz pouco tempo que a complexidade deixou de ser uma invocação de dificuldade de compreensão ou de realização, ou uma justificativa da falta de uma teoria ou da insuficiência das explicações, para se tornar uma questão a abordar, um objeto de estudo e de pesquisa sistemática. Ele considera que essa mudança de *status* é um fato importante na história recente das ciências da natureza. E considera ainda que os problemas da complexidade durante muito tempo foram vistos como específicos da biologia, onde se pode facilmente ter a intuição da complexidade biológica, ao passo que não se colocavam para as ciências físico-químicas, que classicamente se ocupavam de partes da matéria bem mais homogêneas, onde as propriedades observadas são a consequência de médias calculadas sobre números imensos de moléculas (Atlan 1984).

Segundo Atlan, o desenvolvimento das ciências da informação começou a fornecer os meios não só para se colocar a questão "de que é feita a complexidade?", como para tentar responder a ela. Ele comenta uma previsão de que "a complexidade (...) seria o objeto privilegiado das ciências no século XX, como a energia e a entropia o foram no século XIX", e considera que a multiplicidade atual de colóquios e publicações sobre o assunto parece confirmar essa ideia (Atlan 1984, p. 13).

Um autor que se tem dedicado à questão da complexidade, especialmente a partir da década de 1980, é Morin. Ele próprio diz que o problema da complexidade, apesar de já ser objeto de suas preocupações, não aparece em seus escritos antes de 1970. Ele foi um dos participantes no colóquio de Cerisy. Mas, no ano anterior, ele tinha sido a figura central de um debate em Lisboa, sobre *O problema epistemológico da complexidade* (Morin 1983), também com especialistas de diferentes campos de investigação: física molecular, física de altas energias, epistemologia da biologia, teoria da literatura, teoria da história, psicologia social e filosofia.

Embora, em 1982, Morin já tivesse dedicado ao pensamento complexo boa parte do livro *Ciência com consciência*, em 1990, publicou *Introdução ao pensamento complexo*, inteiramente dedicado a esse tema. Outro texto seu sobre o assunto é a conferência "Epistemologia da complexidade", proferida no grande encontro internacional e interdisciplinar, acontecido em Buenos Aires, em 1991, intitulado "Novos paradigmas, cultura e subjetividade", cujos anais foram publicados com o mesmo título (Schnitman *et al.* 1991).

Tanto no debate de Lisboa, quanto no colóquio de Cerisy, Morin refere-se à importância da complexidade no século XX e considera que a ideia da complexidade, de início, só apareceu marginalmente, a partir da Cibernética e da teoria da informação. Ele também comenta a mesma previsão a que Atlan se referiu, feita no início dos anos 50, de que o século XX deveria presenciar o desenvolvimento das ciências da complexidade organizada, depois de o século XIX ter presenciado o desenvolvimento das ciências da complexidade desorganizada, referindo-se ao "segundo princípio da termodinâmica" (Morin 1983). E acrescenta que o tema da complexidade tem suscitado mal-entendidos fundamentais (Morin 1984).

Vimos que as ciências biológicas e sociais há muito se defrontavam com a dificuldade de adotar o paradigma tradicional de ciência, enquanto as ciências físicas, por obterem sucesso em sua forma de trabalhar com esse paradigma, eram vistas como modelo de cientificidade.

A meta do conhecimento científico era a de dissipar a aparente complexidade dos fenômenos, a fim de revelar uma ordem simples a que eles obedeceriam. Considera-se que, na sua história, a física tem empreendido uma luta constante para identificar a simplicidade por trás da complexidade dos fenômenos e que, só depois dos anos 50, ela começou a admitir a existência de sistemas mais complexos. Um físico que participou do colóquio de Cerisy, em sua apresentação intitulada "A física, uma ciência sem complexo?", considera que a teoria física se funda no esforço de evitar tratar a complexidade como tal. Segundo ele, esse objetivo se focou como uma espécie de paradigma da física, o que tem sido conseguido com a matematização que lhe é constitutiva (Lévy-Leblond 1984).

Mas, como diz Atlan (1984), essa empresa simplificadora da natureza levou a física até seus próprios limites, fazendo-a descobrir a complexidade. Morin (1990) comenta que a complexidade voltou às ciências pela mesma via por onde havia saído, a física. Os sistemas simples, abordados pela dinâmica, já não são mais que um momento entre duas complexidades, a complexidade microfísica e a complexidade macrofísica, ou seja, as complexidades dos átomos e dos astros.

Assim, reconhece-se que a complexidade não é, como se acreditava, uma propriedade específica dos fenômenos biológicos e sociais, tornando-se, portanto, um pressuposto epistemológico interdisciplinar.

Em vários de seus escritos, Morin ressalta que a complexidade se evidencia quando há dificuldades empíricas e dificuldades lógicas, tendo, portanto, dois polos: um polo empírico e outro polo lógico.

Eu, entretanto, distingo na complexidade três aspectos, todos eles trazidos inicialmente pela física,[2] correspondentes coincidentemente às três dimensões do meu quadro de referência para a ciência novo-paradigmática:

1. o "problema lógico", que nos remete à dimensão da complexidade;
2. o "problema da desordem", que nos remete à dimensão da instabilidade;
3. o "problema da incerteza", que nos remete à dimensão da intersubjetividade.

Vejamos, então, em que consiste cada uma dessas questões levantadas pela física.

1. A física nos trouxe um *problema lógico*, quando a lógica clássica se mostrou insuficiente para lidar com contradições insuperáveis, por ela detectadas. No início do século XX, no campo da microfísica, defrontam-se duas concepções da partícula subatômica, concebida, de um lado, como onda, e, de outro, como corpúsculo. Tradicionalmente, o que se esperaria é que os físicos procurassem verificar qual das duas concepções deveria ser aceita. Entretanto, não foi isso o que aconteceu, quando Niels Bohr afirmou que "essas proposições contraditórias eram de fato complementares [e que] logicamente se deveriam associar dois termos que se excluem mutuamente" (Morin 1991, p. 422). Isso exige uma nova forma de pensar, um pensamento complexo que permita abordar as contradições, em vez de tentar excluí-las.

Note-se que, embora em 1927 Bohr continuasse envolvido com a contradição lógica implicada na dualidade onda/partícula, tentando resolvê-la por intermédio do "princípio da complementaridade", a questão fora originalmente levantada por Max Plank, em 1900, ao perceber que a luz parecia autocontraditória, consistindo, ao mesmo tempo, tanto em

---

2. É provável que os físicos tenham muitos questionamentos à forma de me referir aos desenvolvimentos científicos que acontecem "em sua seara" e aos quais eles "têm um acesso privilegiado". Entretanto, além de não ser especialista nesses temas, estou tentando falar deles numa linguagem bem elementar, para leigos no assunto, e com um único objetivo: o de ressaltar os pressupostos epistemológicos. Espero, portanto, que os leitores procurem as fontes mais autorizadas, se quiserem se aprofundar nesses temas da física.

ondas quanto em partículas. Entretanto, como essa dualidade parecia algo inconcebível, Plank não avançou no sentido de uma reforma conceitual. A mesma questão motivou Einstein a publicar, em 1905, o artigo "Sobre um ponto de vista heurístico acerca da produção e da transformação da luz", em relação ao qual ele próprio se mantinha reticente, admitindo que talvez fosse algo insustentável, irreconciliável com os princípios já estabelecidos. Aliás, Plank também não acompanhou Einstein e, até 1912, em suas aulas ainda criticava o "ponto de vista heurístico". Naquele momento, os cientistas não acreditavam que a ciência pudesse desafiar a lógica. Só mais tarde, quando a teoria quântica já evoluía para a mecânica quântica (como *funciona* de fato o átomo?), quando pouco a pouco se reconhecia que no complexo mundo subatômico nem a lógica nem a causalidade predominavam, quando Heisenberg já tinha formulado o "princípio da incerteza", Bohr, em 1927, propôs o seu "princípio da complementaridade" que salientava a dualidade posição/*momentum* apontada por Heisenberg (Strathern 1997; 1998).
2. A física nos trouxe também o *problema da desordem*, ou da tendência à desordem, que veio derrubar um dogma central da física, o de um mundo ordenado, estável, funcionando como uma máquina mecânica absolutamente perfeita, onde a desordem não seria mais que uma ilusão ou uma aparência. A termodinâmica trouxe a desordem e a física reconheceu, com Boltzmann, que o calor corresponde à agitação desordenada das moléculas. Prigogine (1980) diz que Boltzmann foi o primeiro a notar que a entropia corresponde a uma medida da desordem molecular. O reconhecimento da desordem também viria inclusive exigir uma nova forma de pensar, que incluísse a indeterminação e a imprevisibilidade dos fenômenos.
3. E a física nos trouxe ainda um terceiro aspecto da complexidade, o *problema da objetividade*, que Morin chama de "complexidade do problema da objetividade" (1983, p. 15). A complexidade da relação de conhecimento, da relação entre o sujeito que conhece e o objeto que é conhecido, nunca foi um tema estranho aos pensadores e filósofos do conhecimento. Entretanto, só começou a ser trazida formalmente para o âmbito da ciência, pela física, quando Heisenberg formulou seu famoso *princípio de incerteza*: não se pode ter, simultaneamente, valores bem determinados para a posição e para a velocidade de uma partícula, em mecânica quântica. Mostrou assim que nem mesmo a mensuração podia produzir certeza e que, "ao se lançar luz sobre

um elétron, a fim de poder 'vê-lo', isso inevitavelmente o colocava fora de curso, afetando sua velocidade ou sua posição" (Strathern 1998, p. 74). Ou seja, o cientista se torna uma intervenção perturbadora sobre aquilo que quer conhecer. Isso também vem requerer uma nova forma de pensar, que reintegre o observador na sua observação, não só nas ciências humanas, mas também nas ciências físicas.

Assim, esses três aspectos da complexidade trazidos pela física nos remetem às três dimensões que distingo na ciência novo-paradigmática emergente.

Quadro 19 – A complexidade trazida pela física e os novos pressupostos epistemológicos

Questões levantadas	Pesquisadores	Novos pressupostos implicados
A questão da contradição: contradição onda/corpúsculo	Planck / Einstein / Bohr	→ complexidade
A questão da desordem: desordem molecular	Boltzman	→ instabilidade
A questão da incerteza: "princípio de incerteza"	Heisenberg	→ intersubjetividade

Considerando então que cada uma dessas três questões trazidas pela física remete a um dos pressupostos que distingui na ciência novo-paradigmática emergente, vou abordar aqui a complexidade, como forma complexa de pensar: o problema da contradição ou problema lógico. O problema da desordem será abordado no eixo epistemológico da instabilidade. E o problema da incerteza, no eixo epistemológico da intersubjetividade, ou da impossibilidade da objetividade.

Importante ressaltar que, embora possamos destacar essas três questões, associando-as às três dimensões que distingui no novo paradigma da ciência, como já disse, sempre que se trata de ciência novo-paradigmática, as coisas não se apresentam de forma tão compartimentada. Não só as questões implicam diversos cientistas – Heisenberg também estava envolvido com uma dualidade: posição/ *momentum* –, mas também, como ressaltarei no Capítulo 5, podemos distinguir uma inter-relação recursiva entre os três pressupostos epistemológicos do novo paradigma.

Podemos começar com uma pergunta, bastante natural no quadro de referência da ciência tradicional: "o que é a complexidade?", embora possamos adiantar que, num quadro referencial de ciência novo-paradigmática, perguntaríamos: "como *se concebe* a complexidade?". Percorrendo textos de especialistas de diversas áreas, encontramos diferentes propostas de conceituação para complexidade.

Partindo da etimologia da palavra, encontramos que complexidade tem origem no latim *complexus*, o que está tecido em conjunto, como numa tapeçaria. Refere-se a um conjunto, cujos constituintes heterogêneos estão inseparavelmente associados e integrados, sendo ao mesmo tempo uno e múltiplo (Morin 1990).

Os cientistas que se têm encarregado da modelização de sistemas, ou seja, de desenvolver modelos para a solução de problemas por computadores, costumam considerar que *sistema complexo* é aquele constituído de um número muito grande de unidades, com uma enorme quantidade de interações. Seus comportamentos desordenados, caóticos, emaranhados, de difícil previsão fazem esses sistemas parecerem esquisitos, instáveis, desobedientes. Essas interações não calculáveis, de caráter não linear, caracterizam problemas de difícil compreensão, de difícil solução, de difícil modelização. Nesse caso, em que problemas não podem ser reduzidos a fórmulas simples, há quem recomende falar-se de complicação, em vez de complexidade. Mas a palavra complexidade continua sendo associada à matemática também. Em seu livro *A teia da vida*, Capra (1996) tem um capítulo sobre "A matemática da complexidade", em que trata de vários aspectos de uma abordagem matemática para os "sistemas caóticos".

Por outro lado, outros especialistas, ao abordarem a complexidade, enfatizam que "as noções de simples e complexo não são propriedades intrínsecas das coisas, mas dependem fundamentalmente das condições lógicas e empíricas em que tomamos conhecimento das coisas" (Atlan 1984, p. 35). Assim, "perceber um complexo significa perceber que suas partes constitutivas se comportam umas em relação às outras, de tal ou qual modo [e que] não podemos nem imaginar um objeto a não ser em conexão com outros objetos" (Wittgenstein 1921, 5.5423).

Quando se fala em *perceber* o complexo, isso nos remete à ideia de complexidade como pressuposto ou paradigma. Vimos que nosso paradigma tradicional nos treinou para perceber simplificando. E a dominância desse paradigma da simplificação nos dificulta perceber/pensar a complexidade. Atlan coloca um exemplo interessante: depois de termos separado muito bem o sistema nervoso do sistema digestivo, é extremamente assustador encontrar neurotransmissores no sistema digestivo e hormônios digestivos no sistema nervoso. Estranhamos porque nos esquecemos de que fomos nós que separamos o organismo em sistema digestivo e sistema nervoso.

Capra (1996) também comenta o recente reconhecimento pelos cientistas de que moléculas de peptídios interligam os sistemas nervoso, imunológico e endócrino. Estudados separadamente, os peptídios receberam os nomes de hormônios, neurotransmissores, endomorfinas, fatores de crescimento. Agora se reconheceu que, "interligando células imunológicas, glândulas e células do cérebro, os peptídios formam uma rede psicossomática que se estende por todo o organismo (...) e interligam e integram atividades mentais, emocionais e biológicas" (p. 221).

O paradigma da simplificação dificulta, mas certamente não impedirá o pensamento complexo. Na Figura 4, você pode focalizar sua visão nos ângulos *a* ou nos ângulos *b* e verificar que, ao mudar o foco, vê coisas diferentes. Provavelmente, uma das percepções tenderá a predominar sobre a outra e você terá que se esforçar quando *quiser* ver de outro jeito.

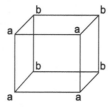

Figura 4 – Cubo de Necker, uma figura reversível

Para pensar complexamente, precisamos mudar crenças muito básicas: em vez de acreditar que vamos ter como objeto de estudo o elemento, ou o indivíduo, e que teremos de delimitá-lo muito bem, precisamos passar a acreditar que estudaremos ou trabalharemos sempre com o *objeto em contexto*.

Para proceder à *contextualização* do objeto ou do problema, deveremos fazer um exercício de *ampliação do foco*, o que nos leva a ver *sistemas amplos*.

As primeiras perguntas serão sempre: em que condições acontece o fenômeno no qual estou interessado? Como o vejo relacionado com outros elementos do sistema? Assim, estaremos tirando o foco exclusivo no elemento e incluindo o *foco nas relações*. Entretanto, é bom lembrar que ampliar o foco não garantirá que focalizemos as relações. E fica claro, então, que contexto não significa simplesmente ambiente, mas se refere às relações entre todos os elementos envolvidos.

Aqui é importante ressaltar que, ao focar as relações, os elementos não vão desaparecer e vão continuar importantes. Muitas vezes me perguntam: "Se o foco vai estar no sistema, como fica o indivíduo? Ele não é importante?". Veja a Figura 5. Quando você coloca o foco no cálice, este se salienta, torna-se figura, parece aproximar-se, enquanto os dois perfis parecem retroceder, ficam como fundo, mas não desaparecem; e o contrário acontece quando você coloca o foco nos dois perfis. Assim também, colocar o foco nas relações não faz desaparecerem os elementos que se relacionam.

Figura 5 – O cálice que pode também ser visto como duas faces

Contextualizar é reintegrar o objeto no contexto, ou seja, é vê-lo existindo no sistema. E ampliando ainda mais o foco, colocando o *foco nas interligações*, veremos esse sistema interagindo com outros sistemas, veremos uma *rede* de *padrões interconectados*, veremos *conexões ecossistêmicas*, veremos *redes de redes* ou *sistemas de sistemas*.

A natureza não corresponde ao nosso ideal de simplicidade e simetria, não produz simetrias perfeitas como o paralelepípedo; portanto, encontrar um paralelepípedo num lugar qualquer é sinal de atividade humana anterior naquele local: a natureza não produz pedra talhada (Atlan 1984).

Contextualizar é, portanto, realizar operações lógicas contrárias às de disjunção e redução, contrárias às operações de simplificação que produzem uma simplicidade atomizada. As operações lógicas que constituem esse movimento contrário à disjunção e à redução são as de distinção e conjunção, que permitirão ver uma *complexidade organizada*. Como diz Morin, "o pensamento complexo segrega os antídotos contra a simplificação" (1982, p. 240).

Por meio da operação lógica de *distinção*,[3] que é necessária para conceber os objetos ou fenômenos, o cientista distinguirá o objeto de seu contexto, sem entretanto isolá-lo ou dissociá-lo desse contexto. Pelo contrário, distinguirá sem deixar de focalizar as relações, entre o que foi distinguido e aquilo do qual se distinguiu, e sem pretender fazer aquelas disjunções que lhe permitiriam classificações precisas. Por exemplo, um biólogo pode distinguir um sistema constituído por duas espécies, sem perder de vista sua inserção no ecossistema.

E como coloca o foco nas relações, o cientista estará realizando a operação lógica de *conjunção*, que é necessária para estabelecer inter-relações e articulações. Portanto, não se tratará mais de reduzir o complexo ao simples – não reducionismo –, mas de integrar o simples no complexo.

Então, o pensamento disjuntivo será substituído por um pensamento integrador, ao qual corresponde o que tem sido chamado de *atitude "e-e"*, "e (isto) e (aquilo)" ou "tanto (isto) quanto (aquilo)". Por exemplo, em vez de ver uma pessoa ou como dependente ou como autônoma e rotulá-la como tal ("F *é* dependente" ou "F *é* autônomo"), poder vê-la como autônoma *e* dependente, conforme o contexto relacional. Trata-se de promover uma articulação, sem reduzir nem eliminar as diferenças.

Aqui entra em ação o que Morin chama de *princípio dialógico*. Segundo ele, a palavra dialógico quer dizer que será impossível chegar-se a uma unificação primeira ou última, a um princípio único, a uma solução monista. Aplicar esse princípio significa articular, mantendo a dualidade no seio da unidade, sem pretender realizar uma síntese, como acontece na dialética. Para exemplificar

---

3. O conceito de distinção reaparecerá, quando abordarmos a terceira dimensão da mudança de paradigma, e veremos o sentido que ganha, quando usado por Maturana.

de forma bem simples o pensamento dialético, poderíamos dizer que, tendo-se uma tese, o branco, e uma antítese, o preto, ter-se-ia como síntese o cinza, que teoricamente contém o preto e o branco. Entretanto, essa síntese dialética não preserva o branco como branco, nem o preto como preto, os quais desaparecem no cinza. Numa perspectiva tradicional, ao dizermos que um indivíduo é, ao mesmo tempo, autônomo e dependente, seríamos provavelmente interpelados: "afinal de contas, é autônomo ou dependente?", porque se pensa que as duas características se negam uma à outra. Na perspectiva dialógica, nem será preciso optar por uma das alternativas, nem será preciso procurar um novo rótulo que sintetize as duas características.

Então, a dialógica é característica fundamental do pensamento complexo, ou seja, de um pensamento capaz de unir conceitos que tradicionalmente se opõem, considerados racionalmente antagônicos, e que até então se encontravam em compartimentos fechados.

Uma das consequências desse pensamento complexo é que, em vez de pensar a compartimentação estrita do saber, passa-se a focalizar as possíveis e necessárias relações entre as disciplinas e a efetivação de contribuições entre elas, caracterizando-se uma interdisciplinaridade. Aliás, o próprio Morin (1983) afirma que o problema da epistemologia complexa é fazer comunicar as instâncias separadas do conhecimento.

Poderíamos ser levados a pensar que essa ampliação de foco e esse pensamento articulador se manifestam no trabalho do generalista. Entretanto, existe o risco de o generalista ser visto apenas como mais um especialista, gerando-se comentários do tipo: "F. se especializou em clínica geral". De fato, ter estudado um pouco de tudo não significa necessariamente ter desenvolvido o pensamento complexo e não significa passar a pensar e trabalhar com o objeto em contexto. Adiante voltaremos a essa questão para vermos o que é necessário para que um generalista não seja apenas mais um especialista.

Pensar o objeto em contexto significa pensar em sistemas complexos, cujas múltiplas interações e retroações não se inscrevem numa causalidade linear – tal causa produz tal efeito – e exigem que se pense em *relações causais recursivas*.

Muitas vezes as pessoas se referem a essa causalidade recursiva como causalidade circular, opondo-a à causalidade linear. Entretanto, quando se começou a falar de circularidade, não era para se referir à recursividade e isso tem trazido muitos mal-entendidos. Por isso, quando ouvirmos falar de causalidade circular, precisamos procurar saber se a pessoa está se referindo a uma "causalidade circular retroativa" ou a uma "causalidade circular recursiva". Vamos ver como podemos diferenciá-las.

As noções de causa e efeito da ciência tradicional começaram a se tornar complexas com o surgimento da Cibernética.[4] A Cibernética colocou em foco a noção de *feedback*, ou retroação, ou retroalimentação do sistema (ver Figura 6). Isso quer dizer que uma parte do efeito (*output*) ou do resultado do comportamento/funcionamento do sistema volta à entrada do sistema como informação (*input*) e vai influir sobre o seu comportamento subsequente. Por exemplo, em algumas reações químicas, os primeiros efeitos da reação, ou seus primeiros produtos, influem sobre a velocidade subsequente da mesma reação. Ou quando um motorista percebe o resultado de suas ações, que estão fazendo o carro sair da estrada, vira o volante, trazendo-o de volta ao rumo desejado.

A existência da alça de retroação – que parece fechar um círculo – fez com que se passasse a falar, nesse caso, de causalidade circular. Entretanto, parece antes um caso de causalidade linear em que se acrescenta a possibilidade de entrar no sistema uma informação adicional, derivada do seu próprio funcionamento, o que permite a sua autorregulação: sistema autorregulador. Mas, por outro lado, não se trata de uma causalidade linear simplesmente, como vimos na descrição da ciência tradicional. Então, ela tem sido chamada de "causalidade circular retroativa" (Morin 1990, p. 123).

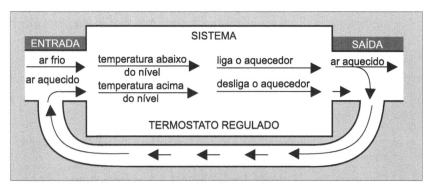

Figura 6 – Representação esquemática do mecanismo de retroalimentação, característico dos sistemas autorreguladores

---
4. A Cibernética e seus desenvolvimentos serão abordados no Capítulo 6.

Já a ideia de *recursividade* (em latim *recurrere* = tornar a correr, percorrer de novo) vai além da ideia de retroação e refere-se a uma revisão das noções de produtor e produto, o que torna a recursão um processo mais complexo do que a retroação. Recursividade se refere aos "processos em que os efeitos e produtos são necessários ao próprio processo que os gera. O produto é produtor daquilo que o produz". Como num redemoinho, cada momento é produto e, ao mesmo tempo, produtor. Ou, como no processo de reprodução, os indivíduos, uma vez que são produzidos, tornam-se produtores do processo que vai continuar (Morin 1990, p. 123).

Aqui se tem um processo de *causalidade circular recursiva*, cuja melhor representação gráfica não seria um círculo, mas uma espiral. Você já deve ter ouvido falar muito de espiral inflacionária, porque os processos inflacionários são um exemplo de processo de causalidade circular recursiva: os índices de inflação mostram aumento, os especialistas preveem mais inflação e divulgam essas expectativas, os agentes econômicos aumentam os preços e isso produz intensificação do processo inflacionário. Costuma-se então falar de *retroação da retroação* ou de *ordens de recursão*.

Parece importante ressaltar que, apesar da diferença entre retroação (causalidade circular retroativa) e recursão (causalidade circular recursiva), muitas vezes se tem encontrado o termo recursividade – ou causalidade recursiva – sendo usado para se referir a processos em que não há nada mais do que uma causalidade circular retroativa.

Enfim, a causalidade recursiva constitui uma causalidade complexa, difícil de pensar, de entender, uma vez que, do ponto de vista da lógica clássica, encerra uma contradição: como poderia o produto ser produtor do próprio processo que o produz? Estamos habituados a pensar em máquinas, ou processos, ou sistemas alopoiéticos (*àllos* = outro, diferente, e *poiesis* = produção), que produzem outra coisa, algo diferente de si próprios.

Mas pensar complexamente é pensar e aceitar a *contradição*, confrontá-la e superá-la, sem negá-la e sem querer reduzi-la.

Por exemplo, a afirmação de que o sistema é, ao mesmo tempo, "mais que a soma de suas partes" e "menos que a soma de suas partes" encerra uma contradição lógica. Mas, de fato, o sistema é mais do que a soma das partes, porque sua organização faz surgir qualidades que não existiriam fora dela: emergências constatáveis empiricamente, mas não dedutíveis logicamente. E, por outro lado, também o sistema é menos do que a soma de suas partes, porque a organização implica constrições que inibem a manifestação de algumas qualidades próprias às partes.

Outro exemplo de grande complexidade é o da chamada relação hologramática. O holograma é uma imagem cujas características (relevo, cor etc.) se devem ao fato de que cada um de seus pontos contém essas mesmas características. Ou seja, não apenas a parte está no todo, mas também o todo está na parte, o que encerra uma contradição. Por exemplo, cada uma de nossas células contém informação genética do nosso ser total. No caso dos "fractais",[5] os "padrões característicos (do todo) são repetidamente encontrados em escala descendente, de modo que suas partes, em qualquer escala, são, na forma, semelhantes ao todo", como, por exemplo, na couve-flor (Capra 1996, p. 118).

Então, como já dizia Pascal, não se pode conhecer o todo sem conhecer detalhadamente as partes, mas também não se pode compreender as partes sem conhecer bem o todo. Isso requer, portanto, uma explicação circular, que articule as partes *e* o todo.

Quando Bohr introduziu a noção de complementaridade, marcou um acontecimento epistemológico fundamental, ao aceitar a contradição entre duas noções – ondulatória e corpuscular – que ele considerou complementares, uma vez que as experiências conduziam racionalmente a essa contradição. Morin considera também que a via da complementaridade não é a do acordo – ou da síntese dialética –, mas a da superação do antagonismo, superação que permitiria que noções alternativas fossem, ao mesmo tempo, contraditórias e complementares (Morin 1984). Entretanto, adiante veremos que essa solução para a dualidade, por meio da noção da complementaridade, preserva a concepção do realismo do universo.

Como já vimos, na lógica clássica, a contradição é sinal de alarme, indica erro lógico. Quantas vezes já nos incomodamos com a contradição, exclamando: "aqui tem uma contradição!", ou: "você está caindo em contradição!". A presença do paradoxo ou da contradição imobiliza o espírito linear. A simplificação do paradigma tradicional atribui valor absoluto à lógica aristotélica, havendo um

---

5. A "geometria fractal" foi inventada, no final da década de 1950, pelo matemático francês Mandelbrot, para estudar uma ampla variedade de fenômenos naturais irregulares e, ao estudá-las, ele viu que essas formas geométricas tinham características comuns (Capra 1996).

controle da lógica sobre o pensamento e não um controle do pensamento sobre a lógica. Atlan (1984), citando Bateson, diz que aprendemos a supor que a natureza obedece apenas aos bons silogismos.

Trabalhando racionalmente, os cientistas se defrontam com situações em que a lógica já não é mais auxílio para enfrentar a contradição. As limitações da lógica são geralmente associadas ao teorema de Göedel: nenhum sistema formalizado complexo pode encontrar em si sua própria prova, e à lógica de Tarski: nenhum sistema explicativo pode explicar totalmente a si próprio.

Como vimos, tradicionalmente se tentava reduzir ou eliminar os paradoxos e as contradições, mantendo-se a lógica clássica com seus princípios básicos. Hoje, entretanto, já se reconhece a necessidade de uma revisão da lógica ortodoxa, surgindo as *lógicas heterodoxas* ou não clássicas. Assim, por exemplo, numa lógica heterodoxa, o princípio da não contradição não é considerado necessariamente válido, o que tem aberto novas perspectivas para a abordagem dessas questões inerentes à lógica da complexidade (D'Ottaviano 1990).

Enfim, essa complexidade de que tanto se fala hoje – esse pensamento complexo, epistemologia complexa ou paradigma da complexidade – não produz por si própria a inteligibilidade do universo, não vem nos fornecer uma nova metodologia, mas constitui antes um desafio que nos incita a desenvolver novas formas de pensar e agir.

Pressupondo a instabilidade

Outra importante dimensão, ou pressuposto epistemológico, que distingo nessa ciência novo-paradigmática emergente é o da *instabilidade do mundo*. Hoje, não só cientistas, como também profissionais de diversas áreas e leigos, estão falando de caos, caos determinístico, lógica da desordem, incertezas e assimetrias, dinâmicas caóticas, dinâmicas singulares, atratores estranhos, de fenômenos imprevisíveis do universo. E há muitas propostas de aplicação da teoria do caos à economia, ao tráfego urbano, a casos de pânico coletivo, enfim, para a compreensão de diversos fenômenos complexos.

Novamente, é importante ressaltar que estamos tomando a instabilidade do mundo como um pressuposto novo da ciência, mas o que é novo é o seu reconhecimento pelos cientistas.

A crença num mundo estável, num "mundo que já é", em que as coisas se repetem com regularidade foi revista e hoje se pensa um mundo instável, um *mundo em processo de tornar-se*, em transformação contínua e formado por constante autoorganização. Por isso, se fala muito hoje em devir, que significa vir a ser, tornar-se.

Vimos que se considera que foi a física que trouxe para a ciência o problema da tendência à desordem, que derrubou o dogma central de um mundo ordenado e estável. Por isso se fala hoje de uma *física do devir*, mais ampla do que a física do ser, uma *física de processos*, diferente de uma física dos estados.[6] Há inclusive um importante livro sobre esse tema, intitulado *Do ser ao tornar-se. Tempo e complexidade nas ciências físicas* (Prigogine 1980).

Vimos ainda que as ciências biológicas, e também as ciências humanas, já viviam uma situação muito difícil quando, para ser científicas, esperava-se que trabalhassem baseadas no pressuposto da ordem, da estabilidade. As questões da instabilidade, da auto-organização, já estavam presentes nessas disciplinas, mas não na física, que se mantinha como detentora do modelo de cientificidade.

Então, quando as questões da desordem e da auto-organização foram reconhecidas pela física, isso teve uma repercussão enorme em todas as áreas da ciência. Parece que estavam todos esperando uma autorização da física para tratar aberta e cientificamente essas questões.

Tanto que, em junho de 1981, aconteceu também em Cerisy, na França, um colóquio, cujos anais têm 562 páginas, cujo título foi: "A Auto-Organização. Da Física à Política" (Dumouchel e Dupuy 1981). Foi um grande evento interdisciplinar, que atravessou de fato todas as áreas da ciência: desde a física até a política. Reuniu os mais diversos especialistas: física (dos sólidos, da condutividade elétrica, da matéria condensada), engenharia (dos sistemas técnicos, econômicos e sociais), especialistas em redes de autômatos probabilistas, biologia, psicofisiologia, medicina, química, modelização matemática de sistemas auto-organizadores, modelização de sistemas biológicos, economia (teórica, rural, política, macroeconomia, cálculo econômico), sociologia (do trabalho, rural), relações internacionais, teoria dos jogos e planificação, história, direito, psicanálise, neuropsiquiatria infantil, psicologia cognitiva, linguística, literatura, mitologia, religião, filosofia, epistemologia das ciências.

---

6. Desde o século XVIII, os químicos já faziam essa distinção, entre estados e processos, para defender as especificidades de seu objeto contra as generalizações abstratas dos físicos (Stengers 1981).

Também no grande encontro, internacional e interdisciplinar, acontecido em Buenos Aires em 1991, o tema da instabilidade foi abordado, com destaque especial para as duas apresentações do cientista russo e Nobel de Química, Ilya Prigogine, intituladas: "O fim da ciência?" (Prigogine 1991a) e "Dos relógios às nuvens" (Prigogine 1991b).

Nesse encontro, Prigogine relatou um fato significativo em relação a essa mudança de pressuposto que estamos abordando: em 1986, o presidente da União Internacional de Mecânica Teórica e Aplicada admitiu publicamente que os físicos se excederam em suas generalizações sobre a previsibilidade. Pediu desculpas por terem difundido para o público culto algumas ideias sobre o determinismo dos sistemas, relativas às leis do movimento de Newton, que depois de 1960 se demonstraram incorretas. Ele estava se referindo ao reconhecimento da instabilidade dinâmica ou ao *caos*, conceito que vem modificar a formulação de leis da natureza.

Prigogine, nos dois artigos acima citados, ao falar da *irreversibilidade*, aborda diversos aspectos da instabilidade na natureza, focalizando o que ele chama de "paradoxo do tempo". Vou usá-los como fio condutor, apenas para vermos como vem se dando a revisão do pressuposto da estabilidade do mundo.[7]

Como vimos, ao descrever a natureza por meio das leis deterministas e reversíveis, a dinâmica clássica eliminou a *seta do tempo* e Einstein chegou até a afirmar que o tempo é uma ilusão. Entretanto, os próprios físicos, em sua vida cotidiana, experimentam a irreversibilidade de muitas situações vividas e a influência até de acontecimentos aparentemente insignificantes, no curso de sua própria história. Essa contradição está certamente relacionada à crença de que existe uma ruptura entre a natureza, que pode ser abordada pelas leis da ciência, e o funcionamento dos seres vivos e das sociedades, que escapa a uma descrição científica. A rigor, isso não caracteriza um paradoxo, tal como foi apresentado no Capítulo 3, mas apenas uma situação incongruente ou contraditória.

Mas essa contradição não parecia suficiente para que os físicos revissem sua forma de descrever a natureza, sua crença nas trajetórias determinadas e reversíveis. Eles só começaram a fazê-lo, quando suas próprias pesquisas

---
7. Como estou me baseando em Prigogine (1991), podendo haver desenvolvimentos mais recentes da termodinâmica, uso, nas colocações que se seguem sobre os sistemas termodinâmicos, o tempo condicional.

começaram a colocá-los diante de evidências contrárias, diante dos limites do seu paradigma. Vamos ver como isso aconteceu.

Um fato importante na história da revisão do pressuposto da estabilidade pela física foi a formulação da "segunda lei da termodinâmica", ou "lei da entropia", por Clausius, em 1865. Essa lei foi formulada no contexto dos estudos dos fenômenos do calor, ou fenômenos térmicos: daí o nome de termodinâmica.

Vendo os fenômenos do calor com o paradigma tradicional, os físicos acharam que esses fenômenos tinham um caráter *sui generis*, que escapava às descrições da física reversível. Por exemplo: colocando-se em comunicação dois recipientes com moléculas quentes e frias respectivamente, elas vão se misturar e, atingida uma distribuição uniforme, o estado de equilíbrio, o sistema esquece suas condições iniciais.

Anulando-se espontaneamente as diferenças de temperatura, num sistema energeticamente isolado, e atingida uma temperatura uniforme no interior do sistema, não há diferenças de potencial energético nas suas diferentes regiões e o sistema é inerte. Esgotou-se a sua capacidade de realizar trabalho, o qual, nesse caso, advém do movimento em direção à equiparação das temperaturas. Por isso é que se diz que a "segunda lei" prevê a degradação da energia num sistema isolado.

Então, a "entropia" pode ser definida como a quantidade termodinâmica que mede esse nível de degradação e todo fenômeno, ao consumir energia, se faz acompanhar de um aumento de entropia no universo.

Interessante observar que a "segunda lei" mostra que existe uma direção nesse processo, mas não estabelece sua velocidade. O reconhecimento de que o homem tem acelerado cada vez mais esse processo de entropização do ambiente, de degradação da energia utilizável, de transformação da energia utilizável numa energia não mais utilizável fundamenta os movimentos atuais de conscientização ecológica.

Boltzman, um importante físico vienense, tinha elaborado a chamada "lei dos grandes números" ou "princípio de ordem de Boltzman". Ele usou uma abordagem estatística para o estudo de sistemas constituídos de grande número de moléculas e, procurando fazer uma conexão entre os níveis macroscópico e molecular, sugeriu que os acontecimentos tendem a se contrabalançar uns aos outros, havendo um nivelamento das diferenças. Considerou que a degradação da energia, apontada pela "segunda lei", seria uma consequência estatisticamente previsível dos movimentos e colisões ao acaso das moléculas, da sua agitação desordenada. Ele foi o primeiro a propor que a entropia é uma medida da *desordem* molecular, concluindo que a "segunda lei" descreve a evolução do sistema para o estado mais provável, o de maior desordem, em que, não sendo mais possível realizar trabalho, não há mais acontecimentos. Assim, a entropia ficou associada não só à ideia de irreversibilidade, como também à ideia de desordem.

A "segunda lei" apareceu coincidentemente seis anos depois de Darwin publicar sua teoria da evolução, *A origem das espécies*, e a palavra entropia em grego significa também evolução. Interessante pontuar desde já a associação do termo entropia tanto com evolução, quanto com desordem. Embora a maioria dos físicos da época, e muitos ainda hoje, não tenha considerado fundamental a "segunda lei", Boltzman reconhecia que a evolução era um elemento essencial para descrevermos a natureza e dizia que o século XIX tinha sido o século de Darwin.

Entretanto, quando começou a avançar em suas formulações sobre o tempo, Boltzman foi criticado porque elas eram incompatíveis com as leis básicas da física, que predominavam naquele momento. Retrocedeu e limitou-se a dizer que o tempo avança na direção do aumento da desordem, da entropia. Devido ao contexto do momento e também por seu enfoque estatístico, foi levado a admitir que, apesar de, ao final de um processo, dois compartimentos terem mais ou menos o mesmo número de moléculas quentes e frias, poderia acontecer de alguma flutuação restaurar o estado inicial, de distribuição desigual das moléculas. Desse modo, ele não afirmou efetivamente a presença da flecha do tempo. O pressuposto da reversibilidade foi mantido pelos físicos, apesar da "segunda lei" e da clara contradição com o que eles podiam observar a seu redor, por exemplo, na evolução unidirecional das plantas e dos animais.

Prigogine interpreta que isso se deveu à busca de certezas pelos cientistas, uma vez que incorporar a irreversibilidade nas leis fundamentais da natureza implicaria enfrentar algumas contradições e pensar situações de instabilidade.

Essa fase da termodinâmica é chamada de termodinâmica do equilíbrio ou termostática. A termodinâmica, que se constituiu a propósito dos processos irreversíveis, acaba não tendo utilizado todo seu potencial, porque se concentra nos sistemas que funcionam próximo ao equilíbrio. Então, a física clássica fica com dois objetos privilegiados: "o objeto dinâmico, integralmente inteligível em termos de equivalências reversíveis, e o objeto termodinâmico, com seu estado privilegiado, o estado de equilíbrio" (Stengers 1981, p. 43). Até aqui, a física ficou apenas com os sistemas que tendem para o equilíbrio. E as demais disciplinas, economia, sociologia, psicologia, inspirando-se no modelo da física, ativeram-se às funções gerais, construídas sobre o modelo das funções de estado, deixando de focalizar o processo e as singularidades – *leis singulares*.

Mas a questão do tempo voltou à pauta com Prigogine. O nome desse ilustre cientista ficou definitivamente associado à ideia de *sistemas que funcionam longe do equilíbrio*, a partir de suas pesquisas sobre as estruturas dissipativas químicas. Estabeleceu-se assim uma outra termodinâmica, a *termodinâmica do não equilíbrio*. Interessante, ele mesmo conta que, como teve formação humanista, necessariamente centrada no tempo, em que a história não é uma ilusão, não podia concordar com a afirmação de Einstein de que o tempo é uma ilusão e sentia que faltava algo. Ele diz que, quando começou nas ciências físico-químicas, quase todos os cientistas concordavam com Einstein, mas que já vinha crescendo o número dos que compartilham a convicção de que o tempo pode ter um papel construtivo. Então, como ele não estava dominado pelo pressuposto da reversibilidade, pôde, prestando atenção num experimento simples de difusão térmica, perceber que os processos na natureza não estariam relacionados simplesmente com um aumento de desordem (entropia). Percebeu que, embora os processos caminhassem no sentido do aumento da entropia do universo, poderia emergir também a ordem no sistema.

Vou ressaltar a seguir os aspectos desses trabalhos de Prigogine que considero especialmente relevantes, por sua contribuição ao estabelecimento de um novo paradigma da ciência.

A termodinâmica do não equilíbrio (não linear) trata das relações apresentadas pelos sistemas distantes do equilíbrio.

Nos sistemas próximos do equilíbrio, susceptíveis de abordagem pelas equações lineares, é comum as flutuações se contrabalançarem, o que permitiu a Boltzman aplicar a esses sistemas a "lei dos grandes números". Segundo essa lei, a atividade média de uma população numerosa representa o nivelamento dos comportamentos individuais, permitindo falar em leis gerais.

Mas, longe do equilíbrio, o sistema mostrar-se-ia instável e as flutuações poderiam não se contrabalançar. Assim, um pequeno desvio poderia amplificar-se e essa *amplificação do desvio* poderia ter um papel decisivo no funcionamento subsequente do sistema.

As *flutuações* poderiam ter origem interna, isto é, poderiam ser geradas espontaneamente pelo próprio sistema, ou origem externa ao sistema, ou seja, poderiam ser causadas por um ambiente com fortes flutuações, acontecidas ao *acaso*, as quais representariam para o sistema uma *perturbação*.

Num sistema em que são possíveis vários regimes de funcionamento, uma flutuação surgida em uma de suas regiões poderia invadir o sistema todo, fazendo-o saltar de uma para outra forma de funcionamento. É o que se chama de *salto qualitativo do sistema*, num *ponto de bifurcação*. Significa que probabilidades negligenciáveis tornar-se-iam decisivas, fazendo surgir uma nova forma de funcionamento, inesperada de acordo com as leis de evolução daquele sistema. "Próximo aos pontos de bifurcação, a natureza encontra algum modo inteligente de evitar as consequências da lei dos grandes números" (Prigogine 1980, p. 134).

É importante ressaltar que a flutuação em si mesma não causaria nada. As flutuações acontecem incessante e inevitavelmente nos sistemas distantes do equilíbrio, importando apenas a oportunidade oferecida por sua amplificação.

Na Figura 7, estão representados esquematicamente sucessivos pontos de bifurcação na evolução de um sistema distante do equilíbrio. Surgida a flutuação, que numa linguagem leiga chamaríamos de *crise*, o sistema deixaria seu curso natural de funcionamento e "escolheria", entre as alternativas disponíveis, um novo regime de funcionamento. Não se trata apenas de mudanças quantitativas em seus parâmetros, mas de mudanças que dariam origem a uma nova forma de funcionamento do sistema. É o que se chama de morfogênese ou gênese de novas formas. Surgiria uma nova ordem a partir da instabilidade, a partir de uma desordem, transitória, o que tem sido chamado de *ordem a partir da flutuação*. Tratar-se-ia então de um processo de auto-organização,[8] em que o sistema escolheria entre múltiplas soluções possíveis.

Diz-se que no ponto de bifurcação o sistema "escolhe" um novo caminho (*branch*) a seguir. Até aí tudo bem: não é difícil pensarmos que sistemas mudem qualitativamente. Mas Prigogine também viu que essa "escolha" no ponto de bifurcação não seria determinada aleatoriamente, ao acaso, pelas flutuações. As escolhas que esse sistema físico-químico fez, nos pontos de bifurcação que atravessou anteriormente, influenciariam sua "escolha" no momento presente. A definição do estado em que o sistema se encontra – com a consequente previsão de sua evolução – já não poderia ser instantânea, mas implicaria um conhecimento de seu comportamento nas bifurcações anteriores. O cientista teria que perguntar pela história anterior desse sistema.

---

8. Adiante veremos que Maturana, em sua Teoria da Autopoiese, adota uma definição bem específica de "organização" – que também adoto – e que é incompatível com a expressão "auto-organização".

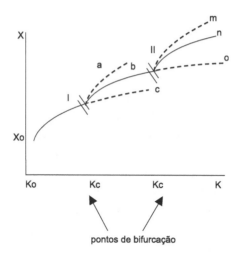

Figura 7 – Saltos qualitativos nos pontos de bifurcação
a, b, c, m, n, o – alternativas disponíveis
b, n – alternativas "escolhidas"

Esse não foi um reconhecimento trivial de Prigogine e tem necessariamente uma profunda repercussão em nossa visão de mundo. Até então, só se podia pensar num *determinismo histórico* para fenômenos biológicos e sociais. Agora a importância da história se evidencia também na natureza inanimada: avançamos do determinismo ambiental para o determinismo estrutural, uma vez que a estrutura do sistema a cada momento incorpora a sua história até aquele momento. O comportamento do sistema – sua escolha – é determinado pela estrutura que se estabeleceu através de sua história. Adiante voltaremos a essa noção de determinismo estrutural.

Uma primeira consequência seria o questionamento dos critérios de diferenciação entre vivo e não vivo, uma vez que existem sistemas que funcionam longe do equilíbrio tanto no mundo físico (infraorgânico), quanto no mundo biológico (orgânico), quanto no mundo social (supraorgânico). O tempo é unidirecional e a evolução pode dar-se no sentido de uma nova ordem, não pelo fato de o sistema ser vivo, mas pelo fato de ser um sistema que funciona longe do equilíbrio. "Nesses sistemas, os processos produtores de entropia, os processos que dissipam energia, desempenham papel construtivo, são fonte de ordem" (Prigogine e Stengers 1979, p. 143). Resolver-se-ia a aparente contradição entre as descrições da evolução dadas pela termodinâmica (tendência física para a desordem) e pela biologia (evolução para uma complexidade crescente, para uma nova organização).

Os conceitos de vivo e não vivo perderam utilidade como características definidoras de diferentes naturezas. É difícil traçar uma linha divisória entre o vivo e o não vivo: o vírus, por exemplo, aparece ora como coisa viva, ora como um cristal. Há também coisas (não vivas) que compartilham com os seres vivos características organizacionais, como a chama de uma vela ou uma cachoeira (Laszlo 1972). Apesar de nosso hábito de dividir o mundo em seres vivos e matéria inanimada, a vida escapa frequentemente das mãos do biólogo para passar às do físico (David 1965). As invariâncias relacionam algumas coisas infraorgânicas, todas as orgânicas e a maior parte das supraorgânicas (sociais). O conceito de sistema natural expressa os aspectos de complexidade organizada em todos os níveis da natureza (Laszlo 1972).

Parece anunciar-se a possibilidade de se desenvolverem teorias que começam a ligar formas vivas e não vivas. Isso nos autorizaria a esperar que se desenvolva um modelo para a mudança em que se evidenciem as características comuns aos mundos físico, biológico e social (Hoffman 1981). Podemos esperar a superação daquela ruptura a que já nos referimos; não será preciso pensar em diferentes naturezas: a natureza física, a natureza biológica e a natureza social, cada uma de uma natureza diferente. Como já venho destacando, desde 1992, "toda ciência é ciência da natureza" (Esteves de Vasconcellos 1992; 1995b).

Outra consequência importante das distinções feitas por Prigogine é a de propiciarem uma convergência notável entre as diversas disciplinas da ciência, uma possibilidade de ultrapassar a compartimentação instalada pela ciência tradicional, e a consequente dificuldade de comunicação entre os cientistas. Podemos assim observar hoje uma grande aproximação e uma comunicação transdisciplinar entre cientistas de diversas áreas que trabalham com sistemas distantes do equilíbrio: sistemas dissipativos químicos, sistemas empresariais, sistemas subatômicos, sistemas imunológicos, sistemas meteorológicos, sistemas ecológicos, sistemas familiares...

Esse é um ponto muito importante que nem sempre tem sido bem compreendido. Recentemente, encontrei, num livro de teoria geral da administração, um capítulo intitulado "Abordagem dos sistemas abertos", em que o autor começa afirmando que repentinamente todos os ramos do conhecimento, tornados estranhos uns aos outros pela especialização extremada, começaram a ressentir-se do isolamento em que se encontravam e, passando a buscar suas bases comuns, perceberam que várias ciências (física, química e psicologia) tratavam com objetos que podiam ser entendidos como sistemas.

Não concordo com essa explicação para a aproximação entre os cientistas. Penso que não é que de repente tenha surgido ou um ressentimento com o distanciamento ou um surto de maior desejo de aproximação entre os cientistas de diversas áreas, nem que só a noção de sistema, tal como originalmente concebida, tenha sido capaz de promover a transdisciplinaridade hoje possível na ciência. Esse autor provavelmente desconhece esses desenvolvimentos da ciência que acabamos de descrever, os quais – remetendo-nos a uma nova noção de sistema – embasam cientificamente e vêm propiciando trabalhos transdisciplinares.

Pode-se agora distinguir bifurcações em outros sistemas da natureza, além das estruturas dissipativas químicas, por exemplo, nas sociedades das formigas. As formigas térmitas se comunicam trocando sinais químicos, e assim estabelecem comportamentos grupais que podem ser descritos por meio de equações muito semelhantes às da cinética química (Prigogine 1991a). Se elas tiverem dois caminhos para chegar ao alimento, rapidamente estarão todas passando pelo mais curto. Mas, depois de bem estabelecido um comportamento, por exemplo, o uso de uma galeria no formigueiro, uma flutuação mínima introduzida em seu ambiente pode levar esses insetos a construir uma outra galeria ao lado. Isso corresponde a uma mudança de comportamento num ponto de bifurcação. De fato, embora eles estejam exibindo um comportamento durante muito tempo, são virtualmente capazes de outras interações (Stengers 1981).

Outra possibilidade de pensar o comportamento dos sistemas naturais nos termos desse fenômeno de bifurcações tem sido explorada no Instituto de Estudos da Família e dos Sistemas Humanos, em Bruxelas, na Bélgica. Lá os estudiosos da família, concebendo-a como um sistema que funciona longe do equilíbrio, têm trabalhado, junto com membros da equipe de Prigogine, no desenvolvimento de um modelo matemático que permita localizar pontos de bifurcação situados entre tipos distintos de comportamento do sistema familiar (Elkaim, Goldbeter e Goldbeter 1980). Assim, os terapeutas de família pensam hoje a crise da família como um ponto de bifurcação, que lhe permite um salto qualitativo para uma nova forma de funcionamento.

O conceito de "ordem a partir da flutuação" tem sido usado também no estudo da evolução de comunidades urbanas, em que se procura mostrar que o resultado final depende do interjogo complexo entre leis deterministas e a sucessão probabilística de flutuações.

Há ainda aplicações à ecologia, em que se estuda a flutuação ecológica na relação entre espécies vivendo num mesmo ecossistema, concebendo-a em termos de mudanças significativas das relações nos pontos de bifurcação.

Com tudo isso, evidencia-se o papel construtivo dos processos irreversíveis, o papel construtivo do tempo, que fica então associado à evolução e à auto-organização. A instabilidade, que antes era sempre vista como desvio a corrigir, agora é reconhecida como condição necessária para que o ruído se torne fonte de ordem.

Mas, como diz Prigogine, apesar de todas essas evidências, a concepção estática da natureza era tão consensual entre os físicos, que continuava a resistência em incorporar a termodinâmica do não equilíbrio. Mas aconteceu que a instabilidade e o caos se evidenciaram também na dinâmica clássica e na mecânica quântica e a crença na estabilidade do mundo teve que ser revista também nessas disciplinas. Começou-se a perceber que astros e átomos não se mostravam tão estáveis quanto se supunha: trajetórias dos astros não se mostravam tão regulares e no mundo dos átomos se viam partículas em colisão.

Assim, a física está sendo levada a reconhecer a *indeterminação*. A trajetória dinâmica, que descreve os sistemas estáveis, pode tornar-se indeterminada em pontos singulares: uma perturbação infinitesimal pode tornar indeterminada a natureza do movimento. Além disso, a determinação das condições iniciais, com a precisão necessária à definição de uma trajetória, é impossível nos sistemas complexos.

Por exemplo, no chamado "problema dos três corpos", uma vez que o movimento da Lua é influenciado simultaneamente pela Terra e pelo Sol, não é possível descrever esse sistema por meio de equações diferenciais integráveis. Para que isso fosse possível, esse sistema teria que ser concebido como "um conjunto de unidades em que cada uma evolui isoladamente, independente de todas as outras" (Prigogine e Stengers 1979, p. 57). Isso sugere que os "sistemas caóticos" não podem ser descritos por trajetórias. Na física clássica, a abordagem das questões por meio de probabilidades era sempre associada à ideia de ignorância. Entretanto, apesar do reconhecimento da complexidade, a física parece continuar tentando manter a noção de determinismo, incorporando a de probabilidade, na noção de determinismo probabilístico.

Também a mecânica quântica ainda se conforma aos pressupostos da ciência tradicional: sua equação básica, chamada de equação de Shrödinger, que se refere à evolução de uma amplitude de onda no tempo (função de onda), continua sendo determinista e temporalmente reversível. Mas, também aí, os desenvolvimentos conduziram à consideração da instabilidade e da irreversibilidade. Segundo Prigogine, a irreversibilidade, que, na teoria quântica, se associava às medições e às observações dos cientistas, apareceria como condição de possibilidade de comunicação com o mundo quântico. Ele então considera que o "paradoxo do tempo" assume uma nova forma, que pode ser chamada de "paradoxo quântico". Assim, a ideia de caos transcenderia, segundo ele, a distinção entre mecânica clássica e mecânica quântica, e a flecha do tempo tornar-se-ia presente em toda a física, tanto na escala micro, quanto na escala macro.

De tudo isso que vem acontecendo nas ciências físicas, com o reconhecimento da instabilidade do mundo, decorre naturalmente a revisão das crenças na previsibilidade e na controlabilidade, para se admitir a *imprevisibilidade* e a *incontrolabilidade* de muitos eventos, em todos os níveis da natureza.

Isso nos exigirá naturalmente uma revisão dos papéis que aprendemos a ter, num mundo pensado como um "mundo de relógios", ou de autômatos, para incluir uma convivência com as "imagens das nuvens", sempre abertas a novas configurações.

Pressupondo a intersubjetividade

Finalmente, mais uma dimensão, ou pressuposto epistemológico, que distingo na ciência contemporânea emergente, é o da *intersubjetividade* na constituição do conhecimento. Trata-se aqui do reconhecimento da impossibilidade de um conhecimento objetivo do mundo.

A partir do final do século XX, a pergunta pelo conhecimento também vem mobilizando profissionais de diversas áreas da ciência. Em 1997, aconteceu, na Universidade Federal de Minas Gerais, um simpósio, cujo livro de resumos tem 256 páginas e se intitulou *Simpósio Internacional sobre Autopoiese: Biologia, cognição, linguagem e sociedade* (Magro 1997). Apresentaram trabalhos nesse evento internacional cientistas de diversos países: Suécia, França, Estados Unidos, Israel, Itália, Alemanha, Chile, Nova Zelândia, Irlanda, Austrália, Escócia, Canadá, Suíça, Peru e Brasil, havendo representantes de diversos estados brasileiros.

Nos anais daqueles dois colóquios realizados em Cerisy, no início dos anos 80, sobre complexidade e auto-organização, é fácil identificar a especialidade de cada um dos autores que ali aparecem. Interessante que aqui, pouco mais de uma década depois, os autores dos trabalhos não são identificados por um título de especialista, mas apenas pelos departamentos ou instituições onde trabalham: Instituto de Informática, Universidade de Tecnologia, Centro de Estudos Interdisciplinares em Ciência e Cultura, Departamento de Psicologia, Departamento de Biologia, Departamento de Bioquímica e Imunologia, Instituto de Psicologia Analítica, Escola de Engenharia Eletrônica, Departamento de Letras, Centro de Ciências Cognitivas, Trabalhos pela Vida, Instituto para o Desenvolvimento da Administração, Departamento de Sociologia, Escola de Negócios, Rede de Investimentos Humanos, Faculdade de Educação, Faculdade de Direito, Soluções Naturais de Vida, Instituto União, EquipSIS – Equipe Sistêmica. E mais interessante ainda é que o nome do departamento a que o pesquisador se filia não nos ajuda a prever o tema específico que vai apresentar no evento, ou seja, não aponta para a sua especialidade.

Importante ressaltar que esse simpósio foi motivado pela Teoria da Autopoiese,[9] uma teoria para o ser vivo, dos biólogos chilenos Humberto Maturana e Francisco Varela. Assim, os participantes não estavam ali por serem especialmente físico, sociólogo, advogado, psicólogo, biólogo, linguista, mas por estarem interessados em refletir sobre as profundas repercussões da "Biologia do Conhecer", de Maturana, para as atividades de cada um, como cientista e como ser humano. Penso que, sendo esse um interesse por epistemologia, foi isso o que possibilitou que ali se manifestasse efetivamente a transdisciplinaridade, uma característica novo-paradigmática que vai além da interdisciplinaridade. Nos colóquios de Cerisy, cada participante tratava de mostrar como sua disciplina estava lidando com a complexidade, ou com a auto-organização, mantendo-se porém na sua área de especialização. Assim, a meu ver, ali não foi possível ainda a manifestação da transdisciplinaridade. Mais adiante, depois de entendermos bem a intersubjetividade como pressuposto epistemológico da ciência novo-paradigmática, voltaremos, no Capítulo 5, a essa noção de transdisciplinaridade.

---

9. Adiante, no Capítulo 6, abordarei novamente a Teoria da Autopoiese. Entretanto, penso ser muito importante o seu contato direto com os textos de Maturana e de Maturana e Varela, hoje bastante acessíveis para nós.

A questão da objetividade já vinha incomodando e sendo objeto de discussão na filosofia há muitos séculos. Um dos participantes do "Simpósio sobre Autopoiese" ressalta que o postulado da objetividade foi radicalmente refutado a partir da epistemologia crítica do filósofo alemão Kant (1724-1804) (Stewart 1997). Entretanto, naquela época, a única alternativa parecia ser cair no solipsismo (em latim: *solus* = só e *ipso* = eu mesmo), ficando cada indivíduo como sua única e própria referência. Como exemplo, poder-se-ia lembrar o solipsismo idealista do filósofo inglês Berkeley (1685-1753), que iguala a percepção do objeto à sua existência: uma árvore não existiria se não houvesse alguém olhando para ela. Isso parecia tão absurdo, que a crença na objetividade continuou se mantendo firme.

De fato, o idealismo não nos serve como uma alternativa satisfatória para o objetivismo (materialista), pois assim se mantém a dicotomia mente/matéria. Precisa-se mesmo é conceber que objeto e sujeito só existem relacionalmente (Stewart 1997). Para um sujeito observador, que não estivesse se relacionando com ela, essa árvore não existiria mesmo. Mas continuaria existindo nas relações que continuaria mantendo: com os pássaros, com as outras árvores, com o solo, com os outros sistemas da natureza. Se esses acoplamentos desaparecessem todos, também a árvore deixaria de existir.

Ainda no início do século XX, encontramos filósofos trabalhando a partir da noção de abordagem objetiva do mundo. Como vimos, Wittgenstein (1889-1951), um filósofo austríaco que foi figura importante no chamado Círculo de Viena, publicou, em 1921, o *Tratactus logico-philosophicus* (Wittgenstein 1921). Trabalhando no que se chama de filosofia da linguagem ou filosofia analítica, focaliza as diferenças entre diversos tipos de proposições linguísticas. Para ele, as proposições científicas, proposições empíricas, refletiriam especularmente o mundo, a realidade objetiva. A análise das proposições, por meio dos critérios adequados, permitiria distinguir as proposições falsas das proposições verdadeiras, essas que descreveriam adequada e objetivamente o mundo natural. Essas proposições não deveriam conter referências ao sujeito. Já as proposições éticas e estéticas, implicando necessariamente o sujeito, situar-se-iam para além do discurso factual e não poderiam ser consideradas proposições científicas.

Algum tempo depois, Wittgenstein mudou radicalmente sua posição em relação ao pressuposto da objetividade/cientificidade. Em seu segundo momento, caracterizado em *Investigações filosóficas* (Wittgenstein 1953), publicado depois de sua morte, ele deixa de afirmar que as proposições científicas refletem especularmente a realidade. Concluindo ser inútil buscar qualquer verdade essencial e admitindo não haver pontos de apoio objetivos, fora da linguagem, ele passa a afirmar que a linguagem constitui a realidade, ou seja, que por meio da linguagem é que são vistas as coisas.

Essa foi uma posição fundamental, como proposta de revisão do pressuposto da objetividade científica. Entretanto, continua sendo uma proposta vinda da filosofia, que sempre colocou seus questionamentos à objetividade com base em alguma teoria filosófica do observador. Assim, tratando-se de filosofia, não tinha como atingir efetivamente a comunidade dos cientistas e então o pressuposto da objetividade ficou mantido no âmbito da ciência, como critério de cientificidade.

Já vimos que a dificuldade de atender a esse critério era considerada própria das ciências humanas. Considerava-se impossível, no caso dessas ciências, eliminar o observador, ou colocá-lo entre parênteses, por ele não poder dispor de um ponto de vista exterior a seu objeto de estudo. Morin (1984, p. 288), por exemplo, diz que "nas ciências sociais, é ilusório acreditar-se que se elimina o observador. O sociólogo não apenas está na sociedade; conforme a concepção hologramática, a sociedade também está nele; ele é possuído pela cultura que ele possui".

Mas, apesar do reconhecimento dessa dificuldade, continua-se recomendando ao antropólogo o princípio de *bracketing out* (estranhamento, distanciamento), ou seja, nem aceitar, nem negar o sistema de crenças dos membros da tribo que está estudando, o que fica próximo da *épochè*, ou "suspensão de julgamento", também chamada "redução fenomenológica", recomendada pelo filósofo alemão Husserl (1859-1938) (Stewart 1997). Em resumo, acreditava-se que a dificuldade é própria das ciências humanas, o que fica de acordo com a ideia de que homem e natureza são de naturezas diferentes.

Mas as coisas começaram a mudar quando o questionamento da objetividade passou a surgir dentro da própria ciência, na física. Vimos que a física trouxe para a ciência o que Morin chama de "complexidade do problema da objetividade", ou seja, da relação entre o sujeito que conhece e o objeto que é conhecido.

Os físicos trabalhavam tranquilamente com um método científico baseado na ideia cartesiana de que o mundo devia ser separado em sujeitos e objetos, podendo esses últimos ser precisamente medidos e quantificados em fórmulas matemáticas. De repente, a física quântica veio trazer-lhes surpresas. Rifkin (Rifkin e Howard 1980) diz que a comunidade científica "enrubesceu-se", quando o físico alemão Heisenberg mostrou ser impossível a observação objetiva das partículas atômicas, uma vez que o próprio ato de observação interferia e alterava o objeto, em vez de captá-lo "tal como ele é na realidade". Rifkin considera que esse foi "o dia mais negro" na história da física clássica.

Em física clássica, o estudo do movimento implica determinar com precisão a velocidade e a localização do objeto num dado momento. Os físicos perceberam que isso é impossível, quando passaram a estudar as partículas quânticas: ao observar o elétron, seu ato de observação estava influenciando o que eles viam. A medida da velocidade pressupõe o movimento, que, por sua vez, pressupõe mudança de localização. Portanto, o cientista, ao medir a velocidade da partícula, perde a possibilidade de fazer afirmações sobre sua localização, e vice-versa. Se o observador sabe onde a partícula está, não pode dizer a que velocidade se move, e se sabe quão rápido está se movendo, não pode dizer onde ela está. Em outras palavras, ou mede sua posição ou mede sua velocidade, mas não as duas ao mesmo tempo.

Esse é o chamado "princípio da incerteza" de Heisenberg, que remete à impossibilidade de termos um conhecimento objetivo também do mundo físico. Ou seja, o problema do observador não se limita às ciências humanas.

Entretanto, aqui, o que fica definido como impossível é um tipo de comunicação entre a natureza e quem a descreve. Essa ênfase nas perturbações introduzidas pela operação de medida deixou intacta a crença na existência da realidade em si, introduzindo-se apenas uma interdição de a ela se referir. Mantém-se, portanto, a crença no "realismo" do universo.

Mantém-se o realismo do universo e introduz-se o relativismo do conhecimento; o conhecimento é relativo às condições de observação: o cientista conhecerá o fenômeno no estado em que escolher produzi-lo e descrevê-lo.

Essa ideia de escolha fica então associada à ideia de complementaridade: a realidade seria tão rica, tão cheia de relevos complexos, que um só projetor não poderia iluminá-la totalmente. Nenhum ponto de vista poderia abarcar o objeto todo.

Surge, assim, a ideia de diferentes visões que podem complementar-se, não sendo possível um ponto de vista que desse conta da totalidade do real. Algumas vezes, tem-se usado a expressão "pensamento dialógico", definido como "entrecruzamento de perspectivas", referindo-se à riqueza que pode advir de múltiplas visões da realidade. Nesse caso, em geral, está-se mantendo a ideia de diferentes visões ou perspectivas sobre algo que é real. Isso não parece corresponder ao uso que Morin faz da expressão "princípio dialógico", ao referir-se à inadequação de se eliminarem as diferenças, na realização de uma síntese.

Alguns têm adotado o aforismo de Korszybski, como o fez Bateson (1979), afirmando que "o mapa *não é* o território". Nesse caso, estão se referindo a essa concepção de que pode haver diferentes representações da realidade por diferentes observadores e de que o foco em "diferentes aspectos do fenômeno" é o que dá origem a diferentes teorias.

Você pode ver aí como tem força a crença na objetividade, fazendo com que os cientistas prefiram acreditar que não se pode conhecer o mundo, o que nega o próprio objetivo da ciência – o de conhecer o mundo –, a admitir a forma radical como o observador participa na constituição do conhecimento desse mundo.

Pensar em representações da realidade, partindo de múltiplos focos, também vem reforçar a ideia de que diferentes especialistas têm acesso privilegiado à realidade objetiva em sua área. Com base nessa crença, a sociedade outorga poder a seus diferentes profissionais e esses atuam acreditando que se não estão conseguindo ser eficientes em sua área é porque ainda não encontraram a representação mais verdadeira da parte da realidade objetiva que lhes compete (Maturana e Varela 1983; Méndez, Coddou e Maturana 1988).

Assim, a busca da verdade científica sobre um mundo ou uma realidade que tem sua existência independente do observador mantém-se presente nas diversas disciplinas, mesmo que essa verdade seja definida em termos de aproximação probabilística.

Ao apresentar suas considerações sobre o que chama de "paradigma da complexidade", Morin (1982; 1983; 1984) coloca a ideia de que diversas avenidas conduzem ao desafio da complexidade e que uma delas é o retorno do observador sobre sua observação. Segundo ele, para relacionar objeto e observador, necessita-se de uma teoria científica do observador, que reconheça física, biológica e antropologicamente as características do sujeito.

Interessante observar que Morin apontava para essa necessidade no início dos anos 80. Quero acreditar que ele ainda não tinha tomado conhecimento dos trabalhos de Maturana e Varela. Se o tivesse, certamente estaria mais feliz, dizendo, como eu hoje tenho o prazer de dizer: já dispomos de uma *teoria científica do observador*. De fato, os biólogos chilenos Maturana e Varela ainda não tinham publicado *A árvore do conhecimento* – o que aconteceu no Chile em 1983. Mas já tinham publicado, em 1972, também no Chile, *De máquinas e seres vivos*, o qual, em 1979, foi publicado em inglês, com o título *Autopoiese e cognição. A realização do ser vivo* (Maturana e Varela 1972).

Hoje, os cientistas podemos nos compreender como observadores, com base em nossa forma de sermos biológicos e em nossa forma de sermos humanos na linguagem, e, a partir dessa nova compreensão, rever nosso modo de estar e agir no mundo e de constituir conhecimento científico.

Penso que o impacto dos trabalhos de Maturana, quando se tornarem conhecidos e compreendidos, vai ser enorme, justamente por se originarem no âmbito da própria ciência, num laboratório de biologia, em Santiago. Digo quando se tornarem conhecidos, porque penso que isso ainda não aconteceu. No colóquio sobre auto-organização, Varela (1979) estava presente e é referido em 15 dos trabalhos dos outros participantes, principalmente por seu trabalho *Princípios da autonomia biológica*, publicado em 1979. Entretanto, Maturana, além de não estar presente, praticamente não foi referido (só quatro vezes), – apesar de já estar desenvolvendo a Teoria da Autopoiese, que teria relações fundamentais com o tema da auto-organização. No colóquio sobre complexidade, ele também não esteve presente e não foi referido em nenhum dos trabalhos ali apresentados. Mas, mesmo no "Simpósio sobre Autopoiese", a meu ver, muitos dos participantes não pareciam ter apreendido a extensão das mudanças exigidas pela proposta de Maturana e me pareceu que algumas vezes estavam simplesmente usando os novos termos, encaixando-os em descrições tradicionais de seu objeto de estudo.

Então, penso que é preciso não só entender os aspectos fundamentais trazidos por Maturana, mas *nos permitir refletir*, como ele mesmo considera indispensável, para que aconteça mudança numa visão de mundo.

Dentre vários experimentos, sobre neurofisiologia, fisiologia da visão, visão de cores, realizados nesse laboratório de Santiago, vou descrever detalhadamente um deles. Acho muito importante que você o realize, tal como descrito a seguir, antes de prosseguir a leitura, pois penso que será fundamental você vivenciar o impacto das contribuições de Maturana para a revisão do pressuposto da objetividade.

A EXPERIÊNCIA DAS SOMBRAS COLORIDAS

Tomando dois focos de luz branca – de projetor de *slides* ou de retroprojetor –, faça com que eles sejam projetados e fiquem superpostos sobre uma tela ou parede branca. Tome então um pedaço de celofane vermelho – é preferível usá-lo duplo – e cubra com ele a saída de um dos focos de luz. Esse celofane funcionará como um filtro que selecionará o comprimento de onda correspondente à cor vermelha, em apenas um dos focos de luz: ficando superpostos na tela o vermelho e o branco, a superfície ficará rosada. Intercepte então os focos de luz com sua própria mão, sem encostar na saída de qualquer deles, de modo a projetar a sombra de sua mão na tela. Procure então antecipar a cor da sombra. Agora, sugiro que você interrompa a leitura, para realizar a experiência. Se você quiser, pode variar também a cor do celofane, usando-o verde, azul, amarelo. Convidando outras pessoas a participar da experiência, procure conferir se veem a sombra da mesma cor que você.

Com o filtro vermelho, muito provavelmente você viu uma sombra verde. Com o filtro verde, a sombra vista é vermelha. Com o filtro azul, a sombra é amarela. Com o filtro amarelo, a sombra é azul. Como você pode explicar que tenha visto o verde, se com o celofane vermelho o comprimento de onda selecionado pelo filtro foi apenas o vermelho? Como você pode ver alguma coisa que não está no mundo físico?

Talvez você possa estar se lembrando de já ter experimentado um fenômeno muito comum. Quando você fixa por muito tempo o olhar sobre uma superfície de uma cor forte e depois muda rapidamente o olhar para uma superfície branca, você vê uma mancha colorida, mas de uma cor diferente da que você fixou antes. E depois de alguns instantes verá novamente apenas a superfície branca. Esse fenômeno foi chamado de pós-imagem cromática e nos leva à pergunta: essa cor que você vê está indo da superfície para seu olho ou do seu olho para a superfície? Se ela não está na superfície branca, você está tendo uma alucinação? Está vendo algo que não existe?

Tanto essa experiência de pós-imagem quanto a da sombra colorida mostram convincentemente que o mundo que você percebe não está lá, fora de você. Suas percepções não correspondem a uma representação do mundo físico, mas resultam da interação entre o comprimento de onda que o atingiu e a estrutura de seu organismo.

Se você já estudou fisiologia da visão, pode se lembrar de que temos na retina receptores sensoriais, cones e bastonetes. Os receptores sensíveis aos diferentes comprimentos de onda de luz são agrupados aos pares: par verde/vermelho e par azul/amarelo. Portanto, a cor que você percebe depende de sua estrutura biológica e você não pode mais dizer que ela é uma característica ou uma propriedade dos objetos à sua volta.

Sabe-se também que alguns organismos não têm, em sua estrutura biológica, receptores sensíveis à cor. E mais: ninguém nunca poderá afirmar que o verde que viu é o mesmo verde visto pelo outro. Então, você pode se perguntar: como foi possível que tanto eu como meu amigo tenhamos visto a sombra verde? O que aconteceu é que já havia se estabelecido um consenso, na comunidade linguística, muito antes de você nascer, atribuindo-se determinados nomes – no caso, os nomes das cores – às experiências subjetivas vividas em certas circunstâncias. Por isso, Maturana nos fala da "emergência das cores na linguagem". Poderíamos dizer que se trata de uma *coconstrução da realidade na linguagem*. É assim também que os esquimós, dispondo de diversas palavras diferentes para falar do branco, distinguem diversos brancos e têm sua realidade, o gelo, constituída de diversos brancos. Enquanto para nós haveria apenas um branco, para eles existem vários brancos. Ou seja, sua realidade, a existência de múltiplos brancos, emerge na linguagem.

Tudo isso nos leva a rever o conceito de determinismo ambiental, da ciência tradicional: o ambiente não tem o poder de determinar o comportamento do sistema, não determina o que percebemos. Maturana põe ênfase então no conceito de *determinismo estrutural*: o sistema se relaciona com o ambiente de acordo com sua estrutura naquele momento. O sistema vivo estará sempre em *acoplamento estrutural* com seu ambiente e, nessas interações, ambos vão mudando, o organismo (sua estrutura) e o ambiente. Assim, conforme Esteves-Vasconcellos (2013), seria preferível falarmos de "determinismo relacional", expressão que adotarei daqui em diante.

Importante termos bem claras as noções de estrutura e de organização que, para Maturana, têm definições bem específicas e bem diferentes de outros sentidos em que esses termos costumam ser usados.

A *organização* é a configuração de relações entre os componentes do sistema a qual, ao ser distinguida pelo observador, define a identidade do sistema, ou seja, define-o como sistema de uma determinada classe. Por exemplo, o que define um conjunto de elementos como um relógio é a configuração das relações entre esses elementos, ou seja, a organização do sistema. A organização do sistema é necessariamente invariante e não é possível haver mudança de organização e o sistema permanecer com a mesma identidade: se alguém retirar alguns dos elementos do sistema relógio, por exemplo, o mostrador com os ponteiros, nem esse conjunto, nem o conjunto dos demais elementos que sobraram serão mais distinguidos como um relógio. Perdeu-se a organização ou a configuração de relações entre os elementos que os definia como um relógio.

Já a *estrutura* é a configuração de relações concretas entre os componentes do sistema que caracteriza aquele sistema como um caso particular daquela classe, com aquela identidade ou organização. A estrutura do sistema pode alterar-se sem que se perca a organização distinguida pelo observador. Por exemplo, se uma mulher tem seus ovários removidos numa cirurgia, sua estrutura foi alterada, mas ela não perdeu a organização de ser vivo feminino. Se, entretanto, o observador tivesse distinguido não a organização de ser vivo feminino, mas sim a de ser vivo reprodutor, a alteração estrutural sofrida com a cirurgia teria destruído também a configuração de relações que definem a organização ou identidade de um ser vivo reprodutor.

Portanto, para Maturana, não tem sentido falar de mudança de organização como se um sistema pudesse sofrer uma mudança de organização e permanecer o mesmo. Por isso, ele prefere não usar a noção de auto-organização, considerando que, se a organização muda, o sistema não é mais o mesmo. Já a estrutura, esta sim, nos seres vivos, em seu acoplamento estrutural com seu ambiente, vai passando por sucessivas modificações – dentro de suas possibilidades – exatamente para que não se perca sua organização, ou seja, sua identidade de ser vivo (Maturana 1987; 1988a).

Maturana representa assim a história das interações entre o organismo e seu meio:

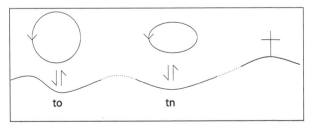

Figura 8 – A história da vida individual de um sistema vivo segue o caminho no qual tanto o sistema vivo quanto o meio passam por mudanças estruturais congruentes até o sistema vivo morrer (Maturana 1997, p. 217)

E exemplifica dizendo que se alguém compra dois pares de sapatos iguais e usa um deles até descartá-lo, quando for usar o outro, este já não lhe servirá tão bem. Mudaram o pé e o sapato, enquanto se mantiveram em acoplamento. Assim, a cada momento, a estrutura do organismo, em virtude de sua plasticidade, terá incorporadas as transformações consequentes de suas experiências, de suas interações, e terá modificadas suas possibilidades potenciais para novas interações com seu ambiente.

Assim, para Maturana, como consequência desse *determinismo estrutural do sistema*, é impossível determinar, de fora, o que o sistema fará, ou seja, é impossível ter com ele uma interação instrutiva. Trata-se de um sistema *autopoiético* (cuja forma de organização é espontânea), que não segue instruções de seu ambiente. A cada alteração no ambiente, qualquer que seja ela, corresponde uma alteração na estrutura do sistema vivo – sempre e quando tal estrutura permitir – mantendo-se o acoplamento estrutural entre o ambiente e o sistema, ou não. E, se a estrutura do sistema não lhe permitir mudar-se o suficiente para manter o acoplamento estrutural com um ambiente por demais alterado, isso significará a sua morte, a desintegração do sistema vivo.

Aprendemos a acreditar que o objeto observado tem existência independente do que o observador faz e este recorre ao próprio objeto para validar as afirmações que faz sobre ele. Entretanto, Maturana também ressalta a absoluta impossibilidade de diferenciar, no nível da experiência individual, uma percepção de uma alucinação. Se uma pessoa me diz: "Vejo um copo sobre a mesa, logo o copo existe, está ali", posso questionar: Como você sabe que está percebendo um copo real e não tendo uma alucinação? Ela provavelmente pegará o copo e responderá: "Tenho certeza! Veja! Posso pegá-lo!". Mas, nesse caso, ela está recorrendo a uma outra experiência subjetiva, uma experiência tátil, para validar a experiência visual, também subjetiva. Essa experiência tátil também poderia ser uma alucinação. Ao buscar uma comprovação, ela foi levada a uma nova experiência subjetiva.

A ciência tradicional acreditou na objetividade e, por isso, eu disse que colocou entre parênteses a subjetividade do observador, ou seja, tentou afastar toda a experiência subjetiva, usando diversos recursos, como vimos no Capítulo 3. Maturana diz que esse é o caminho explicativo da objetividade ou da objetividade sem parênteses.

Agora, o outro caminho explicativo que se oferece aos cientistas – e também aos não cientistas – é o que Maturana chama de *objetividade entre parênteses*. Nesse caminho, aceita-se que a distinção que o observador faz, o fato de o observador distinguir algo em relação a um fundo, constitui a "realidade". Um objeto passa a existir, em relação com um observador, a partir do momento em que este o distingue. Sem um observador, nenhuma distinção acontece e nenhuma "realidade" se constitui para ele. Conclui-se, então, que nenhum observador pode fazer referência a algo real, que exista independentemente dele, para validar sua experiência. Não há outra forma de validar, a não ser por meio de outra experiência.

Entretanto, embora o observador, ou seja, sua subjetividade, saia assim de dentro dos parênteses em que foi colocado pela ciência tradicional, não se trata aqui de uma proposta solipsista. A validação das experiências subjetivas se fará, criando-se *espaços consensuais*, nos quais a ciência possa se desenvolver, com o novo pressuposto, que é o da *intersubjetividade*. Fica claro, então, que esse jamais será um espaço da verdade, mas um espaço de consenso, de acoplamento estrutural entre observadores.

Nossa sociedade se organiza com base em consensos estabelecidos em relação aos diversos domínios de experiências – religiosas, ideológicas, morais, legais etc., cada um definido pelo operar de seus observadores, com suas coerências operacionais. Por exemplo, a carta de princípios de um partido político é estabelecida por consenso entre todos os seus filiados.

Também a ciência se constitui como um desses domínios de ações e, a partir de critérios de validação das experiências científicas, estabelece-se um espaço consensual, no qual a "realidade científica" seja uma coconstrução dos diversos cientistas implicados. Assim, o que é necessário não é a objetividade, mas uma comunidade de observadores, cujas declarações respeitem as condições por eles mesmos especificadas.

No caminho explicativo da objetividade sem parênteses, se houver teorias alternativas sobre um mesmo fenômeno, será preciso tratar de verificar qual delas é verdadeira. Já no caminho explicativo da objetividade entre parênteses, se há teorias diferentes, cada uma está num espaço de coerências diferente e elas respondem a diferentes perguntas dos observadores. Nesse caso, essas diferenças serão um convite à conversação entre eles e não à refutação de uns pelos outros (Maturana 1997).

A objetividade entre parênteses admite o multi-*versa* (em latim, *versum* = versão e *versa* = versões), múltiplas versões, ou seja, tantos domínios da realidade quantos domínios de coerências operacionais sejam constituídos pelas operações de distinção dos observadores. Substitui-se a preocupação com a verdade pelo reconhecimento de *múltiplas verdades*, de diferentes *narrativas*, não mais sobre "a realidade tal como ela existe", mas sobre a experiência.

Vimos que, de acordo com o aforismo de Korszybski, "o mapa *não é* o território". Entretanto, agora se pode efetivamente dizer que "o mapa *é* o território", como disse Foerster (*apud* Hoffman 1989). Ou seja, cada mapa constitui um território para quem o distinguiu ou construiu. Mapas *são* territórios.

Assim, o mapa do outro não estará errado, mas simplesmente diferente do meu e, apesar de nossas diferenças, poderei, como propõe Maturana (1990, p. 25), "aceitá-lo como legítimo outro na convivência", não me colocando acima nem melhor do que ele. Essa será uma nova crença fundamental, uma convicção indispensável aos participantes de qualquer comunidade humana, para que se estabeleçam espaços de intersubjetividade criativos ou produtivos, onde se dê, por consenso, a *construção da realidade*.

Penso poder resumir assim as principais implicações epistemológicas da "Biologia do Conhecer" de Maturana:

Quadro 20 – Implicações da "Biologia do Conhecer"

NOVAS CONCEPÇÕES	SUAS CONSEQUÊNCIAS
Inexistência de realidade independente da experiência subjetiva do observador: No nível da experiência: percepção=ilusão=alucinação	Não ao realismo do universo
Impossibilidade de acesso privilegiado à realidade: Tudo ocorre na experiência	Não à verdade/autoridade
Impossibilidade de o ambiente determinar o comportamento do sistema: Determinismo estrutural	Não à interação instrutiva
Coconstrução da realidade na linguagem: No espaço consensual de intersubjetividade	Não ao solipsismo
Em resumo: "objetividade entre parênteses"	Não à objetividade

Assim, a ciência contemporânea emergente tem agora uma redefinição da objetividade, ou melhor, tem um novo pressuposto epistemológico para substituir o da objetividade, sem esquecer, contudo, seu caráter científico.

Aliás, segundo Maturana (1988b), uma explicação científica continua sendo possível sob certas condições, a saber:

1. que a descrição do fenômeno – especificado pela enumeração das condições que o observador deve satisfazer para observá-lo – seja aceita pelo conjunto de observadores;
2. que se proponha uma hipótese explicativa que permita a emergência de um sistema conceitual capaz de engendrar o fenômeno no domínio de experiência do observador;
3. que uma dedução – feita a partir dessa hipótese – permita a aparição de um outro fenômeno e a descrição das condições de sua observação;
4. que um observador, que satisfaça as condições especificadas, observe esse fenômeno deduzido.

Essa nova crença em relação às possibilidades de constituição do conhecimento do mundo fica necessariamente associada ao que se tem chamado de postura construtivista ou construtivismo. É preciso ficar bem claro que aqui estamos falando de um pressuposto epistemológico, epistemologia ou paradigma construtivista, e não de teoria construtivista. Essa postura epistemológica pode estar implícita em uma ou mais teorias construtivistas do conhecimento, por exemplo, a teoria da construção social de Gergen.[10]

Interessante que, assim como a postura construtivista (coconstrução da realidade, por consenso entre observadores, na linguagem) é uma consequência dos trabalhos de Maturana, é também, paralelamente, uma consequência de desenvolvimentos contemporâneos da Cibernética.

Um importante físico e ciberneticista austríaco (sobrinho de Wittgenstein), que construiu, na década de 1950, o primeiro megacomputador, Heinz von Foerster, pode ser considerado como um dos principais responsáveis por esses desenvolvimentos. Hoje existe ampla bibliografia sobre a construção do conhecimento, advinda dessa vertente ciberneticista, podendo-se destacar os livros: *A realidade inventada. Como sabemos o que cremos saber?*, organizado por Watzlawick *et al.*

---

10. Adiante, no Capítulo 5, teremos oportunidade de voltar a essa questão e de fazer referência à questão da contraposição construtivismo *x* construcionismo social que tem sido colocada por alguns autores.

(1981a) e que inclui um artigo de Varela; *O olhar do observador. Contribuições para uma teoria do conhecimento construtivista*, também organizado por Watzlawick e Krieg (1991) e que inclui um artigo de Maturana.

Foi Foerster quem veio trazer para a Cibernética a necessidade de reconhecimento da participação do cientista nas suas elaborações cibernéticas. Mostrou, também trabalhando em laboratórios científicos, que era preciso que a Cibernética aplicasse a si mesma os seus próprios princípios, estabelecendo-se o que se chama de "Cibernética da Cibernética" ou "Cibernética de Segunda Ordem".

Vamos ver o que vem a ser essa Cibernética de Segunda Ordem.

Considerando-se que a Cibernética se desenvolveu com o pressuposto da ciência tradicional de que o observador – o cientista, o técnico, o especialista – vê o sistema, nesse caso um sistema observado, e atua sobre ele, situando-se de fora dele, diz-se que esse cientista tem uma visão de primeira ordem. A meu ver, essa visão corresponderia à "objetividade sem parênteses", de Maturana.

Os trabalhos de Foerster vieram mostrar que não há como pensar o observador não fazendo parte do sistema que ele observa, ou seja, que o observador é sempre parte do sistema com que trabalha. Assim, ele introduziu a expressão *sistema observante* (Foerster 1974; 1981) ou sistema de observação, para se referir a esse fato de que, a partir do momento em que o observador começa a observar um sistema, cria-se instantaneamente um sistema que integrará a ambos e em que o observador se observará observando, ou seja, em que sua relação com o sistema que ele observa será também objeto de observação. A isso, Foerster chama de *visão de segunda ordem*. Decorre então a *referência necessária ao observador*, *autorreferência* ou *reflexividade*. Ele afirmou que "objetividade é a ilusão de que as observações podem ser feitas sem um observador" (*apud* Glasersfeld 1991a). Reconhece-se então ser impossível afastar ou colocar entre parênteses a subjetividade do cientista. Torna-se estéril – por exemplo, e só para citar um pequeno aspecto das implicações dessa postura – recomendar ao cientista o uso de uma linguagem impessoal. Você mesmo poderá refletir e identificar inúmeras outras implicações desse reconhecimento, algumas das quais vou abordar mais adiante, no Capítulo 5. Eu diria, então, que essa visão de segunda ordem corresponde à "objetividade entre parênteses", de Maturana.

Embora o nome de Foerster esteja definitivamente associado à noção de construtivismo, ele próprio declarou que teria preferência pelo termo *ontogene-*

tismo, em lugar de construtivismo, porque leva a pensar em termos de gênese, de processo: como emergiu essa crença, essa teoria, essa forma de descrever o sistema? (*in* Pakman 1991c). Interessante lembrar que também Maturana tem a ontogenia como noção central em sua "Biologia do Conhecer".

Além disso, assim como Maturana pontua a importância da linguagem na constituição da realidade, Foerster (1974) também faz o mesmo. Ele amplia a afirmação de Maturana de que "tudo que é dito é dito *por* um observador", acrescentando que "tudo que é dito é dito *a* um observador". Além disso, ele também evidencia claramente a conexão entre observador, linguagem e sociedade, quando enfatiza que "entre os três (observador, linguagem e sociedade) se estabelece uma conexão não trivial, isto é, uma relação triádica fechada, em que não se pode dizer quem foi o primeiro, quem foi o último e em que se necessita dos três para se ter cada um dos três" (Foerster 1974, p. 90). Nessa afirmação, Foerster contempla, como essenciais na constituição do conhecimento, o indivíduo observador, suas experiências ou relações interindividuais e os significados linguísticos dessas experiências.

Só agora então se pode falar de uma efetiva *transdisciplinaridade*, pois os cientistas imbuídos dessa nova crença, tendo adotado voluntariamente esse pressuposto da intersubjetividade, estaremos todos interessados nesse processo de construção intersubjetiva do conhecimento, mesmo que focalizando especificamente algum aspecto desse conjunto complexo que é a "ciência da natureza". Tendo já superado a ruptura entre ciências do homem e ciências da natureza, o que nos permitiu acatar a concepção de que "toda a ciência é ciência da natureza" (Esteves de Vasconcellos 1995b, p. 62), poderemos agora, com essa nova compreensão do processo de conhecimento pelos seres biológicos e humanos na linguagem, entender minha concepção de que "toda a ciência será ciência humana da natureza" (Esteves de Vasconcellos 1995b, p. 67).

Feita essa descrição geral da ciência novo-paradigmática, podemos ver como aqueles termos do Quadro 18 (pp. 103-104) podem agora ser associados aos três novos pressupostos do nosso quadro de referência, obtendo-se o Quadro 21.

Quadro 21 – Paradigma da ciência contemporânea emergente

COMPLEXIDADE

sistemas complexos / objeto em contexto / contextualização / ampliação do foco / sistemas amplos / foco nas relações / foco nas interligações / padrões interconectados / conexões ecossistêmicas / redes de redes / sistemas de sistemas / complexidade organizada / distinção / conjunção / não reducionismo / atitude "e-e"/ princípio dialógico / relações causais recursivas / recursividade / causalidade circular recursiva / retroação da retroação / ordens de recursão / contradição / lógicas heterodoxas

INSTABILIDADE

mundo em processo de tornar-se / física do devir / física de processos / caos / irreversibilidade / seta do tempo / segunda lei da termodinâmica / lei da entropia / desordem / leis singulares / sistemas que funcionam longe do equilíbrio / termodinâmica do não equilíbrio / amplificação do desvio / flutuação / perturbação / salto qualitativo do sistema / ponto de bifurcação / crise / ordem a partir da flutuação / determinismo histórico / indeterminação / imprevisibilidade / incontrolabilidade

INTERSUBJETIVIDADE

teoria científica do observador / coconstrução da realidade na linguagem / determinismo estrutural / acoplamento estrutural / fechamento operacional do sistema nervoso / objetividade entre parênteses / espaços consensuais / multi-*versa* / múltiplas verdades / narrativas / construção da realidade / ontogenetismo / sistema observante / visão de segunda ordem / referência necessária ao observador / autorreferência / reflexividade / transdisciplinaridade

As diversas ciências e o paradigma emergente da ciência contemporânea

Como fizemos, no final do Capítulo 3, a propósito da ciência tradicional, poderíamos agora nos perguntar como os diversos cientistas, nas diferentes disciplinas, estão se posicionando em relação a esse novo paradigma de conhecimento científico.

Parece-me que nas *ciências físicas* e nas *ciências biológicas*, que tinham adotado com mais facilidade, sem muitos questionamentos, o paradigma tradicional, os cientistas não se têm mostrado em geral muito sensíveis a essas novas colocações, especialmente às evidências da inexistência de qualquer realidade independente de um observador.

Já nas *ciências humanas*, alguns cientistas parecem sentir-se satisfeitos com o que agora estaria vindo das *hard sciences*, como se toda essa novidade viesse apenas referendar finalmente o que eles já pensavam e faziam. Com isso, parecem ter dificuldade em refletir sobre as mudanças extensas e profundas que essa nova epistemologia vem requerer também em sua área.

Por isso, acho que, infelizmente, aquilo que disse Glasersfeld (1991a) – também um ciberneticista de segunda ordem – e que já citei na Introdução, continua válido, mais de 20 anos depois: "até hoje, somente poucos tomaram plena consciência de toda a extensão dos efeitos das 'revoluções' científicas ocorridas no decorrer dos últimos cem anos" (p. 18).

PENSANDO O PENSAMENTO SISTÊMICO COMO O NOVO PARADIGMA DA CIÊNCIA: O CIENTISTA NOVO-PARADIGMÁTICO

5

Desde que afirmei pela primeira vez, em 1995, que vejo "o pensamento sistêmico como o novo paradigma da ciência" (Esteves de Vasconcellos 1995a), tenho ouvido muitas vezes a pergunta: "Como assim? Por que o pensamento sistêmico é o novo paradigma da ciência?".

Interessante que logo no ano seguinte, Capra (1996) publicou *A teia da vida. Uma nova compreensão científica dos sistemas vivos*. Algumas pessoas então comentaram comigo: "Você viu? Capra também está falando de um novo paradigma sistêmico". Mais adiante vou focalizar as diferenças que distingo entre as colocações dele e a proposta que estou desenvolvendo aqui.

Tendo acompanhado comigo a descrição que fiz do paradigma da ciência novo-paradigmática emergente, você já pode ter percebido que há duas maneiras de responder à pergunta que me fazem: porque pensar sistemicamente é pensar a complexidade, a instabilidade e a intersubjetividade; ou porque os pressupostos da complexidade, da instabilidade e da intersubjetividade constituem em conjunto uma visão de mundo sistêmica. De fato, não são mais do que duas formulações da mesma resposta.

Para adotar uma organização mais lógica deste texto, ditada por uma lógica ortodoxa, da ciência tradicional, talvez devesse começar este capítulo com a apresentação da noção de sistema. Entretanto, optei por deixar essa tarefa para mais adiante, continuando aqui mais um pouco com a questão da transformação do paradigma de ciência. Penso que, por agora, basta-nos tomar de Wilden (1972) a ideia de que "o conceito de sistema se refere aos modos em que acontecem as relações ou conexões entre os elementos e as relações entre as relações" (p. 204), ou então a afirmação de Cecchin (1991) de que "o que vemos como sistema é simplesmente o encaixe de seus membros uns com os outros" (p. 13). A noção de sistema está abordada de modo mais detalhado no Capítulo 6.

Hoje, quando falo de pensamento sistêmico, estou me referindo a uma visão de mundo que contempla as três dimensões que distingo na ciência contemporânea. Então, nesse caso, um cientista ou um profissional é sistêmico ou é novo-paradigmático, quando vive – vê o mundo e atua nele – as implicações de ter assumido para si esses novos pressupostos.

Trata-se evidentemente de alguém que mudou seu paradigma.

No "Encontro Internacional Novos Paradigmas, Cultura e Subjetividade", o terapeuta de família italiano Gianfranco Cecchin (1991) enfatizou a necessidade de exercitarmos sempre a maneira sistêmica de pensar e sugeriu o que ele chamou de "exercícios para manter sua mente sistêmica". Embora se tratando de exercícios usados por ele no contexto da formação de terapeutas sistêmicos de família, a meu ver, podem ser ampliados e estendidos para qualquer outro contexto. Distingui na proposta de Cecchin três aspectos:

1. Todos os terapeutas/alunos em formação estão observando – de uma sala contígua, através de um espelho de visão unilateral – o terapeuta de campo que está com a família, na sala de atendimento. Constituem, todos, a equipe terapêutica. Os terapeutas/alunos são instruídos a focalizar, em sua observação, não só as interações entre os membros da família, mas também as interações do terapeuta com os clientes. Num dado momento, o terapeuta de campo interrompe a conversa com a família e vai à outra sala para conversar com a equipe de trás do espelho. Durante essa conversação, parte da equipe estará conversando com o terapeuta de campo e os outros estarão observando essa interação entre membros da equipe de terapeutas. Além disso, como em geral todos temos a tendência de buscar causas para o que vemos acontecer, os terapeutas costumam ver um dos membros da família como a causa, como o responsável ou o culpado pelo que acontece. Então, Cecchin pede que cada

membro da equipe terapêutica procure participar na conversação da equipe terapêutica, responsabilizando ou culpando um membro da família.
2. Nessa conversação, durante todo o tempo, não se pode usar o verbo "ser" ao descrever o que se está observando. É preciso falar sobre o que se vê, mas o verbo ser é um verbo proibido. É proibido dizer, por exemplo, "essa família é...", "a mãe é..." etc.
3. Ainda, nessa conversação, ninguém pode responder à fala do colega dizendo "não concordo". Ou seja, ninguém pode começar sua própria fala dizendo "não". Deve-se simplesmente dizer como se vê a situação, sem contradizer o que outros já disseram.

Você pode estar se perguntando: o que isso tem a ver com "pensamento sistêmico" ou com "novo paradigma de ciência"? Vou então me deter um pouco em cada um desses pontos, comentando cada um deles.

1. É fácil perceber que o primeiro exercício ajudará o terapeuta em formação a ampliar o foco da observação. Até então, ele provavelmente terá aprendido a observar apenas o cliente e, nesse caso, observaria a família. Mas agora, além de certamente estar já interessado em ver como interagem os membros da família, está sendo levado a observar também a relação entre o cliente e o terapeuta de campo. E terá que ampliar ainda mais o foco, quando observar a conversação entre o terapeuta de campo e a equipe atrás do espelho, focalizando as suas próprias (da equipe de que ele também é parte) relações com a família. Então, mantendo-se sempre interessado pelas relações, o terapeuta amplia o foco, até incluir-se a si próprio na observação.

Já vimos que, de acordo com o paradigma tradicional, nossa tendência a procurar uma causa para o fenômeno que observamos nos faz pensar numa causalidade linear, localizando em um ponto da sequência de interações a causa do que está acontecendo. Se cada membro da equipe, de acordo com a instrução recebida, busca a causa, ou a "culpa", em um dos membros da família, isso pode ajudar a equipe a perceber que cada membro do sistema familiar está contribuindo a seu modo, ou pode estar sendo um pouco responsável, tornando-se possível pensarmos numa causalidade circular para o que está ocorrendo.

2. Sendo proibido usar o verbo ser, o observador será levado a usar, em suas descrições, o verbo estar. Ao observar as interações, em vez de dizer, por

exemplo, "essa família é agressiva", ou "essa criança é desobediente", dirá: "essa família está agressiva" ou "essa criança está desobediente". Você se lembra de que dissemos que nossa linguagem constitui a realidade? Pois bem, esse novo modo de falar nos fará ver não uma situação estática ou características definitivas de nosso objeto de estudo, mas características que estão se manifestando nesse momento, algo que está acontecendo, que está em processo. Isso nos permitirá pensar que a situação está assim, mas poderá vir a estar diferente e nos levará a perguntar: em que condições essa característica que distingui se manifesta? Essa é uma pergunta pelo contexto em que o fenômeno acontece; uma pergunta pelas relações que o fenômeno distinguido tem com outras coisas que estão também acontecendo. É uma pergunta que também abre perspectivas para a possibilidade de mudanças acontecerem, das coisas poderem vir a acontecer de outro jeito. Quando, ao contrário, se concebe que algo acontece porque é causado por uma característica intrínseca, inerente à natureza do sistema – por exemplo, que F fez isso porque *é* autoritário – acreditaremos que essa característica irá sempre determinar que aquilo aconteça e que pouco poderá ser feito para mudar o que está acontecendo.

Além disso, essa pergunta pelo contexto muito provavelmente levará o observador a se perceber como parte do que está observando. Por exemplo, se um pai se pergunta: "em que contexto meu filho está desobediente?" ou "meu filho está desobediente na relação com quem?" e responde "está desobediente na relação comigo", será levado a se perguntar: "qual a minha contribuição para essa desobediência dele?" ou "como eu posso mudar, para que ele se torne mais obediente?". Esse pai terá se tornado, portanto, peça essencial da mudança que ele deseja para o filho, e concluirá que, só mudando a si próprio, poderá observar alguma mudança no filho. Noutro caso, o observador pode ser um terapeuta que, fazendo as perguntas pelo contexto, conclui que "o cliente está resistente na relação comigo". Sua forma de agir, a partir daí, será necessariamente diferente da forma como agiria se atuasse partindo do pressuposto de que a "resistência" é uma característica que algumas pessoas *têm* – algumas pessoas *são* "resistentes" – e costumam manifestar na situação de terapia.

3. Finalmente, a recomendação para não começarmos a fala usando o "não" vai também contra uma tendência forte que temos de valorizar mais nossa própria visão, ou opinião, do que a do outro e de argumentarmos no sentido de mostrar

que a nossa é mais válida, mais verdadeira. Na situação criada por Cecchin, cada aluno colocará a "realidade" que distinguiu e, respeitada a validade de todas as distinções, a equipe poderá elaborar uma hipótese integradora, que abra mais perspectivas para o prosseguimento da conversação com a família.

Distingui esses três exercícios, na proposta de Cecchin, porque eles nos remetem às três dimensões do paradigma emergente da ciência, integrantes do quadro de referência com que estamos trabalhando, como se vê no Quadro 22:

Quadro 22 – Como manter uma mente sistêmica

ampliar o foco de observação	⇨	complexidade
descrever com o verbo estar	⇨	instabilidade
acatar outras descrições	⇨	intersubjetividade

Ao contextualizar o fenômeno, ampliando o foco, o observador pode perceber em que circunstâncias o fenômeno acontece, verá relações intrassistêmicas e intersistêmicas, verá não mais um fenômeno, mas uma teia de fenômenos recursivamente interligados e, portanto, terá diante de si a *complexidade* do sistema.

Ao distinguir o dinamismo das relações presentes no sistema, o observador estará vendo um processo em curso, um sistema em constante mudança e evolução, autônomo, com o qual não poderá pretender ter uma interação instrutiva, e estará portanto assumindo a *instabilidade*, a imprevisibilidade e a incontrolabilidade do sistema.

Ao reconhecer sua própria participação na constituição da "realidade" com que está trabalhando, e ao validar as possíveis realidades instaladas por distinções diferentes, o observador se inclui verdadeiramente no sistema que distinguiu, com o qual passa a se perceber em acoplamento estrutural, e estará atuando nesse espaço de *intersubjetividade* que constitui com o sistema com que trabalha (no caso da terapia, o sistema terapêutico, constituído pelo conjunto dos membros da família com os terapeutas).

Então, resumindo, podemos dizer que o cientista novo-paradigmático assume as três dimensões do novo paradigma da ciência.

Quadro 23 – O cientista novo-paradigmático

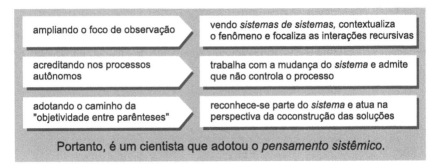

A ênfase que tenho dado à existência de três dimensões no novo paradigma da ciência pode parecer compartimentadora. Entretanto, no início do Capítulo 4, já antecipei que seria difícil tratar separadamente os três pressupostos, no caso dessa ciência novo-paradigmática emergente: tenho sempre distinguido e pontuado uma relação de recursividade entre as três dimensões.

Conceber a complexidade das relações causais recursivas nas redes de redes que constituem a natureza em todos os seus níveis introduz necessariamente a incerteza, a imprevisibilidade. E a consciência da destruição da certeza remete necessariamente ao pensamento relacional: se não é verdadeiro em si, é verdadeiro em relação a quê? A quem?

Pensar a instabilidade, a irreversibilidade, a evolução, associadas aos processos autônomos, exige de nós uma ampliação de foco, um foco mais abrangente que permita incluir o tempo irreversível. Ou seja, requer um pensamento complexo, integrador, que afaste a disjunção, a simplificação.

Além disso, como já vimos, é o pensador sistêmico quem distingue a instabilidade e a complexidade – já que um observador pode ou não distingui-las num sistema –, o que nos remete à referência necessária ao observador.

Por outro lado, a construção intersubjetiva do conhecimento também introduz instabilidade: se não há leis definitivas sobre a realidade, se só temos afirmações consensuais, não teremos mais as expectativas de previsibilidade e controlabilidade. E encontrar diferentes afirmações nos levará a perguntar pelas condições, pelo contexto em que foram feitas.

Por tudo isso, penso ser impossível um cientista adotar qualquer um desses pressupostos epistemológicos sem assumir também os outros. Para me referir a essa relação recursiva entre as três dimensões do novo paradigma da ciência, tenho parafraseado aquela afirmação de Foerster (1974) – a que me referi no Capítulo 4 – sobre as relações entre o observador, a linguagem e a sociedade, e tenho dito que "entre as três dimensões – a complexidade, a instabilidade e a intersubjetividade – se estabelece uma conexão não trivial, isto é, uma relação triádica fechada, em que *se necessita das três para se ter cada uma das três*" (Esteves de Vasconcellos 1997a; 1997b; 1997c).

Não é fácil representar graficamente, num plano, essa relação recursiva entre os três pressupostos novo-paradigmáticos. Por enquanto, tenho representado assim:

Quadro 24 – Uma relação triádica fechada entre as dimensões do novo paradigma

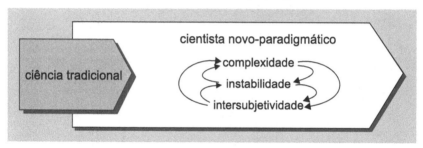

É também por distinguir essas relações recursivas e articuladoras entre as três dimensões que, desde 1992, tenho preferido falar do "novo paradigma da ciência" e não de novos paradigmas da ciência (Esteves de Vasconcellos 1992; 1995b).

De fato, o que se tem encontrado na literatura são referências a vários novos paradigmas, aparecendo, entre outras, as expressões: "paradigma da complexidade", "paradigma da auto-organização", "paradigma da ordem a partir da flutuação", "paradigma do construtivismo". Além disso, essas expressões aparecem associadas a diferentes cientistas. Assim: o paradigma da complexidade de Morin; o paradigma das estruturas dissipativas (ou da ordem a partir da flutuação) de Prigogine; o paradigma do construtivismo de Foerster, de Watzlawick, de Glasersfeld; o paradigma da construção social da realidade de Berger e Luckmann (1966), o paradigma do construcionismo social de Gergen (1994) etc.

Penso, entretanto, que falar de vários paradigmas seria privilegiar a disjunção e a fragmentação e concordo com Morin (1982), quando nos exorta a conceber e trabalhar por uma integração que não elimine as diferenças. Acho importante que nos perguntemos então: por que não enfatizar a integração dessa diversidade, dessas diferentes dimensões hoje presentes na proposta de pensarmos o mundo e de fazermos ciência?

Por isso, quando falo de novo paradigma da ciência, estou implicitamente falando desses vários "paradigmas contemporâneos" ou dessas várias "epistemologias contemporâneas"[1] e propondo pensarmos sempre em sua articulação. Afinal, distinguir as conexões e articulações também é uma característica da forma sistêmica de pensar. Tenho usado o quadro abaixo para sugerir que ficam todas as "novidades", todos os "novos paradigmas" contemplados na expressão "novo paradigma da ciência".

Quadro 25 – Três dimensões num único
"novo paradigma da ciência"

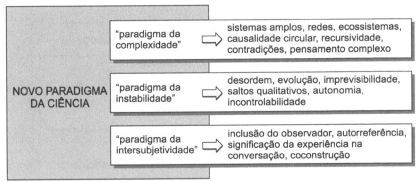

Acabo de mostrar, então, que considero o pensamento sistêmico como o novo paradigma da ciência: concebo um pensamento sistêmico novo-paradigmático como um modo de pensar que implica ter assumido os três novos pressupostos que constituem esse "novo paradigma de ciência".

Entretanto, já disse na Introdução que, a meu ver, nem tudo que se tem apresentado hoje como pensamento sistêmico pode ser considerado como "novo paradigma da ciência". Ou seja, nem tudo que se apresenta hoje como sistêmico é novo-paradigmático. Vamos ver o que quero dizer com isso.

---

1. Alguns têm chamado esses paradigmas e/ou epistemologias de pós-modernos. Penso que a expressão "pós-moderno" se prende mais ao domínio linguístico da filosofia do que ao domínio linguístico da ciência e, por isso, prefiro chamá-los aqui de "contemporâneos".

Você pode ter percebido que, ao comentar os três exercícios de Cecchin para desenvolver o pensamento sistêmico, preocupei-me em fazer os comentários de modo que ficasse evidente, em todos os três, a participação do observador, ou seja, a terceira dimensão do meu quadro de referência.

Já vimos também que Foerster fala dessa referência necessária ao observador, chamada de visão de segunda ordem, porque ela exige que o observador reconheça sua participação no processo e se observe observando. Ou seja, que essa visão exige que haja uma ampliação do sistema observado, o qual, com a inclusão do observador, se transformará num sistema observante.

Acontece que algumas propostas que se apresentam hoje como sistêmicas não contemplam essa inclusão do observador, com todas as suas implicações, implicações essas que nada têm de triviais. Vejamos como isso tem acontecido.

Parece-me perfeitamente possível um cientista rever seu pressuposto simplificador e fragmentador da "realidade", passar a ampliar o foco, a ver sistemas de sistemas, sistemas aninhados em sistemas, pensar a complexidade, mas sem assumir as implicações de admitir que essa complexidade não está lá, no sistema ou no mundo que ele observa, independentemente de ele distingui-la. Nesse caso, o cientista corre o risco de trabalhar com um sistema reificado ou coisificado (*res* = coisa, *rei* = da coisa, em latim), como se o sistema tivesse existência em si mesmo, como tal. Penso que alguns ecologistas e ambientalistas e também alguns profissionais que dizem trabalhar com uma visão sistêmica das organizações empresariais estão se colocando nessa postura e se dizendo "sistêmicos".

Também me parece possível pensar os sistemas como "auto-organizadores", estudar sua instabilidade, seus saltos qualitativos e continuar fazendo afirmações sobre eles, mantendo-se numa postura de objetividade *sem* parênteses. Penso que muitos físicos e biólogos, que estão reconhecendo e trabalhando com sistemas instáveis, "auto-organizadores", mantêm-se numa postura objetivista, embora abordando "processos sistêmicos".

Aliás, até mesmo entre os que se intitulam "sistêmico-construtivistas" e entre aqueles que citam recorrentemente os trabalhos de Maturana e/ou de Foerster, parece haver alguns que não assumiram para valer sua participação na constituição da "realidade". Assim, continuam em alguns momentos atuando de tal modo que parecem se conceber como *experts* que, tendo um acesso privilegiado a determinados "aspectos da realidade", detêm recursos para conduzir à meta os sistemas com que trabalham. Pelo menos, isso é o que parece, muitas vezes, pela forma como falam de seu trabalho, de seu suposto controle sobre o sistema, decorrente de seu saber sobre "a realidade".

Por que será, então, que tantos pensadores, cientistas, profissionais que se dizem ou querem ser sistêmicos não incorporam o pressuposto da construção da realidade em sua forma de pensar/agir?

Parece-me que, em muitos casos, a não inclusão de si próprio como observador pode dever-se às dificuldades naturais de mudar de paradigma. Apesar de ter tido contato com as propostas construtivistas, apesar de ter lido Maturana, apesar de saber dos questionamentos contemporâneos aos pressupostos da objetividade e do realismo do universo, parece que a pessoa tem grande dificuldade em mudar seu paradigma: mantém-se, portanto, com sua visão de mundo tradicional, no que se refere à forma como podemos conhecer o mundo. Afinal não é fácil admitir que o mundo não está lá para ser conhecido, que o especialista não detém um conhecimento especial desse mundo. Também, não é fácil admitir que sua proposta de solução, a proposta do especialista, para uma dificuldade de um sistema não é, por princípio, melhor do que as propostas dos próprios membros do sistema. Ou admitir que sua voz, naquele caso, não é mais importante do que a dos demais especialistas, que afinal tendem a ser vistos como especialistas em outros aspectos da realidade, não naquele em que o profissional se sente especialista.

Em muitos outros casos, parece que a não inclusão do observador se deve a um desconhecimento desses desenvolvimentos científicos recentes nas áreas da biologia e da cibernética, uma vez que os autores não se referem a eles, ao apresentar suas propostas sistêmicas: limitam-se então a propostas que só contemplam as dimensões da complexidade e da instabilidade (aspecto processual). Parece que essas pessoas não tiveram ainda oportunidade de deparar com os questionamentos científicos à objetividade, que nos convidam a uma revisão radical de nossas crenças sobre o "como conhecemos o mundo".

E ainda, em outros casos, apesar das referências a esses desenvolvimentos, parece que os cientistas não se detiveram em suas implicações ou ainda não se permitiram refletir a respeito. Parecem ver neles apenas novas teorias, não percebendo as fortes implicações epistemológicas desses desenvolvimentos.

Posso pontuar agora as diferenças que distingo entre as colocações de Capra (1996), em *A teia da vida. Uma nova compreensão científica dos sistemas vivos*, e a concepção de pensamento sistêmico que estou desenvolvendo aqui.

Capra (*idem*) refere-se a uma mudança de paradigma ocorrendo na ciência, fala de um novo paradigma na ciência, assim como fala também de pensamento sistêmico, concepções sistêmicas, pensamento de rede e abordagem sistêmica da ciência. No entanto, o que ele explicita como meta de seu trabalho é a elaboração de uma "síntese das teorias e modelos atuais (ou) um esboço de uma *teoria* emergente *sobre os sistemas vivos*, que oferece uma visão unificada de mente, matéria e vida" (pp. 20, 46-47, 49 e 73, grifos meus).

Apesar de seu foco ser uma teoria dos sistemas vivos, ele apresenta o que chama de "critérios", "características-chave" ou "grandes fios" do pensamento sistêmico. Segundo ele, há dois "grandes fios": primeiro, o pensamento sistêmico é um pensamento "contextual" e, segundo, o pensamento sistêmico é um pensamento "processual" (Capra 1996, p. 50), o que corresponde às minhas duas primeiras dimensões do novo paradigma. Quanto à terceira dimensão, ele não parece ter assumido que a objetividade é impossível e que não existe a realidade independente de um observador. Vamos ver por que digo isso.

Capra (*idem*) apresenta a teoria da cognição de Santiago, de Maturana e Varela, e afirma que "entre suas implicações, sua contribuição à epistemologia, o ramo da filosofia que trata da natureza do nosso conhecimento a respeito do mundo, é talvez o seu aspecto mais radical e controvertido" (p. 213). Note-se que, além de considerar que a contribuição dessa teoria da cognição se refere à filosofia/epistemologia, e não à ciência, ele faz afirmações que preservam a existência da realidade objetiva, a possibilidade de um uni-*versum*:

> (...) o que torna possível converter a abordagem sistêmica numa ciência é a descoberta de que há conhecimento aproximado; (...) no novo paradigma é reconhecido que todas as concepções e todas as teorias científicas são limitadas e aproximadas; (...) na ciência lidamos com descrições limitadas e aproximadas da *realidade*. (Capra 1996, pp. 49-50, grifo meu)

Essa ideia de "conhecimento aproximado da realidade" não corresponde evidentemente à noção de construção conjunta do conhecimento num espaço de intersubjetividade, por diferentes sujeitos/observadores.

Assim, Capra não chega a incluir a "objetividade entre parênteses", ou a intersubjetividade, como mais um "grande fio" do pensamento sistêmico. Portanto, o que ele apresenta como pensamento sistêmico não é ainda, a meu ver, um "pensamento sistêmico novo paradigmático", por não incluir o terceiro

Pensamento sistêmico | 157

e fundamental "grande fio". Para mim, além de ser um pensamento "contextual" e um pensamento "processual", o "pensamento sistêmico novo-paradigmático" é também um pensamento "relacional", no sentido de estar necessariamente relacionado ao sujeito/observador.

Capra (1992) associa a mudança de paradigma a uma "ecologia profunda" – cuja percepção espiritual ou religiosa concebe o ser humano como fundamentalmente inserido no universo – diferente de uma "ecologia antropocêntrica" – rasa ou superficial – que vê o homem fora ou acima da natureza (pp. 25-26). Com isso, ele está se referindo à divisão homem/mundo ou natureza/natureza humana. Entretanto, isso não corresponde, a meu ver, à minha terceira dimensão do novo paradigma da ciência.

Ao adotar uma visão de mundo sistêmica novo-paradigmática, o cientista – o profissional, o homem comum – terá *ultrapassado* seu paradigma ou sua visão de mundo tradicional, adotando esse novo paradigma sistêmico ou essa nova epistemologia sistêmica.

Tenho usado o termo ultrapassagem com um sentido bem específico, que preciso agora esclarecer.

Alguns autores têm falado de uma "revolução paradigmática" na ciência, uma grande revolução nas premissas (Morin 1983; 1991). Entretanto, o termo revolução contém a ideia de que é preciso destruir para substituir. Por exemplo, uma revolução política significa eliminar completamente um sistema político para colocar outro no lugar. Talvez por isso se encontrem hoje alguns autores discutindo o "fim da ciência".

Em 1996, Horgan lançou um livro, com o título *O fim da ciência. Uma discussão sobre os limites do conhecimento científico*, que motivou controvérsias e manifestações de especialistas em neurologia, paleontologia, embriologia, neurobiologia, física, imunologia, ciências do cérebro, ciências da terra, inteligência artificial, química, neuroquímica, astronomia, associadas pela mídia como uma "guerra do paradigma" (*Folha de S.Paulo*, set. 1996). Será que uma mudança de paradigma significa o fim da ciência?

Enquanto isso, outros – cientistas e filósofos da ciência – se manifestam preocupados com as frequentes sugestões de que o novo paradigma remete a uma associação dessa nova ciência com misticismo.

Um dos físicos que participaram do debate sobre complexidade com Morin, em Lisboa, já pontuava que a física hoje conhece os limites dos conhecimentos que desenvolve e já "perdeu a angústia da verdade absoluta e dos fundamentos inabaláveis, mas não caiu nem no ceticismo, nem num divertimento lúdico" e está *"longe de ter aliança com a mística"* (Rodrigues 1983, pp. 49-50, grifo meu). O próprio Morin (1990) considera que muitos cientistas têm procurado transcender a complexidade, a contradição, por meio de uma nova metafísica. Considera que eles tentam escapar da complexidade por meio do misticismo, acreditando encontrar ali uma unidade fundamental, onde tudo está ligado, tudo é harmonia. Entretanto, ele propõe que se mantenha um pensamento científico, porém complexo, em que seja possível distinguir sem isolar, mantendo as conexões e fazendo comunicar o que é distinto. Segundo ele, o pensamento místico é diferente disso, porque ultrapassa as distinções e transforma comunicação em comunhão. Usando a terminologia de Maturana, diríamos que pensamento místico e pensamento científico correspondem a domínios linguísticos diferentes.

Bem, se não se trata de uma mudança de paradigma que destrói ou que vem trazer algo novo para substituir o antigo, parece natural que, a partir do paradigma tradicional (atitude "ou-ou"), as pessoas perguntem: e agora? O que o cientista novo-paradigmático vai fazer com a ciência tradicional? Como vai lidar com tudo que a ciência produziu de conhecimento, de teorias sobre o mundo, de tecnologias?

Já vimos que o pensador sistêmico foca as relações e, naturalmente, tendo ultrapassado uma forma de pensar disjuntiva e adotado a atitude "e-e", ele pensará a articulação.

Entretanto, a palavra articulação vem sendo tradicionalmente associada a uma forma de articular que é própria da ciência tradicional, a dialética: tendo-se uma tese e apresentando-se uma antítese, será necessária uma terceira alternativa, para se encarregar da síntese. Mas não é desse tipo de articulação que estou falando. Morin (1990) comenta que o pensamento hegeliano, dialético, aspira à totalidade, à verdade e que no pensamento complexo que ele propõe, deve acontecer a confrontação de contradições, mas não a síntese. Também não estou falando de complementaridade, nem de uma simples justaposição eclética.

Você pode estar se perguntando, então, que outro tipo de articulação seria possível.

Em *O método. A natureza da natureza*, Morin (1977) introduz a ideia de uma articulação que é inerente à ultrapassagem, ou seja, de uma ultrapassagem que já implica uma articulação. Falando dos limites da Cibernética – quando se tenta usá-la para pensar os sistemas naturais e não apenas os sistemas artificiais –, ele nos exorta a ultrapassá-la numa *Si-Cibernética*. O prefixo *si* (do grego *sun* = com) marca as ideias de reunião no espaço e no tempo, de obrigação recíproca entre as partes. A grande novidade que percebi nesse conceito é a de que, quando se faz a ultrapassagem, já está feita a articulação. A *Si-Cibernética*, sendo mais abrangente do que a Cibernética, ultrapassa-a e incorpora-a.[2]

Não costuma ser fácil para nós, que estamos habituados a um pensamento disjuntivo e apenas a tentativas de articular alternativas que se excluem, entender que ultrapassar não significa renegar. Por isso, muitas vezes as pessoas costumam me perguntar, espantadas: "Como é possível que você, que se dedicou tantos anos à pesquisa e ao ensino de uma psicologia experimental, rigorosamente científica, esteja agora descartando tudo que fez por tanto tempo?".

Considero que, assim como a *Si-Cibernética* é concebida por Morin como um desenvolvimento da própria Cibernética, também essa nova ciência corresponde aos desenvolvimentos contemporâneos da própria ciência. Assim, concebo, nesse caso, uma ultrapassagem articuladora. Ao fazer essa ultrapassagem, ao ter-se tornado novo-paradigmático, o cientista resgata e integra a ciência tradicional, porém tendo agora um olhar novo sobre ela.

Tenho representado assim esse resgate e essa integração da ciência tradicional pelo cientista novo-paradigmático:

Quadro 26 – Articulação cientista novo-paradigmático/ciência tradicional

---

2. Mais adiante, no Capítulo 6, falarei mais da *Si-Cibernética* e dos outros rótulos que têm sido usados para os recentes avanços da Cibernética.

Num artigo intitulado "A mosca e o caça-moscas", em que aborda os paradoxos e a "teoria dos tipos lógicos", Watzlawick (1981b) refere-se a uma forma de ultrapassagem proposta por Spencer Brown. Segundo a lógica de Brown,

> um sistema conceitual pode "transcender" seu próprio marco, contemplar-se a partir de fora em sua totalidade e em seguida voltar a "entrar" em si mesmo, já com a informação assim adquirida. (...) Visto de fora, esse marco se manifesta como uma armadilha; visto de dentro, como um universo aparentemente fechado e livre de contradições. (p. 204)

Acho interessante pontuar aqui essa ideia de poder transitar entre quadros de referência conceituais como uma mudança de níveis lógicos.

Para compreender melhor essa ultrapassagem, precisamos focalizar uma distinção que tenho proposto entre: ciência novo-paradigmática e cientista novo-paradigmático. Você pode ter percebido que, no decorrer deste capítulo, só tenho me referido ao profissional/cientista novo-paradigmático, e não a uma ciência novo-paradigmática. Que diferença faz isso?

Vimos que, desde Descartes, ficou definido que o estudo, as reflexões e as especulações sobre o *sujeito* do conhecimento caberiam à filosofia, enquanto à ciência caberia atingir o conhecimento do *objeto*, o conhecimento objetivo da natureza. Assim, desde então, a ciência tradicional não tem tido lugar para o sujeito, que deve se eclipsar para deixar falar o objeto. A ciência se desenvolveu então sem tratar desses questionamentos sobre o sujeito, sobre sua epistemologia, sobre seu paradigma. Essas questões foram abordadas pela filosofia, numa epistemologia filosófica, com "teorias filosóficas sobre o observador".

Nesse caso, pode-se falar então da ciência como uma acumulação gradativa de fatos científicos. Essa construção do "edifício científico" pode dar-se gradualmente, sem que os cientistas estejam se preocupando ou pensando todo o tempo na epistemologia. Não sendo da alçada da ciência, a epistemologia fica mesmo subjacente ao trabalho que realizam os cientistas, seja a elaboração de teorias sobre a natureza, sobre o mundo, seja a derivação de suas práticas.

Costuma-se representar assim a relação tradicional entre as três dimensões do afazer científico, epistemologia, teoria e prática:[3]

---

3. Já estando claro que com o termo *epistemologia* nos referimos a premissas, pressupostos, crenças, convém lembrar que *teoria* se refere a um conjunto de princípios explicativos (para descrição e compreensão) do fenômeno de interesse.

Pensamento sistêmico | 161

Quadro 27 – Epistemologia, teoria e prática na ciência tradicional

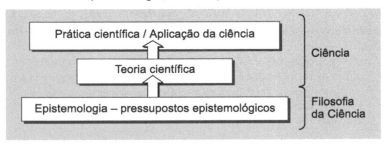

Hoje assumimos que o mundo que criamos, que constituímos com nossas distinções, depende de nossa estrutura pessoal (determinismo relacional). Ora, se o paradigma faz parte da *estrutura relacional* do cientista, o mundo que este cria depende de seu paradigma, de sua epistemologia, de seus valores e crenças. E é nele, no cientista, que se produz a mudança de paradigma. É ele, e não a ciência, que pode, ou não, tornar-se novo-paradigmático. E mais, as mudanças estruturais, evolutivas, nos seres vivos são irreversíveis e parece impensável que, depois de ter incorporado em sua estrutura a crença na objetividade entre parênteses, uma pessoa volte a *acreditar* na existência da realidade em si, independente do observador. Essa pessoa poderia até continuar agindo como antes, mas se revir efetivamente seu pressuposto, penso que esse será um caminho sem volta.

Maturana (1997) considera que "na vida diária normalmente nos movemos inconscientemente de um caminho explicativo a outro (...) e fazemos isso de acordo com o fluxo de nossas emoções e desejos em nossas relações interpessoais" (p. 265).

Importante termos presente que essa mudança não depende de argumentos racionais, mas de aceitação. Só quando o cientista aceita a pergunta sobre a observação como um fenômeno natural, e se permite refletir, é que aparecem os caminhos da objetividade entre parênteses e da objetividade sem parênteses. Você se lembra de que, no Capítulo 1, vimos que Maturana e Varela (1983) pontuam como é fundamental, para mudarmos uma visão de mundo, que nos permitamos refletir sobre nossas experiências? Então, quando o cientista se permite refletir sobre as implicações epistemológicas e ontológicas desses dois caminhos, ele poderá aceitar e escolher um dos dois. Sua postura dependerá, pois, de sua preferência (emoção de aceitação) pelas premissas básicas que constituem o domínio no qual ele vai operar (Maturana 1997).

Feita a ultrapassagem, ou seja, a mudança de paradigma, o cientista sistêmico amplia o foco, resgata e integra a ciência tradicional. Entretanto, o que ele resgata não é mais a mesma ciência tradicional, porque *ele próprio não é mais o mesmo*, reviu seus pressupostos, tem um novo modo de estar no mundo. Este sim, o cientista, e não a ciência, passou por uma metamorfose e agora viverá seus acoplamentos estruturais a partir dessa sua nova estrutura.

A meu ver, o cientista não pode resgatar a epistemologia da ciência tradicional. Pode resgatar apenas suas teorias, suas técnicas. Mas essas já não serão as mesmas, uma vez que também se transformaram na relação com esse novo cientista, que agora tem um olhar novo sobre elas.

Costumo dizer que o cientista novo-paradigmático carrega, numa sacola a tiracolo, as técnicas, os recursos e os conhecimentos desenvolvidos pela ciência tradicional e sente-se livre para usá-los quando quiser. Porém, usá-los-á de modo completamente diferente de como o fazia antes dessa ultrapassagem. Por exemplo, um psicólogo sistêmico novo-paradigmático poderá usar um teste psicológico, mas suas crenças a respeito do papel do teste no trabalho que está desenvolvendo com o cliente já serão radicalmente diferentes, como também a forma como contextualizará e desenvolverá esse novo uso. Ou um administrador sistêmico novo-paradigmático poderá usar, nas atividades de treinamento, técnicas desenvolvidas pela ciência tradicional, mas já não terá as mesmas expectativas sobre seus efeitos. Em resumo, depois que se conhecem as regras do jogo, já não se pode jogar ingenuamente.

Penso que, antes que o profissional tenha efetivamente optado pelos novos pressupostos epistemológicos, manter-se usando teorias e técnicas da ciência tradicional pode constituir-lhe uma dificuldade a mais na realização da ultrapassagem do paradigma.

Como enfatiza Morin (1990), nada mais fácil do que usar as premissas que já admitimos há longo tempo e nada mais difícil do que mudar os pontos de partida do raciocínio, do que modificar conceitos angulares que sustentam nossa forma de pensar. A dificuldade de ultrapassar efetivamente o paradigma tradicional pode manifestar-se de várias maneiras.

Naquele colóquio de Cerisy sobre a complexidade, Atlan (1984), apesar de elogiar a iniciativa dos organizadores de reunirem especialistas de disciplinas tão diferentes, manifesta sua preocupação com as condições de intercâmbio entre esses especialistas. Destaca que, de um lado, estão os matemáticos, físicos, informaticistas, e, de outro, os biólogos, psicólogos, sociólogos e filósofos. Isso parece sugerir que, apesar de a complexidade ser um tema que atravessa as várias disciplinas, continua sendo abordada de modo compartimentador. Aliás, é o que se percebe também pela forma como foram organizados os anais do encontro, refletindo exatamente a divisão tradicional das disciplinas científicas: 1) formalização da complexidade; 2) física e complexidade; 3) complexidade em biologia; 4) complexidade, psiquismo e sociedade. Superar essa compartimentação não tem sido fácil, nem mesmo para os cientistas que já se mostram dispostos a uma revisão de seus pressupostos.

Também a necessidade de apoiar-se em alguma verdade, ainda que seja probabilística, tem se manifestado em muitos contextos e mesmo entre aqueles que se dedicam à reflexão sobre o conhecimento. A ideia de probabilidade reflete a ideia de maior ou menor aproximação à verdade sobre a realidade. Morin (1983), por exemplo, apesar de enfatizar que o observador está presente em todo ato cognitivo, parece, em alguns momentos, ainda tentar preservar alguma objetividade:

> (...) será necessário mostrar como é possível ao conhecimento científico alcançar um nível de objetividade superior à do senso comum. Se é preciso ultrapassar a visão idealizante de uma ciência sem sujeito, não podemos cair na aporia de uma ciência sem objeto... (p. 93)

A comunidade acadêmica também parece ainda muito insegura em relação ao significado dessa mudança de paradigma. Em 1999, tive oportunidade de assistir a duas defesas de teses de doutorado, numa importante universidade brasileira, e em ambas as situações distingui um incômodo, um mal-estar entre examinadores e examinando, que relacionei a essa mudança de paradigma que estamos vivendo.

Numa das situações, a discussão girava em torno de dever-se usar metodologia qualitativa ou quantitativa. Sugeria-se que se poderia ter feito uma análise qualitativa e que a metodologia experimental havia aprisionado a pesquisadora. Mas, por outro lado, perguntava-se o que se faria então com tantos dados disponíveis e já quantificados: "seria o caso de jogá-los para cima?". Percebo aí uma atitude "ou-ou", a dificuldade de resgatar e de articular uma metodologia tradicional.

De fato, penso que não se trata de optar agora por uma ou outra metodologia. Pelo que tenho observado, mesmo as "análises qualitativas" têm sido muito frequentemente propostas, nos trabalhos científicos, como uma novidade, porém ainda como uma forma melhor de atingir "a verdade", ou seja, mantendo-se uma epistemologia tradicional. Parece que isso evidencia que a questão não está na técnica, no método, mas na postura do cientista. Ele é que precisa se permitir articular e é claro que o fará no espaço intersubjetivo constituído com outros cientistas que também tenham feito a ultrapassagem do paradigma. Penso que a pergunta, muitas vezes colocada pelos cientistas, "que metodologia *deverá* ser agora usada, dentro desse novo paradigma?" está sendo feita a partir da perspectiva do paradigma tradicional, na expectativa de um conjunto de regras preestabelecidas, a serem devidamente seguidas. Essa pergunta não seria feita, nesses termos, por cientistas que já tivessem feito a ultrapassagem do paradigma. Esses já teriam admitido que não há uma melhor metodologia, previamente definida, e que também a metodologia será coconstruída pelos cientistas.

Na outra situação, questionava-se a pesquisadora por ter colhido os dados com "uma metodologia reconhecida como pós-moderna e por ter sido muito moderna, tradicional, ao atuar como organizadora do conhecimento": a índole muito sistemática do trabalho, seu rigor conceitual, seu caráter didático estavam sendo considerados como critérios da modernidade, que não deveriam ser privilegiados num discurso pós-moderno. Diante das críticas de que seu trabalho mostrava uma disjunção, de que não lhe fora possível ser estritamente pós-moderna, a pesquisadora manifestou estar chocada: todo o tempo, disse, havia procurado livrar-se do "pecado original" de ter iniciado suas atividades profissionais dentro do paradigma tradicional. Fiquei imaginando que, se Morin (1990) estivesse ali, talvez tivesse comentado que "estamos ainda submetidos a modos mutilantes e disjuntivos de pensamento e é ainda muito difícil pensar de maneira complexa" (p. 163), acrescentando provavelmente que "o pensamento complexo não rejeita, de maneira alguma, a clareza, a ordem, o determinismo, mas os sabe insuficientes" (p. 117).

Também nossos hábitos linguísticos podem, por um lado, manifestar uma dificuldade de ultrapassagem e, por outro, contribuir para essa dificuldade. Por exemplo, quando uma pessoa usa as expressões "análise complexa" ou "análise sistêmica", está associando contraditoriamente aspectos de um pensamento novo-paradigmático, como a complexidade, o sistema, com um procedimento que é próprio do paradigma tradicional, a análise.

De fato, o cientista que se coloca numa postura de análise não costuma pensar a articulação, cuidando antes da separação do que é distinguido como diferente. Como vimos, o risco seria, ao sair dessa postura, cair no extremo oposto, da síntese, em que se tende a não legitimar as diferenças, admitindo-se que desapareçam como tais, na síntese. O desafio será o de manter as diferenças como legítimas, fazendo-as comunicarem-se, ou seja, admitindo efetivamente o multi-*versa*.

Outro hábito linguístico que pode nos trazer dificuldades é o de usarmos mais o substantivo do que o verbo. Você observou que, no Capítulo 4, usei nos subtítulos o gerúndio do verbo pressupor? Em vez de dizer "o pressuposto da complexidade", escrevi "pressupondo a complexidade". Foi em Foerster (1991b) que encontrei a observação de que usar o verbo ajuda o observador a evitar a reificação ou coisificação do que ele observa, ajuda a evitar que se tratem como objetos o que na realidade são processos. Costuma ser difícil captarmos o conceito de processo, quando este desaparece e fica perdido entre as coisas.

Além disso, penso que evita o referir-se ao observado como se existisse lá, independente dele, ocultando o fato de que o observado só existe em relação a um observador. Quando uso o verbo, a ação precisa ter um sujeito e isso necessariamente me implica; alguém está pressupondo a complexidade: eu é que a estou distinguindo. Portanto, mudar nossa forma de falar também pode nos ajudar a fazer a ultrapassagem do paradigma tradicional.

Penso que esse tipo de ultrapassagem de que estamos falando conduzirá os cientistas a irem além de um simples resgate da ciência tradicional e a fazerem revisões radicais das formas até então correntes de utilização do conhecimento científico.

A essa altura, não é mais nenhuma novidade para você eu dizer que muita coisa muda com essa mudança de paradigma. Mas quero destacar alguns aspectos que considero fundamentais, em tantas mudanças acontecendo.

Quando falei de *epistemologia*, no Capítulo 1, fiquei de retomar essa noção, para vermos como ela muda, quando muda o paradigma da ciência. Vimos, há pouco, que a ciência tradicional deixa o tema da epistemologia para ser tratado pela filosofia, sendo a epistemologia um dos ramos da filosofia, e que a epistemologia fica de fato subjacente ao trabalho dos cientistas, como um conjunto de pressupostos raramente explicitado. A resposta à pergunta epistemológica sobre o "como conhecemos" é então respondida com base em alguma "teoria filosófica sobre o observador". Assim é que foi abordada a epistemologia, no Capítulo 1, na perspectiva da ciência tradicional.

A partir dos trabalhos de Maturana, a que ele mesmo chama de "Biologia do Conhecer", desenvolvida em laboratórios de pesquisa biológica, a ciência passou a dispor de uma "teoria científica sobre o observador", mostrando-nos como conhecemos, como seres biológicos humanos, como seres vivos que têm como característica fundamental o fechamento operacional. A meu ver, uma consequência dessa teoria científica, que é uma consequência epistemológica, é o questionamento da objetividade e a abertura, para os cientistas, do caminho explicativo da objetividade entre parênteses e da construção intersubjetiva do conhecimento.

Quero enfatizar, mais uma vez, que a novidade não é o questionamento da objetividade, mas o seu questionamento vindo de dentro da própria ciência (*hard science*) e não mais da filosofia, da psicologia, das ciências humanas. Já vimos que essas ciências, por terem como objeto o sujeito, acabaram por se identificar mais com a filosofia – a quem cabe, desde Descartes, estudar o sujeito do conhecimento – do que com a ciência – incumbida de estudar o objeto, o mundo.

A objetividade entre parênteses é então a dimensão do novo paradigma que traz o sujeito do conhecimento para o âmbito da ciência, superando-se a ruptura que nos foi legada por Descartes. A ciência agora pode tratar cientificamente tanto do objeto quanto do sujeito do conhecimento.

Aliás, na introdução que escreveu para o livro *As sementes da cibernética. Obras escolhidas de Heinz von Foerster*, Pakman (1991b) considera que essa preocupação por uma "naturalização da epistemologia" já vinha se manifestando no trabalho de diversos cientistas. Diz ele:

> Warren McCulloch era um neurofisiólogo e neuropsiquiatra, empenhado em assentar as bases para uma epistemologia experimental que faria desse ramo do conhecimento uma empresa científica, para além de um ramo da especulação filosófica. Tal empresa, por caminhos diversos, vinha ocupando também a Jean Piaget na área da gênese do conhecimento (o trabalho de Piaget é conhecido como epistemologia genética) e a Konrad Lorenz na área da etologia. (p. 19)

Então, esses cientistas já estavam trabalhando para trazer o sujeito, com sua epistemologia, seu modo de conhecer, para o âmbito da ciência.

A propósito, é interessante lembrar que Maturana questionou a possibilidade do conhecimento objetivo do mundo (epistemologia) e nos remeteu ao reconhecimento de que constituímos o mundo ao distingui-lo (ontologia), não falando como um filósofo e sim como um biólogo, e abordando então cientificamente questões até então reservadas à filosofia e negligenciadas pela ciência.

Parece que o direito de abordar cientificamente a questão do conhecimento do mundo tem sido reivindicado também pelos físicos, havendo "cientistas que argumentam hoje que a física quântica nada mais fez do que sequestrar a epistemologia, saqueando a filosofia" (Strathern 1998, p. 84).

A física contribuiu, sim, para trazer a questão do sujeito do conhecimento para dentro da própria ciência, mas manteve a crença no realismo do universo e não implicou o sujeito na constituição da realidade: apenas reiterou cientificamente a interdição de o sujeito a ela se referir. Em 1972, Foerster já prenunciava que, assim como no primeiro quarto do século a revisão das noções científicas partiu dos físicos, no último quarto do século os biólogos é que iriam forçar a revisão de noções básicas. Penso que, de fato, a abordagem científica de como conhecemos o mundo aconteceu efetivamente com Maturana. Foi ele que, segundo Dell (1985), nos fez voltar às raízes biológicas de nossa existência – porém de forma não reducionista, e sim em termos de uma biologia ontológica, capaz de revolucionar inclusive nossas crenças sobre o realismo do mundo e de incluir definitivamente o sujeito na constituição da realidade que ele conhece.

De tudo isso, decorre a fundamental importância da terceira dimensão do novo paradigma da ciência. Em 1996, participando numa mesa-redonda, coloquei, como título de minha apresentação, a pergunta: "Teoria ou epistemologia sistêmica?" (Esteves de Vasconcellos 1996). Naquela ocasião, enfatizei que, apesar de se poder(em) desenvolver teoria(s) sistêmica(s), quando me refiro a pensamento sistêmico como novo paradigma da ciência estou falando de epistemologia sistêmica e não de uma nova teoria sistêmica.

Hoje, entretanto, preciso especificar mais algumas distinções a esse respeito. Já vimos que as dimensões da complexidade e da instabilidade podem ser pensadas como teorias, por pessoas que ainda não tenham ultrapassado seu pressuposto da objetividade. Mas, ao adotar o "caminho da objetividade entre parênteses", ou seja, ao assumir essa terceira dimensão do novo paradigma, o cientista passará a ter também as duas outras dimensões como pressupostos epistemológicos e não mais como "teoria(s) da complexidade" ou "teoria(s) da auto-organização".

No Capítulo 4, referi-me a três grandes congressos internacionais interdisciplinares, relacionando-os às três dimensões do meu quadro de referência para o novo paradigma. Só no terceiro congresso, distingui a presença de uma preocupação epistemológica. Aliás, no evento de 1984, o próprio título foi "As Teorias da Complexidade". Também no de 1983, "A Auto-Organização, da Física à Política", não me pareceu que os trabalhos ali apresentados focalizassem a auto-organização ou a instabilidade dos sistemas como dimensão epistemológica: seus participantes provavelmente não se incomodariam se o título do evento fosse "As Teorias da Auto-Organização". Apenas no de 1997, "Autopoiese: Biologia,

Cognição, Linguagem e Sociedade", Maturana e sua pergunta epistemológica – a pergunta pelo conhecimento, sobre como o ser vivo conhece – feita de dentro da própria ciência, estiveram no centro das discussões.

Quadro 28 – As três dimensões do novo paradigma da ciência em três congressos interdisciplinares

DATA / LOCAL	EVENTO	TEMA CENTRAL
1984 – França	Colóquio Internacional de Cerisy "As Teorias da Complexidade"	complexidade
1983 – França	Colóquio Internacional de Cerisy "A Auto-Organização, da Física à Política"	instabilidade
1997 – Brasil	Simpósio Internacional de Belo Horizonte "Autopoiese: Biologia, Cognição, Linguagem e Sociedade"	intersubjetividade

Ao admitir efetivamente que tanto a complexidade quanto a autonomia ("auto-organização") são aspectos que ele próprio, como observador, distingue no mundo que observa, o cientista passará necessariamente a ter também essas duas dimensões do novo paradigma como dimensões de sua própria epistemologia.

Então, ao falarmos de um pensamento sistêmico novo-paradigmático, estaremos falando de uma epistemologia que implica distinções do observador nas três dimensões: de um cientista que pensa – ou *distingue* – a complexidade, sem tentar simplificar ou reduzir, buscando entender as conexões; de um cientista que pensa – ou *distingue* – a autonomia como característica dos sistemas da natureza e assume as implicações de distingui-la; de um cientista que se pensa – ou *se distingue* – como parte de todo e qualquer sistema com que esteja trabalhando, o qual se constitui (ou se constrói) para ele, a partir de suas próprias distinções.

Por isso, tendo a recusar o uso da expressão "sistêmico-construtivista", que tem sido bastante usada ultimamente. Para mim, como já concebo uma "conexão triádica fechada" entre as três dimensões, em que "se necessita das três para se ter cada uma das três", fica redundante essa expressão, porque o pressuposto da "construção intersubjetiva da realidade", ou pressuposto construtivista, já está contido na minha noção de pensamento sistêmico. Reconheço que talvez, por uns tempos ainda, tenhamos que adjetivar esse pensamento sistêmico, com o adjetivo novo-paradigmático, para distingui-lo daquelas outras propostas sistêmicas que não contemplam as três dimensões do novo paradigma.

Em seu livro *Sobre a reconstrução do significado. Uma análise epistemológica e hermenêutica da prática clínica*, a psicóloga Marilene Grandesso (2000) faz uma cuidadosa e elaborada revisão sobre o tema do construtivismo, com um "recorte (...) restrito ao campo da psicologia" (p. 58). Distingue diversas propostas construtivistas, identificadas pelos respectivos autores com diferentes nomes: construtivismo radical, construtivismo crítico ou psicológico, construtivismo trivial, construtivismo moderado, construtivismo social, alternativismo construtivo, construtivismo cultural, construtivismo epistemológico, construtivismo hermenêutico, construtivismo terapêutico, construcionismo social e construcionismo social responsivo-retórico.

A autora aborda cada um desses construtivismos, mostrando divergências e convergências entre eles, propondo-se a analisar "os dois grandes grupos que se destacam – o Construtivismo (usado de forma genérica) e o Construcionismo Social" (p. 58). Tendo identificado, tanto no construtivismo quanto no construcionismo social, uma tendência de colocar mais ênfase em suas diferenças do que em possíveis convergências, e supostamente movida por seu interesse em pensar a integração, ela sugere que

> o atual panorama nos *campos do construtivismo e do construcionismo social* (... segundo penso...) representa um momento de transição para uma nova síntese que possa favorecer a convivência e o diálogo entre as diferenças, enquanto condizentes e coerentes com uma *metateoria* unificadora. (p. 111, grifos meus)

Apesar de considerar que "mais do que teorias ou abordagens, essas duas correntes (construtivista e construcionista social) têm sido definidas como propostas epistemológicas distintas", Grandesso (2000, p. 56) também mostra que ambas têm sido consideradas, por diversos autores, como teorias ou metateorias. Diz, por exemplo, que "Gergen (um construcionista social) considera o construcionismo social como *uma metateoria*, reconhecendo como uma das teorias que mais lhe são compatíveis a teoria relacional, *que explica a ação humana* para além do indivíduo singular, no processo de relacionamento" (*idem*, p. 91, grifos meus). Ela diz ainda entender que há autores reconhecendo "*uma metateoria* construtivista *para a psicologia*, que pudesse incluir os diferentes tipos de construtivismo, geralmente encontrados na literatura da área, inclusive o construcionismo social" (*idem*, p. 95, grifos meus). Concluo, pois, a partir da revisão de Grandesso, que construtivismo/construcionismo têm-se desenvolvido, no âmbito da psicologia, especialmente como teorias psicológicas.

Claro que qualquer *teoria psicológica* – quer construtivista, quer construcionista – sobre como as pessoas constroem seu conhecimento do mundo tem estreita relação com o (ou poderíamos dizer que se funda no) pressuposto epistemológico da intersubjetividade ou da objetividade entre parênteses.

Parece importante ressaltar que essas teorias psicológicas construtivistas/ construcionistas não são o mesmo que chamei pouco atrás de uma "teoria científica sobre o observador", a "Biologia do Conhecer", de Maturana. A meu ver, essa última é que, ao mostrar a forma como somos – ou como estamos constituídos biologicamente e como somos humanos na linguagem – põe em evidência a impossibilidade da objetividade e nos convida a assumir que construímos a realidade, com todas as implicações que daí advêm. Por isso, tenho sempre pontuado a dimensão epistemológica da teoria de Maturana. Essa sim nos oferece o que poderíamos chamar de uma "epistemologia científica", correspondendo àquele desejo de "naturalização da epistemologia", que Pakman identificou em McCulloch, Piaget[4] e Lorenz.

Entretanto, penso que qualquer cientista pode colocar a objetividade entre parênteses, e, portanto, mudar seu paradigma de ciência, sem se deter nas teorias construtivistas/construcionistas que, como teorias psicológicas, não interessam necessariamente a todo e qualquer cientista novo-paradigmático. Todos os cientistas novo-paradigmáticos são de fato "construtivistas", mas apenas num sentido estritamente epistemológico/ontológico, ou seja, no sentido de terem ultrapassado sua crença na objetividade e de terem escolhido trilhar o caminho da objetividade entre parênteses. Como já vimos, Foerster sugere que se use o termo *ontogenetismo*, em vez de construtivismo.

Nesse sentido de "construtivismo" como pressuposto epistemológico, é que tenho proposto contextualizá-lo no quadro da ciência novo-paradigmática. Assim é que esse aspecto esteve presente em diversos textos que elaborei: "Contextualizando o construtivismo no quadro da ciência novo-paradigmática" (Esteves de Vasconcellos 1997a), preparado inicialmente para uma mesa-redonda em São Paulo e também apresentado no "XXVI Congresso Interamericano de Psicologia"; "O poder na terapia familiar sistêmico-si-cibernética" (Esteves de Vasconcellos 1997b), apresentado no "III Congreso Europeo de Terapia Familiar"; "Contextualizando as propostas construtivistas/construcionistas sociais no quadro da ciência

---

4. Vale lembrar que aqui estou me referindo à "epistemologia genética" de Piaget e não à sua "teoria construtivista", uma teoria psicológica sobre como a criança vai construindo seu conhecimento do mundo em suas interações com ele, na qual parece prevalecer uma "lógica da descoberta".

novo-paradigmática" (Esteves de Vasconcellos 1997c), apresentado no "Simpósio Internacional sobre Autopoiese".

Dada a situação de disputa identificada por Grandesso nos "campos do construtivismo e do construcionismo social", teríamos então mais um motivo para falarmos de "sistêmico novo-paradigmático", em vez de "sistêmico-construtivista": seria o de evitarmos nos envolver nessas polêmicas e contraposições, nessa necessidade de delimitação de territórios entre construtivistas e construcionistas, nas críticas de uns aos outros e na necessidade de responder às críticas recebidas, como bem identificou e explicitou essa autora, em sua minuciosa análise do tema.

Aliás, penso que essa disputa só ocorre porque se desenvolve no nível das teorias: não ocorreria se se estivesse tratando de pressupostos epistemológicos. Já vimos que, segundo Maturana, a adoção do caminho da objetividade entre parênteses é uma questão de preferência (emoção de aceitação) e não de argumentação racional. E mais, para quem adotou efetivamente esse pressuposto epistemológico, a constatação de diferenças entre os cientistas seria antes um convite à conversação e não um convite a tentar demonstrar sua própria superioridade. Será que os construtivistas/construcionistas que estão se colocando nessas disputas assumiram de fato (emoção de aceitação) o construtivismo como pressuposto epistemológico, com todas as suas implicações?

Por falar em implicações, parece oportuno destacar a fundamental diferença entre aplicações e *implicações*. Uma teoria pode ter aplicações de regras ou princípios, dela derivados, para a prática. Por exemplo, as aplicações da teoria construtivista de Piaget, em situações de ensino e aprendizagem. E, por outro lado, uma teoria pode também ser tomada como epistemologia. Por exemplo, quando se concebeu a família como um sistema análogo a um sistema cibernético, a Teoria Cibernética foi tomada, pelos estudiosos da família, como uma epistemologia: um conjunto de crenças sobre um funcionamento cibernético do sistema familiar. Por isso, desde minha dissertação de mestrado tenho procurado explicitar as bases epistemológicas da terapia familiar sistêmico-cibernética, ou seja, as implicações da epistemologia cibernética para essas práticas clínicas (Esteves de Vasconcellos 1992; 1994b; 1995b).

Entretanto, é preciso ficar claro que uma epistemologia, como tal, não pode ter aplicações, mas apenas implicações. Não se trata aqui de uma escolha entre termos equivalentes. Implicações são consequências necessárias e inevitáveis de se ter adotado uma determinada epistemologia. Por exemplo, certas crenças e certos valores dos pais sobre educação de filhos implicarão necessariamente que apliquem castigos rigorosos aos filhos. Assim também uma epistemologia sistêmica terá fortes e inevitáveis implicações para as práticas profissionais na educação, na abordagem da saúde, das empresas, da ecologia, das políticas assistenciais, no direito, nas relações internacionais (Esteves de Vasconcellos 1998a).

Por isso, sinto-me incomodada quando vejo Morin (1982; 1984) falando em "mandamentos da complexidade" ou "imperativos da complexidade" e listando um conjunto de regras para o pensamento complexo, apesar de antes ter-se referido ao pensamento complexo como uma epistemologia (pp. 246 e 296). Para mim, mandamentos, imperativos têm uma conotação de algo que vem de fora do sujeito e que ele teria que seguir. Ao contrário, penso que não é necessário ninguém mandar alguém fazer algo que é uma implicação de sua própria epistemologia. Por exemplo, ninguém precisa mandar uma pessoa separar o lixo e levá-lo aos receptores de coleta seletiva ou juntar folhas de papel já usadas para fazer rascunho, se ela já se permitiu refletir, a partir de alguma experiência forte, e se sua estrutura – então modificada e já incorporando uma nova visão de mundo – agora lhe permite não só distinguir a entropia no funcionamento do universo, como ter uma forma nova de acoplamento com seu ambiente.

Posso concordar com Morin (1990), se ele estiver querendo se referir a imperativos ou mandamentos que venham do próprio sujeito, como uma implicação de sua postura epistemológica. Ele afirma que entramos numa época de "revolução paradigmática profunda, mais radical do que a dos séculos XVI e XVII" (p. 156) e que a complexidade exige "reverter as perspectivas epistemológicas do observador" (p. 60). Entretanto, não descreve – como o faz Maturana – o caminho para que isso aconteça; não propõe uma descrição científica, ou uma forma de explicar essa mudança de paradigma num sujeito qualquer.

A necessidade de explicitar a própria epistemologia também já é implicação da mudança de paradigma ou da nova epistemologia, havendo aqui uma relação de recursividade. Com a mudança de paradigma, a epistemologia deixa de ser subjacente à ciência e passa a estar duplamente presente na ciência: primeiro, porque a ciência agora responde à pergunta epistemológica sobre o sujeito do conhecimento, sobre o como conhecemos como seres biológicos humanos; segundo, porque o cientista vive e age no mundo – não apenas ao fazer ciência, mas inclusive ao fazer ciência – a partir de sua epistemologia: suas crenças e seus valores, inclusive seu entendimento sobre que significa conhecer o mundo. Como diz Pakman (1994, p. 18), "quando começamos a buscar entender o mundo (...) é a nós mesmos que encontramos, é a nós mesmos que descobrimos e é conosco que contamos".

A nova epistemologia extrapola o contexto do trabalho científico e implica necessariamente a pessoa que adotou efetivamente o caminho da objetividade entre parênteses: o cientista agora será novo-paradigmático, mas não apenas quando estiver sendo cientista ou profissional da ciência. Essas são implicações de identificarmos cognição com vida, como o fez Maturana: viver é conhecer, conhecer é viver. Assim o cientista novo-paradigmático terá agora uma nova epistemologia para seu viver, para uma nova forma de ver e agir no mundo, baseado em sua única convicção possível: a da inexistência da "realidade" e da "verdade" (Esteves de Vasconcellos 2000a; 2000b).

Aliás, Pakman (1991b) também ressalta que, desde o Paraíso, a árvore do conhecimento não tem sido a mesma árvore da vida, mas que uma teoria do conhecimento terá fracassado, se não contribuir para articulá-las. Para ele, Foerster se esforçou por essa articulação.

O cientista avança, pois, de uma epistemologia filosófica para a ciência – para conhecer e atuar cientificamente – em direção a uma epistemologia científica para a vida – para estar e agir no mundo, inclusive para conhecer e atuar cientificamente.

Quadro 29 – De uma epistemologia filosófica
para uma epistemologia científica

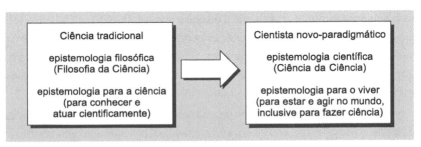

Já disse que a novidade não é o questionamento da objetividade, e sim o seu questionamento vindo de dentro da própria ciência, e não mais da filosofia.

Agora, quero enfatizar especialmente que não estou querendo dizer que a ciência seja superior à filosofia. Estou apenas concordando com Maturana, quando ele diz que, como seres humanos, dotados de linguagem e emoção, nos movemos em espaços de conversação e constituímos diferentes domínios linguísticos, com diferentes critérios de validação das afirmações. Assim, a filosofia, as ciências da natureza, a religião, o direito são apenas domínios linguísticos diferentes, sem superioridade de um em relação aos outros. E podemos escolher estar num ou noutro domínio.

Os cientistas, enquanto escolhem mover-se no domínio linguístico da ciência, compartilham uma epistemologia – que agora pode ser fundada nos desenvolvimentos da própria ciência –, compartilham os critérios de validação das afirmações desse domínio e, de acordo com esses critérios, constroem intersubjetivamente suas realidades.

Por isso, essa nova epistemologia não é mais subjacente ao trabalho do cientista, não é mais um ramo da filosofia, nem é mais uma epistemologia só para fazer ciência. É agora uma epistemologia científica, que precisa ser explicitada no âmbito da atividade científica novo-paradigmática, com a qual o cientista desenvolve seu conhecer/viver/afazer científico.

Poderíamos então transformar o Quadro 27, sobre as relações entre epistemologia, teoria e prática – que ainda vale para a ciência tradicional –, tornando-o assim para o cientista novo-paradigmático:

Quadro 30 – Epistemologia, teoria e prática para o cientista novo-paradigmático

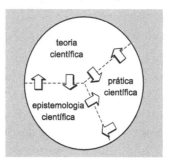

A epistemologia do cientista precisa agora ser descrita, dentro do âmbito da ciência, exatamente porque se admite o multi-*versa*: o cientista precisa explicitar sua própria versão (seu *versum*, em latim), inclusive porque sabe que muitos ainda continuam adotando a epistemologia tradicional – e os respeita.

Parece claro, então, que só quando as três dimensões do novo paradigma se tornam dimensões epistemológicas, a partir da escolha do caminho explicativo da objetividade entre parênteses, o pensamento sistêmico, então novo-paradigmático, terá implicações e não aplicações.

Se estamos falando de implicações e se reconhecemos que ter uma epistemologia qualquer implica uma forma de estar no mundo, podemos destacar, entre as implicações dessa nova epistemologia sistêmica de que estamos tratando, a concepção de *ética*. Essa também é uma noção que muda muito com nossa mudança de paradigma de ciência.

No colóquio de Cerisy, sobre auto-organização, Morin (1984) coloca que "a ética não tem qualquer fundamento científico, na concepção clássica, porque a ética supõe o sujeito" (p. 325) e, como vimos, a ciência tradicional exclui o sujeito. Aliás, nos cursos de ciências aplicadas, quando existe a disciplina "ética profissional", ela é geralmente ministrada por filósofos. Trata-se em geral de uma disciplina em que se discutem as concepções de bem e mal, direito e dever, público e privado, certo e errado, consciência moral e consciência ética, discussão que desemboca, na maioria das vezes, numa ética normativa, consubstanciada num "código de ética" para os profissionais daquela especialidade. E, na solenidade de colação de grau, o formando, o novo profissional, jura obedecer a um código de ética, um conjunto de regras para a ação, de normas para o seu estar no mundo, de cuja construção não participou. Sem se identificar com ele ou sem se reconhecer nele, o profissional poderá até aplicá-lo e sentir-se seguro, não tendo que tomar decisões em momentos críticos, uma vez que essas estarão previamente indicadas pelo código. Mas assim ele próprio não se implicará eticamente nas situações.

Hoje se fala muito em ética, em diferentes contextos. Recentemente, uma educadora se manifestava, por meio de um artigo em jornal, intitulado "Violência, emoção e ética", preocupada com comportamentos, por ela considerados não éticos, exibidos pelos jovens no contexto escolar. E então se perguntava: como os jovens vão adquirir uma consciência de si e dos outros e reconhecer o outro como igual em direitos? Como preparar os jovens para uma autonomia, entendida como capacidade interna, própria de indivíduos que agem com liberdade, porém necessariamente política? Como incluir felicidade, ética, autonomia num projeto educativo? Ela própria responde, sugerindo que uma das possibilidades seria o uso dos "contos de fadas" e dos "ritos de passagem" como recursos educativos. Assim, está intuitivamente reconhecendo a insuficiência de qualquer ética normativa, ou de qualquer tentativa, por parte de educadores, de ter com o jovem uma interação instrutiva.

Por isso mesmo, achei inconsistente a proposta de Capra (1996), do que ele chama de "alfabetização ecológica". Essa alfabetização consistiria, segundo ele, em ensinar os princípios básicos da ecologia, as lições extraídas do estudo dos ecossistemas, os princípios de organização de comunidades ecológicas, sustentáveis. Entretanto, ele fala de uma aplicação de *ecoimpostos* e afirma não só que "administradores e empresários *precisarão* tornar-se ecologicamente alfabetizados, para manter a competitividade nesse novo sistema", como também que "a prática recém-desenvolvida da '*ecofiscalização*' será de suprema importância" (p. 233, grifos meus). Parece que não leva em consideração aqui nem a autonomia do sistema, nem a inclusão do observador no sistema com que trabalha, apesar de, como já vimos, ter falado em seu livro sobre a "Teoria da Cognição de Santiago". Além do mais, é estranho que Capra esteja falando de visão sistêmica de mundo e de ecologia, como requisitos para "manter a competitividade".

Na perspectiva do novo paradigma, a postura ética do cientista é uma implicação necessária e inevitável dos seus novos pressupostos epistemológicos, especialmente do pressuposto da coconstrução da realidade, exatamente o pressuposto que trouxe o sujeito do conhecimento para o âmbito da ciência. Não cabe pensar que a solução para os problemas estará na existência de códigos e estatutos (ou de *ecoimpostos*), elaborados por *experts*, a serem aplicados ou postos em vigor a partir de sua promulgação por autoridades competentes e cujo cumprimento seria obtido por meio de algum tipo de fiscalização, como seria uma *ecofiscalização*.

Interessante que exatamente os dois cientistas cujas contribuições distingui como especialmente importantes para a ultrapassagem do pressuposto da objetividade, Maturana e Foerster, trazem-nos colocações e propostas de reflexão sobre as implicações éticas da nova epistemologia.

Seremos sempre éticos se efetivamente aceitarmos o outro "como legítimo outro na convivência" (Maturana 1990, p. 25). Essa emoção de aceitação decorre exatamente da convicção de que cada sujeito, em sua relação com o mundo, faz emergir uma realidade e de que, não havendo um critério de verdade, a única alternativa é a convivência na conversação e no respeito pela verdade do outro.

A isso podemos acrescentar a consideração de Foerster (1973) sobre ser ético. Apesar de cair na mesma armadilha em que caiu Morin, usando a expressão "imperativo ético construtivista", ele define o que esse "imperativo" estabelece: "atua sempre de modo a aumentar o número total de alternativas para o sistema" (p. 55). Assim, o "especialista" estará sempre se interrogando: com essas minhas ações estou abrindo alternativas para que esse sistema – família, grupo de trabalho, comunidade, nação – possa escolher autonomamente um caminho melhor para si mesmo? Minha ação está condizente com minhas crenças em que o sistema é autônomo, em que não posso dirigi-lo, nem instruí-lo e em que o sistema está criando para si uma realidade, da qual inevitavelmente participo? Estou levando em consideração as conexões intersistêmicas e as possíveis repercussões de minha ação em outros pontos da rede ou do sistema de sistemas? É claro que essas respostas ele só terá por meio de sua constante interação conversacional com o sistema.

Essa preocupação ética do profissional fará com que ele jamais tente impor ao sistema aquelas soluções que *a priori* poderia considerar serem as melhores. Ele estará sempre atento às suas próprias motivações – que estão na base de seus hábitos de pontuação ou distinção –, lembrando-se de que o que cada um diz fala mais de si do que da coisa observada. Ele tem presente que, como ressalta Foerster (1991b), "há um deslizamento da noção de propriedades de um objeto, que deixam de conceber-se como pertencentes ao objeto e passam a ser percebidas como pertencentes ao observador" (p. 111).

Esse profissional não será um especialista em soluções, mas será, na expressão de Aun (1996), um "especialista na criação de contextos de autonomia", contextos em que o próprio sistema possa construir a melhor solução para si, naquele momento. Ele será um *"expert* em relações" e não um *"expert* em conteúdos".

Os educadores poderiam então trabalhar pelo desenvolvimento de uma postura ética dos jovens, propiciando-lhes experiências fortes, em que possam perceber que não há uma melhor verdade previamente estabelecida e que é fundamental a participação de todos na construção das melhores soluções, aquelas que respeitem a todos os outros, inclusive as gerações vindouras, como nossos legítimos outros. Penso que uma forma de trabalhar pelo desenvolvimento dessa postura ética é a realização de exercícios ou vivências várias que permitam experimentar as características sistêmicas de nossa inserção no universo, em todas as suas dimensões. Hoje isso já pode ser propiciado com base no contexto da ciência, de experiências científicas realizadas em laboratório, por exemplo, a experiência da emergência das cores. Muitos experimentos sobre nossa percepção (de cores, de formas, de profundidade, de movimento etc.), até então apresentados como demonstração de ilusões perceptuais (como nossos sentidos podem estar enganados), podem agora ser retomados como evidências de que as características que o mundo apresenta estão em relação às características que o sujeito apresenta.

Outra noção que fiquei de retomar e que tem sido constantemente associada às transformações em curso na ciência novo-paradigmática é a de *transdiscipli-*

naridade. Têm-se organizado congressos sobre o tema, como um "Congresso Mundial de Transdisciplinaridade"; já houve declaração da Unesco a respeito e já foi formulado um "Manifesto da Transdisciplinaridade"; já se têm criado instituições para estudos transdisciplinares.

Entretanto, tenho deparado com as mais diversas concepções de transdisciplinaridade. Em geral, para falar de transdisciplinaridade, fala-se antes de disciplinaridade, de multidisciplinaridade ou pluridisciplinaridade, e de interdisciplinaridade.

Disciplinaridade é usado para se referir à compartimentação do conhecimento do mundo entre as diversas disciplinas científicas.

Multidisciplinaridade ou pluridisciplinaridade refere-se a uma justaposição de disciplinas que não se comunicam, por exemplo, num curso em que se ministram disciplinas de diferentes áreas.

Interdisciplinaridade, em geral, é usado para se referir à situação em que há algum tipo de interação entre duas ou mais disciplinas que se comunicam, que tentam aproximar seus discursos, ambicionando mesmo uma transferência de conhecimentos.

Já a transdisciplinaridade tem aparecido com diversas definições, por exemplo:

a) o reconhecimento da interdependência de todos os aspectos da realidade, sendo a consequência normal da síntese dialética provocada por uma interdisciplinaridade bem-sucedida; b) uma fase superior à interdisciplinaridade, que não se contentaria em atingir interações ou reciprocidades entre pesquisas especializadas, mas situaria tais ligações no interior de um sistema total, sem fronteiras estáveis entre as disciplinas; c) a efetivação de uma axiomática comum (axiomas = princípios subjacentes) entre um conjunto de disciplinas, havendo, pois, transdisciplinaridades e não uma única transdisciplinaridade; d) a efetivação de uma axiomática comum entre ciência, arte, filosofia e tradições sapienciais, implicando necessariamente uma visão holística; e) a busca de harmonia entre mentalidades e saberes, entre, através e além das disciplinas; f) saberes transitando entre disciplinas, transformando-se a multiplicidade em unidade e vice-versa. Depois de encontrar todas essas definições, seria natural nos perguntarmos: afinal, a que se refere o termo transdisciplinaridade?

Também os motivos apontados para a busca da transdisciplinaridade são os mais variados, havendo inclusive, como já vimos, a colocação de que a transdisciplinaridade estaria se desenvolvendo pelo fato de os cientistas estarem se ressentindo por terem se tornado estranhos uns aos outros, a partir de sua especialização extremada. Será que a solidão do cientista seria motivo suficiente para ele empenhar-se numa proposta tão complexa e tão exigente como a da transdisciplinaridade?

Em 1982, Morin falava de uma antiga e de uma nova transdisciplinaridade. Para ele, a ciência ocidental, desde o século XVII, foi transdisciplinar, no sentido de que *a* ciência compartilhava os mesmos pressupostos em todas as disciplinas. Entretanto, diz ele, foram exatamente os princípios de objetividade, matematização, formalização, que promoveram o enclausuramento disciplinar, tornando-se necessária então uma nova transdisciplinaridade para superar a compartimentação. Considerando que "o problema do regresso do sujeito é um problema fundamental que está na ordem do dia", ele associa uma nova transdisciplinaridade a uma formulação do "problema desta disjunção total objeto-sujeito, onde o monopólio do sujeito é entregue à especulação filosófica" (p. 218). Denunciando a disjunção, ele se mostra preocupado em como fazer comunicar os domínios da física, da biologia e da antropossociologia. Sugere que será preciso "enraizar a esfera antropossocial na esfera biológica" e de igual modo "enraizar a esfera viva na *physis*", porém sem operar uma redução, mas reconhecendo níveis de emergência (p. 219). Adverte também sobre a dificuldade de criarmos um quadro conceitual transdisciplinar e sobre a impossibilidade de consegui-lo no quadro de qualquer disciplina instituída.

Por tudo que temos visto até aqui, podemos considerar que, na antiga transdisciplinaridade a que se refere Morin, havia um compartilhar de pressupostos epistemológicos, mantendo-se, entretanto, a exclusão do sujeito, com a manutenção da objetividade sem parênteses. E que a inclusão do sujeito, possibilitada por Maturana, com sua "teoria científica sobre o observador", vem viabilizar a nova transdisciplinaridade desejada por Morin.

Portanto, não concordo com os que afirmam que o pensamento complexo é a condição básica para pôr em prática a transdisciplinaridade. Penso que o pensamento complexo é fundamental sim, mas apenas se for pensado como uma dimensão do pensamento sistêmico novo-paradigmático. Um pensamento complexo não dará conta de realizar a transdisciplinaridade se não fizer também a inclusão do sujeito, assumindo a objetividade entre parênteses.

Só essa terceira dimensão do novo paradigma é que dá ao cientista o privilégio de estar em relação com outros cientistas. Na ciência tradicional, o cientista tem uma posição privilegiada, que é a que lhe dá um acesso privilegiado ao objeto. Assim, cada cientista, a partir de sua disciplina, tem uma *"relação" privilegiada com seu objeto*. Mas relação aqui só no sentido de que "veria melhor" seu objeto, melhor do que os demais cientistas.

Mas, ao fazer a ultrapassagem do paradigma, ao admitir a construção intersubjetiva do conhecimento da natureza, da qual ele agora faz parte, a posição privilegiada do cientista é a de estar em *relação privilegiada (em acoplamento estrutural, em diálogo) com outros cientistas* que, apesar de suas diferentes disciplinas, acreditam todos que estão constituindo o mundo que estudam. Só assim, acredito, tornam-se efetivamente possíveis *encontros conversacionais transdisciplinares*.

Finalmente, uma última e fundamental consequência de concebermos o pensamento sistêmico novo-paradigmático como novo paradigma da ciência. No Capítulo 1, associamos a noção de paradigma à noção dos "certos" ou das certezas de uma pessoa ou de uma comunidade. Agora, deparamos com uma contradição: temos um paradigma em que não cabe mais a ideia de paradigma como "certeza". A ideia de paradigma também muda quando falamos desse novo paradigma: ele não passa de uma construção consensual dos cientistas que reviram efetivamente sua concepção de conhecimento científico.

Então, penso poder tranquilizar algumas pessoas que já me manifestaram seu temor de que, adotando o novo paradigma, estivessem aderindo a uma "nova religião": por sua própria natureza, o novo paradigma não poderia ser jamais "uma religião", não terá "papa", nem "guru".

É isso também o que acontece com esse quadro de referência que lhe estou apresentando. "Tenho certeza"[5] de que ele não representa uma nova ou melhor certeza, que pudesse substituir certezas anteriores. Por isso é que usei o gerúndio no título deste capítulo – e gostaria de tê-lo usado também no título do livro. Assim, deixo claro que sou eu que estou pensando assim e convidando você, é claro, para uma conversação sobre essa forma de pensar.

---

5. Essa me parece a única certeza possível a um cientista novo-paradigmático. E essa certeza só seria possível para quem *é novo-paradigmático*. E aqui está mais uma contradição inerente ao novo paradigma: embora sistemicamente devêssemos dizer que "ele *está* novo-paradigmático", aqui somos levados a dizer que "ele *é* novo-paradigmático" porque, como já vimos, não é possível ir e voltar entre a antiga e a nova epistemologia.

Desde que elaborei esse quadro de referência, ele me tem sido muito útil como uma forma de organizar meu quadro conceitual. Tem me ajudado a ler as colocações de outros autores, a fazer distinções e a perceber conexões e interligações no sistema de ideias que constitui a ciência contemporânea.

Você pode ter percebido que em diversos momentos, ao longo deste livro, utilizei meu quadro de referência: para pensar a facilidade/dificuldade das diferentes disciplinas científicas – físicas, biológicas e humanas – em adotar o paradigma da ciência tradicional (Capítulo 3); para compreender as contribuições trazidas pela física para iniciar a revisão do paradigma de ciência vigente (Capítulo 4); para destacar características paradigmáticas de grandes congressos interdisciplinares (Capítulos 4 e 5); para considerar como novo-paradigmáticas, ou não, diversas propostas apresentadas como sistêmicas (Capítulo 5); para entender os exercícios de Cecchin para o desenvolvimento de uma mente sistêmica, como propostas sistêmicas novo-paradigmáticas (Capítulo 5).

Entretanto, se eu fosse a única referência para esse quadro de referência, estaria caindo no solipsismo. Você pode ter percebido, pelas citações e referências, que, para elaborá-lo, há muito venho dialogando com muitos e diversos autores (multiplicidade e diversidade). Mas, além disso, foram de fundamental importância as interações que há muito venho tendo em torno desse tema e cujos participantes infelizmente não tenho condições de nomear. Eles coconstruíram comigo esse quadro de referência, fazendo comentários ou simplesmente balançando a cabeça em sinal de concordância, fazendo-me perguntas, colocando dúvidas e questionamentos muitas vezes desafiadores, em cursos, palestras e seminários, vivendo comigo experiências de coconstrução em *workshops* ou em sessões de terapia, ouvindo-me pacientemente, sugerindo-me leituras, enviando-me recortes, estimulando-me a prosseguir, dando os mais variados tipos de retorno às minhas colocações, nos mais variados contextos: nos intervalos para cafezinho, durante as refeições ou em outros momentos de lazer, dentro do carro em viagens longas ou em curtos deslocamentos, ouvindo atentamente minha leitura de pequenos trechos já escritos ou de capítulos inteiros, lendo-os e comentando-os comigo. Agora, preste bastante atenção: se você se reconhece em alguma dessas situações, é nossa a coconstrução desse quadro de referência.

Para mim, tudo isso é muito importante, porque caracteriza um trabalho desenvolvido num espaço consensual de intersubjetividade. Mas há ainda algo também muito importante, que é perceber que esse quadro de referência tem sido utilizado por outros autores em suas descrições e reflexões sobre os fundamentos de suas práticas contemporâneas.

Em 1996, minha colega Juliana Gontijo Aun, por quem tenho grande apreço e cujo trabalho se reveste de grande rigor e cientificidade, desenvolveu, na Prefeitura Municipal de Belo Horizonte, uma experiência pioneira de coconstrução, que, a meu ver, evidenciou a possibilidade de adoção do novo paradigma aqui descrito, no contexto das práticas sociais: no desenvolvimento de políticas públicas. A descrição e a compreensão dessa experiência, que constitui sua dissertação de mestrado, basearam-se no quadro de referência que elaborei e estão sintetizadas num artigo intitulado: "O processo de coconstrução como um contexto para autonomia: Uma alternativa para as políticas de assistência ao portador de deficiência" (Aun 1998).

Para mim, é também muito importante constatar que Carlos Sluzki – psiquiatra e terapeuta de família argentino, radicado nos Estados Unidos – está se utilizando desse quadro de referência. Sluzki sempre foi um autor de referência para mim, desde que conheci seus escritos. Mas, a partir de 1991, quando o conheci pessoalmente em Buenos Aires, cresceu ainda mais minha admiração pela pessoa que distingui: tornou-se um amigo e um incentivador. Não posso deixar de dizer que ele está entre aqueles que me estimularam a transformar em livro minha dissertação de mestrado e que me orgulho de ter uma apreciação sua na capa do meu livro *Terapia familiar sistêmica. Bases cibernéticas* (Esteves de Vasconcellos 1995b). Por isso, foi muito bom encontrar, na revista argentina *Sistemas Familiares*, de março de 1999, um artigo de Sluzki em que afirma que a terapia de família "evoluiu para práticas orientadas progressivamente para uma epistemologia sistêmica imbuída das noções da *complexidade* (...), da *instabilidade* (...) e da *intersubjetividade* ..." (Sluzki 1999, p. 18).

Por fim, permito-me compartilhar ainda com você como fico feliz de poder incluir, entre os cientistas que estão usando meu quadro de referência para o novo paradigma da ciência, o meu filho Mateus Esteves-Vasconcellos. Ainda como estudante em dois cursos de graduação, ele começou a se basear nesse quadro para elaborar suas duas monografias de fim de curso. Em dezembro de 2000 defendeu sua monografia para o curso de Relações Internacionais (Esteves-Vasconcellos 2000b), na qual discutiu a questão da inserção acadêmico-científica de um curso, que pretenderia focar as *relações*, num contexto acadêmico tradicional que compartimenta as disciplinas, com base nos *conteúdos* que elas enfocam. Para o curso de Direito, ele utilizou o mesmo quadro de referência – uma epistemologia sistêmica novo-paradigmática – para justificar epistemologicamente propostas alternativas, não litigiosas, para a solução de conflitos entre os homens, entre as comunidades, entre as organizações, entre as nações (Esteves-Vasconcellos 2003).

Fico feliz em ver crescendo o grupo de participantes nessas conversações em que "pensamos o pensamento sistêmico como o novo paradigma da ciência". Embora esse quadro de referência não seja e nunca vá ser "a verdade", enquanto estiver sendo útil e compartilhado num espaço consensual intersubjetivo, poderá ir continuando como "a nossa verdade".

PARTE III
Um adendo necessário:
Teorias de sistemas

6 RASTREANDO AS ORIGENS DAS ABORDAGENS TEÓRICAS DOS SISTEMAS

Distinguindo a necessidade deste adendo

Espero que, a esta altura, você esteja considerando, como eu, que a proposta fundamental deste livro – a de pensarmos o pensamento sistêmico como o novo paradigma da ciência – já foi cumprida. Essa proposta não incluiu a abordagem de teorias sobre sistemas.

Mas, por outro lado, preciso reconhecer um outro aspecto de minha proposta – o de possibilitar que aqueles ainda não familiarizados com o tema possam avançar em seus estudos, partindo do nosso quadro de referência para o pensamento sistêmico, de modo a lidar mais facilmente com a literatura já existente. Penso que esse objetivo não está ainda completamente atingido.

Acontece que a literatura disponível nem sempre deixa clara essa distinção entre visão/epistemologia/pensamento sistêmico, de um lado, e teoria(s) sistêmica(s), de outro. Além disso, as noções teóricas sobre sistemas se associam a diversas práticas sistêmicas, que vêm sendo propostas há décadas, especialmente a partir da segunda metade do século XX.

Para se introduzir ao pensamento sistêmico, como visão, como pressuposto epistemológico, não foi necessário você estudar teoria(s) sistêmica(s). Entretanto, penso que, para avançar na área, é preciso não só estar familiarizado com as noções/ideias/conceitos teóricos sobre sistemas, como também poder contextualizá-los e distinguir relações entre eles. Para compreender bem as propostas teóricas atuais – tais como a Teoria da Autopoiese e a Cibernética da Cibernética, assim como as ultrarrecentes teorias gerais de sistemas: A Nova Teoria Geral de Sistemas e a Teoria Geral dos Sistemas Autônomos[1] – será preciso rastrear as origens dos seus conceitos, ou seja, como surgiram e evoluíram as propostas dos diversos teóricos sistêmicos.

Assim como foi preciso conhecer o paradigma tradicional para entender o novo paradigma emergente na ciência, também me parece importante voltarmos um pouco às primeiras teorias sistêmicas, para entender as teorias sistêmicas novo-paradigmáticas.

Geralmente, os conceitos teóricos ganham definição e importância no corpo de uma teoria e, portanto, seria natural procurarmos conhecer a noção de sistema, e as noções correlatas, dentro de cada teoria sistêmica. Essa seria uma tarefa muito extensa, sem garantir a compreensão do desenvolvimento e possíveis articulações desses conceitos.

Ludwig von Bertalanffy – o biólogo austríaco, autor da Teoria Geral dos Sistemas e unanimemente reconhecido como um dos teóricos pioneiros dos sistemas – considera que se podem distinguir duas recentes tendências básicas na "ciência dos sistemas" – que ele chama de "mecanicista" e "organicista" – as quais distingo como duas vertentes teóricas (Bertalanffy 1967).

Se associássemos organicismo com descrição dos sistemas biológicos, da natureza viva, e mecanicismo com descrição da natureza inanimada, estaríamos apontando a compartimentação entre os níveis orgânico e suborgânico da natureza.

Entretanto, a tendência organicista, destacada por Bertalanffy, está associada à sua Teoria Geral dos Sistemas, enquanto a tendência mecanicista está associada à Teoria Cibernética, do matemático americano Norbert Wiener. Acontece que a Cibernética surgiu não com uma preocupação de descrição da natureza inanimada, mas sim como uma proposta de construção de sistemas que reproduzissem

---
1. Note-se que estou aqui antecipando uma informação que explicitarei ao final deste capítulo.

os mecanismos de funcionamento dos sistemas vivos, ou seja, com a proposta de construção dos chamados autômatos simuladores de vida ou máquinas cibernéticas.

Assim, a Teoria Cibernética seria mecanicista por sua associação com as máquinas, ou sistemas artificiais, e a Teoria Geral dos Sistemas seria organicista por sua associação com os organismos ou sistemas naturais – biológicos e sociais.

Tanto a Cibernética como a Teoria Geral dos Sistemas surgiram pretendendo ser teorias que transcendessem as fronteiras disciplinares.

Os ciberneticistas, para projetar sistemas artificiais – as máquinas simuladoras de vida – precisaram compreender os sistemas naturais, incluindo eles próprios e seus grupos sociais. Assim, a Cibernética se dedicou ao estudo do "controle e comunicação no animal e na máquina" (Wiener 1948).

Por seu lado, a Teoria Geral dos Sistemas se propôs como uma teoria "de princípios universais aplicáveis aos sistemas em geral" (Bertalanffy 1968, pp. 55-56) "quer sejam de natureza física, biológica, quer de natureza sociológica, [desenvolvendo] 'princípios básicos' interdisciplinares" (p. 78).

A Cibernética e a Teoria Geral dos Sistemas são duas teorias sistêmicas que tiveram desenvolvimentos paralelos, no decorrer do século XX.

Quando descrevi as mudanças de paradigma da ciência, na terceira dimensão do nosso quadro de referência, vimos que houve contribuições fundamentais para a ultrapassagem do pressuposto epistemológico da objetividade – na direção de uma construção intersubjetiva da realidade – tanto vindas da vertente mecanicista, quanto da vertente organicista da ciência dos sistemas: foram respectivamente as contribuições da Cibernética da Cibernética (Cibernética de Segunda Ordem), numa vertente mecanicista, e da Teoria da Autopoiese, numa vertente organicista.

Por isso, tenho pontuado uma convergência entre esses recentes desenvolvimentos da ciência – a Cibernética da Cibernética e a Teoria da Autopoiese – porém distinguindo essa convergência apenas no que se refere às implicações epistemológicas desses desenvolvimentos: o Construtivismo (e a Si-Cibernética) e a Biologia do Conhecer, respectivamente.

Apesar de podermos distinguir um desenvolvimento paralelo das duas vertentes teóricas – a Teoria Geral dos Sistemas e a Cibernética –, também podemos perceber um entrelaçamento entre as duas, à medida que foram se desenvolvendo. Além disso, parece que continuaram entrelaçadas também em seus desdobramentos e em suas aplicações. A ambas se costuma referir como teorias que contribuem para o desenvolvimento de tecnologias: tanto para lidar com sistemas naturais – por exemplo, técnicas de gerenciamento, educacionais, de terapia familiar e outras –, como para embasar a construção de sistemas artificiais.

Dado o propósito presente – de conceituar e contextualizar as principais noções teóricas presentes na literatura sobre sistemas – ao acompanhar os desenvolvimentos teóricos das duas vertentes sistêmicas, procurarei destacar como esses conceitos se desenvolveram no contexto das primeiras teorias sistêmicas, a Teoria Geral dos Sistemas e a Cibernética. Então, apontarei não só os entrelaçamentos ou influências recíprocas entre elas, como também as principais semelhanças e diferenças que se podem distinguir. Penso que assim teremos mais do que um simples glossário de termos ou conceitos teóricos. E estaremos, também aqui, evitando a fragmentação e contribuindo para uma visão mais integradora.

Talvez você já tenha ouvido dizer que a termodinâmica também deve ser considerada como uma teoria sistêmica, aliás, como a primeira teoria física a colocar o foco nas relações. Como vimos, a termodinâmica, em vez de focalizar os elementos individuais, as moléculas, passou a trabalhar com variáveis associadas à população de moléculas, ao conjunto dos elementos.

Entretanto, a termodinâmica não pretendeu transcender fronteiras disciplinares; ao contrário, apresentou-se como uma teoria sistêmica para apenas alguns fenômenos de natureza física. Ainda assim, recentemente têm surgido propostas para se compreenderem diversos fenômenos – tais como: evolução de epidemias, propagação de hábitos, acumulação de capital na economia, competição entre espécies, produção intelectual dos gênios e muitos outros fenômenos – baseadas na teoria termodinâmica.

Jeremy Rifkin, por exemplo, em seu livro *Entropia. Uma nova visão de mundo* (Rifkin e Howard 1980), considera que aqueles que estão mudando sua visão de mundo serão os precursores de uma nova era e vai mostrando como, a partir da segunda lei da termodinâmica, se podem repensar as diversas atividades humanas, em economia, agricultura, transporte, urbanização, educação, saúde, atividades militares. Manifesta sua esperança de que assim os homens possam assumir melhores formas de convivência com essa lei fundamental do universo.

Apesar disso, como pretendo considerar apenas as teorias sistêmicas que desde o início explicitaram sua "vocação transdisciplinar" – e seus desdobramentos atuais – a termodinâmica não será incluída aqui.

Note-se que, ao dizer que a Teoria Geral dos Sistemas e a Cibernética se apresentaram com "vocação transdisciplinar" – ou pelo menos interdisciplinar – não estou afirmando que sejam teorias transdisciplinares. Pelo contrário, considerando que a transdisciplinaridade – tal como colocada no Capítulo 5 – requer a ultrapassagem dos pressupostos da objetividade e do realismo do universo, poderemos ver adiante que nenhuma das duas atingiu seu intento.

O Quadro 31 mostra que, em ambas as vertentes teóricas, distingo dois momentos: o primeiro, em que a teoria, apesar de sistêmica, manteve-se presa ao paradigma tradicional de ciência; o segundo, em que surgiu uma teoria novo-paradigmática.

Quadro 31 – Um quadro de referência para as teorias sistêmicas

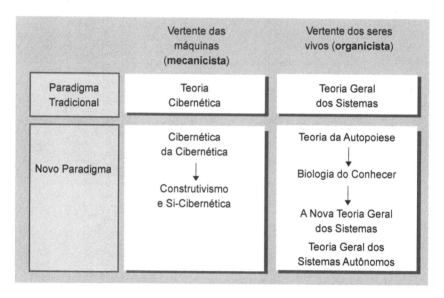

Voltando então à Cibernética e à Teoria Geral dos Sistemas, considero que os entrelaçamentos entre elas estão relacionados ao desenvolvimento das ideias de Bertalanffy.

No Quadro 32, você pode ver, em linhas de tempo, paralelas, alguns acontecimentos que distingui nos desenvolvimentos das duas vertentes, acompanhando as trajetórias dos personagens que estou destacando como os mais importantes na constituição das teorias sistêmicas: Bertalanffy, Wiener, Bateson, Foerster e Maturana.

Quadro 32 – Personagens importantes no desenvolvimento das teorias

		1925	1930	1940	1950
Bertalanffy Biólogo Áustria (1901-1972)		(1925-1926) Publica artigos em alemão	Participa do Círculo de Viena Publica artigos em inglês	(1940) Elabora a "Teoria do Organismo como sistema aberto"	(A partir de 1945) Apresenta o esboço da "Teoria Geral dos Sistemas"
Wiener Matemático EUA (1894-1964)			Participa em discussões no Massachusetts Institute of Technology, sobre método científico	(1943) Publica o artigo "Comportamento, propósito e teleologia" (1946) Participa da 1ª Conferência Josiah Macy (1948) Publica *Cibernética*	(1950) Publica *Cibernética e sociedade* (1952) Ashby publica "Projeto de um cérebro" (1956) Ashby publica *Introdução à Cibernética*
Bateson Antropólogo Inglaterra (1904-1980)		(A partir de 1926) Publica estudos sobre culturas de Bali e Nova Guiné	(1936) Publica *Naven*	(1942) Publica *Caráter balinês*, com Margaret Mead (1946) Participa da 1ª Conferência Josiah Macy (1948-1962) Trabalha no Hosp. Veteranos em Palo Alto (EUA)	(1951) Publica *Comunicação: Matriz social da psiquiatria*, com Ruesch (1956) Publica o artigo: "Para uma teoria da esquizofrenia", com o Mental Research Institute
Foerster Físico Áustria (1911-2002)			Participa do Círculo de Viena (A partir de 1939) Trabalha como físico, em Berlim	(A partir de 1945) Trabalha com telefonia em Viena (1949) Chega aos EUA e participa da 6ª Conferência Josiah Macy (1949) Trabalha com Engª Elétrica no MIT	
Maturana Biólogo Chile (1928-)					(1959) Publica o artigo "O que o olho da rã diz para o cérebro da rã", com pesquisadores do MIT

stêmicas e alguns acontecimentos a eles associados

1960	1970	1980	1990
Faz conferências nos Estados Unidos e no Canadá (1967) Publica *Robôs, homens e mentes* nos Estados Unidos (1968) Publica *Teoria G. dos Sistemas* no Canadá	Morre em 1972		
Morre em 1964			
(1960) Publica resultados da Pesquisa sobre Comunicação (1963) Volta a pesquisar Comunicação no Inst. Oceânico (Havaí) (1969) Apresenta "Patologias da Epistemologia" e concepção de "mente"	(1972) Publica *Passos para uma ecologia da mente* (1979) Publica *Mente e natureza*	Morre em 1980	
(1958-1976) Dirige o Lab. Computação Biológica (Illinois) (1969) Organiza o "Simpósio sobre Cognição" (Chicago) e convida Maturana	(1972) Publica "Epistemologia dos objetos vivos" (1974) Conferência "Cibernética da cibernética" (Pensilvânia) (1978) Conferência "Cibernética de 2ª ordem", no MRI (Califórnia)	(1982) Introduz a expressão "sistemas observantes"	(1991) Pakman publica *As sementes da cibernética. Obras escolhidas de Heinz von Foerster* Morre em 2002
(1969) Participa do "Simpósio sobre Cognição" (de Von Foerster), e apresenta concepção de "vida"	(1975) Publica *"Organização do vivo"*	(1980) Publica *De máquinas e seres vivos* (ou *Autopoiese e cognição*), com Varela (1983) Publica *A árvore do conhecimento*, com Varela	(1997) Publica *Ontologia da realidade* Morre em 2021

Como frisa o próprio Bertalanffy, como biólogo, já na década de 1920, ele estava intrigado com as lacunas existentes na biologia, por se desenvolverem, tanto a pesquisa quanto a teoria biológicas, muito dentro de um enfoque mecanicista. Bertalanffy diz que, apesar de ter sido educado sob a influência do neopositivismo e de ter participado do Círculo de Viena, não assumiu ideias positivistas: achava que, ao adotar o enfoque mecanicista, a biologia estava desprezando exatamente o que é essencial no fenômeno da vida: a organização. Assim, já em 1925-1926 começou a publicar suas primeiras ideias nesse sentido, porém inicialmente só em alemão. Na década de 1930, publicou alguns artigos na Inglaterra e, em 1940, já tinha elaborado e apresentado sua "teoria do organismo considerado como sistema aberto" (Bertalanffy 1968, p. 30).

Entretanto, como ele diz, na Europa, a época não era favorável a suas ideias, que não foram bem aceitas, e, além disso, a guerra também veio interferir no desenvolvimento de seu trabalho, que foi de certo modo interrompido.

Enquanto isso, Wiener, tendo seu trabalho estimulado justamente pela guerra, pela necessidade de se desenvolverem equipamentos militares e outras realizações tecnológicas afins, desenvolveu a Cibernética nos Estados Unidos, publicando logo dois livros: *Cibernética ou controle e comunicação no animal e na máquina* (1948), e, logo em seguida, *Cibernética e sociedade. O uso humano dos seres humanos* (1950).

Depois da guerra, Bertalanffy, na Europa, começou a discutir sua Teoria Geral dos Sistemas com os físicos, apresentando-a em conferências e simpósios, mas ela foi recebida com incredulidade, tendo ele vivenciado a dificuldade de ultrapassar não só as fronteiras disciplinares, como as fronteiras entre os continentes europeu e americano.

Enquanto a Cibernética florescia nos Estados Unidos, Bertalanffy tinha conhecimento dela e era influenciado por esses desenvolvimentos da ciência. Em suas publicações, ele cita os trabalhos dos ciberneticistas Wiener, Ashby, Newman, Weaver, Ruesch, Shannon, Köerstler.

Entretanto, parece que os ciberneticistas desconheceram o trabalho de Bertalanffy: pelo menos ele não é citado nem nos dois livros de Wiener, de 1948 e 1950, nem no livro de Ashby, *Introdução à cibernética*, de 1956.

Só na década de 1960, Bertalanffy começa a fazer conferências nos Estados Unidos (Califórnia) e no Canadá (Calgary). Em 1967, ele organiza seus escritos e publica seu livro mais conhecido, *Teoria geral dos sistemas*, editado em 1968, pela editora da Universidade de Alberta, no Canadá, à qual ele se encontrava vinculado na época. Especialmente para esse livro, escreveu apenas três capítulos; os outros oito capítulos são textos que escrevera nos anos 40, 50 e 60.

No ano anterior, 1967, tinha sido publicado em Nova York, seu livro *Robôs, homens e mentes*. Esse livro está constituído por duas aulas inaugurais que ele ministrou na Universidade de Clark, em Massachusetts, em 1966: a primeira intitulada "Para uma nova imagem do homem" e a segunda, "Para uma nova filosofia natural". Apesar de o subtítulo dado ao livro ser "A psicologia no mundo moderno", o próprio Bertalanffy, no prefácio, considera esse seu livro como um ensaio em "sociologia do conhecimento, ou seja, como o estudo das inter-relações e interações entre a situação sociocultural, a ciência e a perspectiva mundial num determinado período" (p. 15).

Nessa época, Bertalanffy manifesta seu ressentimento por não ter sido ainda devidamente reconhecido. Ressalta que há 30 anos vinha dizendo – não sem encontrar oposição – que o tema da biologia deveria ser "a ordem e a organização das partes e os processos em todos os níveis do mundo vivo". E só então essas ideias estavam sendo enaltecidas, como "biologia organicista (...) como um complemento novo e necessário da biologia molecular", sem que, entretanto, ele fosse mencionado pelos norte-americanos como seu autor principal. E isso estava acontecendo, embora ele já fosse reconhecido "em todos os demais lugares, inclusive na Rússia e nos países da Europa Oriental"[2] (Bertalanffy 1967, p. 95).

Assim, ele faz questão de destacar que sua Teoria Geral dos Sistemas foi apresentada pela primeira vez depois da Segunda Guerra Mundial, porém antes de Wiener publicar a *Cibernética*. Além de assumir a autoria da Teoria Geral dos Sistemas, Bertalanffy também enfatiza as diferenças e, considerando que a Teoria Geral dos Sistemas é mais ampla do que a Cibernética, recusa qualquer identificação entre as duas.

Apesar de tudo isso, ainda hoje parece prevalecer a ideia de que, na confluência entre a Cibernética e a Teoria Geral dos Sistemas, a Cibernética teve primazia, em virtude da grande fertilidade que tiveram suas ideias no campo das ciências sociais e biológicas. Capra (1996), por exemplo, diz que uma nova concepção de vida tem raízes mais claramente expostas na Cibernética do que na Teoria Geral dos Sistemas.

---

2. Bertalanffy morreu em 1972, quatro anos depois da publicação do livro *Teoria geral dos sistemas*.

É interessante notar que a Cibernética não costuma ser chamada de teoria sistêmica, ao passo que a expressão é frequentemente utilizada quando se faz referência à Teoria Geral dos Sistemas.

Penso que esse entrelaçamento, ocorrido no decorrer da história do desenvolvimento dos conceitos sistêmicos, quando não percebido ou não explicitado, tem colocado em dificuldades autores que se propõem a apontar as raízes sistêmicas de suas práticas, ou seja, seus fundamentos teóricos sistêmicos.

Assim, ao se proporem a apresentar separadamente as raízes sistêmicas e as raízes cibernéticas, são levados a falar de alguns conceitos – tais como, retroalimentação[3] (negativa e positiva), circularidade, entre outros – tanto quando descrevem os fundamentos teóricos sistêmicos, como quando descrevem os fundamentos cibernéticos, não deixando claro o porquê de certos conceitos estarem presentes em ambas as teorias.

Por isso, minha proposta aqui é a de rastrearmos as origens dos conceitos sistêmicos, acompanhando esse entrelaçamento entre a Teoria Geral dos Sistemas e a Cibernética, o que nos levará a focalizar alternadamente conceitos mais enfatizados numa ou noutra dessas vertentes teóricas da "ciência dos sistemas".

Contudo, preciso deixar claro que, como pretendo rastrear as origens dos conceitos, não vou acompanhar o seu desenvolvimento em todas as publicações dentro das duas vertentes. Ao contrário, pretendo partir apenas dos textos que distingo como mais básicos numa e noutra – os livros *Teoria geral dos sistemas* (1968) e *Robôs, homens e mentes* (1967), de Bertalanffy, e *Cibernética* (1948) e *Cibernética e sociedade* (1950), de Wiener – para posteriormente chegarmos ao que considero serem os desenvolvimentos contemporâneos novo-paradigmáticos das "teorias sistêmicas".

Note-se, entretanto, que considerar a Teoria Geral dos Sistemas e a Cibernética como os primeiros arcabouços teóricos sobre sistemas não significa que antes disso não tenha havido propostas de abordagens teóricas da noção de sistema. Já em 1912, Bogdanov, um pesquisador, médico, filósofo e economista russo, publicou *Tectologia*, obra na qual – ao propor "generalizar os princípios de organização de todas as estruturas vivas e não vivas" – já antecipava várias ideias posteriormente desenvolvidas por Bertalanffy, Wiener, Ashby, Prigogine, René Thom. Entretanto, os filósofos marxistas da época teriam sido hostis às ideias de

---

3. Como já vimos, outros termos equivalentes a retroalimentação são retroação e *feedback*.

Bogdanov, estranhas ao pensamento científico da sua época, vistas por eles como um novo sistema filosófico planejado para substituir o de Marx, ficando suas obras proibidas na União Soviética por quase meio século (Capra 1996, p. 51).

Começando pela Teoria Geral dos Sistemas

Lendo e relendo várias vezes os textos de Ludwig von Bertalanffy (1901-1972)[4] – o que venho fazendo desde 1974 – sou levada a concluir que, mais do que um mero biólogo no exercício das atividades específicas de sua disciplina, ele foi um cientista em sentido muito mais amplo, preocupado com questões que atravessam as fronteiras disciplinares, que hoje chamo de questões do paradigma da ciência.

Sendo assim, imagino como deve ter-se sentido desconfortável com a divisão das disciplinas científicas em compartimentos estanques, com as especializações, com as oposições entre ciências físicas e biológicas, por um lado, e entre ciências naturais e ciências sociais, por outro. Bertalanffy deve ter-se sentido especialmente desconfortável com aquelas dificuldades – que já vimos no Capítulo 3 – de trabalhar em sua área com os pressupostos epistemológicos da simplicidade e da estabilidade, com os quais a física clássica vinha sendo tão bem-sucedida. Tanto que o paradigma da física passou a ser considerado como o paradigma da ciência, a tal ponto de o modelo de "ciência" (exata) ser identificado com o modelo da "física" (teórica).

Reconhecendo as diferenças no nível de elaboração atingida para as leis físicas, para as leis biológicas e para as leis da sociedade humana, Bertalanffy apontou a necessidade de novas categorias de pensamento científico, mais amplas, de modo que uma ciência rigorosa pudesse abarcar também a biologia e a sociologia. Ele postulou que a termodinâmica clássica, que lida com sistemas em equilíbrio ou próximos dele, precisaria ser complementada por uma nova termodinâmica que abarcasse também os sistemas abertos que se mantêm afastados do equilíbrio.

---

4. Importante lembrar que o livro *Teoria geral dos sistemas* é constituído de textos escritos por Bertalanffy em diferentes momentos de sua vida e o livro *Robôs, homens e mentes* é constituído de duas conferências do autor. Portanto, em nenhum dos dois, a teoria está apresentada de forma sistemática e sua leitura nos obriga a muitas idas e voltas, para ir ligando o que aparece fragmentado e repetitivo.

Percebendo que "o total de acontecimentos observáveis apresenta uniformidades estruturais que se manifestam por traços isomórficos (...) nos diferentes níveis ou domínios" (p. 76), o que permite aplicarem-se as mesmas abstrações e os mesmos modelos conceituais a fenômenos diferentes, dedicou-se a identificar os "princípios básicos interdisciplinares" (p. 78) que pudessem constituir uma "teoria interdisciplinar" (p. 75). Assim, essa teoria interdisciplinar – a que ele também se referiu como uma nova disciplina científica, ou como um novo campo na ciência – seria uma "estrutura teórica psicofisicamente neutra" (p. 293), constituída de conceitos e modelos aplicáveis tanto a fenômenos materiais, como a fenômenos não materiais (Bertalanffy 1968).

Essa teoria de princípios universais, focalizando isomorfismos, ou seja, propriedades gerais que aparecem em diferentes disciplinas científicas, teria "aspectos de uma metaciência, ou de uma filosofia natural", algo que influi em nossa visão de mundo (Bertalanffy 1967, p. 112).

Identificando a interação como o problema central em todos os campos da ciência, o conceito fundamental da investigação científica seria o de "sistema" e essa teoria interdisciplinar seria uma "teoria geral para os sistemas". O objeto proposto para essa teoria foi a formulação de princípios válidos para os sistemas em geral, independentemente das entidades que os constituam. Portanto, aqui não se falaria mais de entidades físicas, químicas, ou outras, passando-se a falar das totalidades que essas entidades constituem, da organização desses sistemas. Assim, a Teoria Geral dos Sistemas se propõe como uma ciência da totalidade, ou como uma disciplina lógico-matemática aplicável a todas as ciências que tratam de "todos organizados".

Dentre as muitas áreas a que a Teoria Geral dos Sistemas seria aplicável, estão a embriologia, o sistema nervoso, a cognição, a psicologia, a ecologia, a economia, as ciências sociológicas, a organização administrativa, os processos de urbanização, os negócios, o governo, as políticas internacionais etc.

Pretende-se um esquema claro e consistente de conceitos, uma teoria unitária em torno dos conceitos de sistema e de organização, representando um esforço para uma síntese do conhecimento, porém uma síntese que não elimine as diferenças.

A Teoria Geral dos Sistemas visou a uma unidade da ciência, ou uma "unificação dos conhecimentos, que nos permitiria perceber um grande plano ou estrutura no que, de outro modo, se nos apresenta como especialidades distintas e divergentes" (Bertalanffy 1967, p. 170).

Entretanto, Bertalanffy enfatiza bastante que se trata de uma unidade da ciência baseada na isomorfia de leis em diferentes campos, tornando-se assim desnecessária a descoberta dos mesmos princípios ou leis em diversos campos isolados. Porém, não se trata, segundo ele, nem de redução de fenômenos, nem de transferências de conceitos, nem de semelhanças superficiais entre fenômenos (por exemplo, na biologia e na sociologia), nem de analogias vagas de um campo para outro: isomorfismo, diz ele, é mais que analogia.

Então, para a unificação de uma nova ciência voltada para um mundo dinâmico e fundada no conceito de interação, essa teoria representaria o que a lógica clássica teria representado para a ciência antiga, voltada para um mundo estático e fundada na classificação.

Apesar de propor sua teoria como um grande avanço em relação à ciência clássica, Bertalanffy enfatiza muitas vezes que deseja e considera possível que ela se desenvolva sem se afastar do referencial da ciência tradicional. Ele diz, por exemplo, que essa teoria permitirá abordar cientificamente alguns fenômenos considerados animistas ou metafísicos, tais como os fenômenos da intencionalidade (teleológicos), até então vistos como fantasmas alheios à ciência.

Aliás, ele propôs que a teoria não só daria definições exatas dos conceitos, como também os submeteria à análise quantitativa, quando isso fosse adequado. E diz mais, que "os modelos usados permanecem dentro da estrutura da matemática clássica", apesar de o conceito de sistema trazer muitos problemas ainda à espera de solução[5] (Bertalanffy 1968, p. 143).

Além disso, ele recusa explicações que sejam baseadas em acontecimentos casuais, preconizando a busca de regularidades e repetições, na expectativa de que, quando "formos capazes de introduzir os necessários parâmetros [a teoria dos sistemas] se tornará uma teoria, semelhante em estrutura às da física" (Bertalanffy 1968, p. 60).

Outro pressuposto da ciência tradicional ao qual Bertalanffy se mantém irremediavelmente preso é o da objetividade. Ele chega a afirmar que o conceito

---

5. Há quem considere que esse objetivo de Bertalanffy, de ter uma disciplina aplicável às várias ciências empíricas, não foi atingido, por falta de técnicas matemáticas para lidar com a complexidade (Capra 1996).

de sistema requer uma mudança epistemológica e ressalta que não existem dados puros de observação e que os modelos não representam a realidade última, sendo apenas hipóteses de trabalho, como inclusive a sua teoria. Entretanto, ele preserva a existência da realidade, ao dizer que a mudança epistemológica necessária é a "de uma filosofia absolutista para uma filosofia de perspectivismo". Assim, ele considera que há diferentes "perspectivas da realidade", cada uma com as inevitáveis limitações humanas. Preocupando-se em ressaltar que esse perspectivismo é diferente ou não implica reducionismo, ele afirma que os isomorfismos em que se assenta sua teoria repousam não só em nosso conhecimento, mas também na realidade. Apesar de dizer que a psicologia já demonstrou que o organismo cria o mundo que o rodeia, que o mundo é produto da percepção e não sua causa, e que a ciência é uma síntese determinada por inumeráveis fatores, ele preserva insistentemente a existência da realidade, ao dizer: "A única condição é que a síntese não difira excessivamente da realidade 'tal como é'" (Bertalanffy 1967, p. 141).

Então, de acordo com o que vimos no Capítulo 5, a Teoria Geral dos Sistemas, mantendo a objetividade sem parênteses, ou seja, mantendo o pressuposto da existência de uma realidade independente do observador, não preenche nossos critérios para ser considerada uma teoria sistêmica novo-paradigmática. Portanto, não é também uma teoria transdisciplinar.

Contextualizada assim a Teoria Geral dos Sistemas, com seus propósitos e características, podemos passar a ver como foram conceituadas suas principais noções.

Comecemos pela noção central, a de *sistema*. Quando procura explicitar uma definição para sistema, Bertalanffy (1967; 1968) o define como um "complexo de elementos em interação" ou um "conjunto de componentes em estado de interação", usando também como sinônimos os termos sistema, totalidade, organização.

Preocupado com o rigor de sua teoria, ressalta que, embora à primeira vista essa definição possa parecer muito geral e vaga, "os sistemas podem ser definidos por famílias de equações diferenciais (...) e podem ser encontradas muitas propriedades importantes dos sistemas em casos gerais e mais especiais" (Bertalanffy 1968, p. 62). E considera que essas propriedades, expressas em leis bem conhecidas em vários campos da ciência, referem-se a conceitos antes considerados metafísicos ou não científicos.

A existência de *interação* ou de relações entre os componentes é então um aspecto central que identifica a existência do sistema como entidade, distinguindo-o de um simples aglomerado de partes independentes umas das outras. Quanto menores forem os índices de interação, tanto mais o sistema se parecerá a um conjunto de elementos independentes.

Interação significa que os elementos *p* estão em relações *R*, de tal modo que o comportamento de *p* na relação *R* é diferente do seu comportamento em outra relação *R'*. Por exemplo, o comportamento de um homem em sua relação conjugal é diferente do comportamento desse mesmo homem em sua relação profissional com seu chefe. É a interação que, constituindo o sistema, torna os elementos mutuamente interdependentes: cada parte estará de tal forma relacionada com as demais, que uma mudança numa delas acarretará mudanças nas outras. Desse modo, para compreender o comportamento das partes, torna-se indispensável levar em consideração as relações.

Um conjunto de elementos, no qual não se evidenciem as interações entre as partes, não pode ser considerado como um sistema e é então comumente chamado de um amontoado. Esse conjunto pode se constituir passo a passo, colocando-se juntos elementos cujas características mantêm-se as mesmas, quer estejam dentro ou fora do conjunto, valendo então para ele o princípio da somatividade. Já o sistema, como totalidade de partes com suas inter-relações, constitui-se instantaneamente e não só a característica constitutiva do sistema não é um simples somatório das características dos elementos, como também as características dos elementos dependem das relações específicas no interior do complexo.

A concepção de sistema e o reconhecimento das interações vêm limitar a aplicação dos procedimentos analíticos na ciência, uma vez que os sistemas não são inteligíveis por meio da investigação de suas partes isoladamente.

As relações são o que dá coesão ao sistema todo, conferindo-lhe um caráter de *totalidade* ou *globalidade*, uma das características definidoras do sistema.

A Teoria Geral dos Sistemas é considerada por Bertalanffy como uma ciência da totalidade, da integridade ou de entidades totalitárias, até então algo vago, nebuloso, meio metafísico. A noção de sistema vem substituir a noção preliminar de *gestalten* – noção restrita às *gestalten* em física – referindo-se amplamente a qualquer *unidade* em que *o todo é mais do que a soma das partes*.

Assim, um sistema é um *todo integrado* cujas propriedades não podem ser reduzidas às propriedades das partes, e as propriedades sistêmicas são destruídas quando o sistema é dissecado. Entretanto, as características do todo tendem a se manter, mesmo que haja substituição de membros individuais. Os componentes não são insubstituíveis. De acordo com essa noção de todo integrado, o "comportamento do todo é mais complexo do que a soma dos comportamentos das partes", de modo que "os acontecimentos parecem implicar mais que unicamente as decisões e ações individuais" (Bertalanffy 1968, p. 24). As unidades individuais ou membros do sistema existem em relações e o sistema impõe *coerções* sobre o comportamento das partes: os graus de liberdade para o comportamento de cada elemento são restringidos pelo fato de ele integrar um sistema. Assim, um elemento não exibe todas as suas características em todos os sistemas de que possa fazer parte e, então, nesse sentido, costuma-se dizer que *o todo é menos que a soma das partes*.

Consequentemente, a descrição dos comportamentos possíveis de um elemento é inadequada, se não se descreverem as coerções exercidas sobre essas possibilidades pelo sistema de que ele faz parte. Como também é impossível descrever o sistema considerando apenas características específicas de cada um de seus elementos individuais. Torna-se, portanto, imprescindível que se coloque o foco nas relações.

Por isso, Bertalanffy (1968) ressalta que não se pode aplicar ao sistema o procedimento analítico. Só quando as interações são inexistentes, ou suficientemente fracas para serem desprezadas, e quando as relações que descrevem o comportamento das partes são lineares, torna-se possível a "aditividade, isto é, uma equação que descreve o comportamento do todo ser da mesma forma que as equações que descrevem o comportamento das partes" (p. 38), podendo-se sobrepor os processos parciais para se obter o processo total. Já a descrição do sistema – em virtude das interações entre as partes – só pode ser feita através de "um conjunto de *equações* diferenciais simultâneas, *não lineares*" (*idem, ibidem*). Então, é comum referir-se à *não somatividade* como um dos princípios da Teoria Geral dos Sistemas.

A concepção de interdependência entre todos os elementos de um sistema traz consigo noções sobre o modo como esses elementos se influenciam uns aos outros. Surgem as noções de *não unilateralidade* ou *bidirecionalidade*: as influências não são unilaterais, não vão apenas de A para B, mas também de B para A. A existência desse tipo de influência bidirecional foi chamada também de *circularidade*, ou de causalidade circular, e a circularidade é então destacada como uma propriedade dos sistemas em geral. Entretanto, parece importante lembrar aqui que, como já vimos, não é apenas nesse sentido que se tem usado o conceito de circularidade: essa noção tem sido associada também à existência de uma causalidade recursiva, além de associar-se ainda à existência de uma alça de retroação, nos sistemas cibernéticos.

Quando Ervin Laszlo (1972) escreveu *A visão sistêmica do mundo. A filosofia natural dos novos desenvolvimentos nas ciências*, ele destacou quatro propriedades dos sistemas naturais, que chamou de *invariâncias organizacionais*:

1. sistemas naturais são "todos" (*wholes*) com propriedades irredutíveis;
2. sistemas naturais coordenam interfaces na hierarquia da natureza;
3. sistemas naturais mantêm-se a si próprios, num ambiente em mudança;
4. sistemas naturais criam-se a si próprios em resposta aos desafios do ambiente.

Invariância refere-se a aspectos recorrentes dos fenômenos, abstraídos pelas teorias nos diferentes contextos em que o fenômeno se apresenta. Enquanto a ciência clássica abstrai a substância e as interações causais entre substâncias, a ciência sistêmica tende a abstrair os aspectos da organização, ou invariâncias de processo, ou seja, as invariâncias organizacionais. É a emergência de isomorfia e de conceitos paralelos em diversas disciplinas científicas que permite a formulação dessas invariâncias.

Laszlo vai mostrando, com dados empíricos da ciência contemporânea, que cada uma dessas invariâncias se manifesta nos sistemas naturais, nos diversos níveis da natureza: nos níveis infraorgânico, orgânico, supraorgânico, por exemplo, nos átomos, nas células, nas famílias.

Apontando a dificuldade de mantermos, numa perspectiva sistêmica, a distinção tradicional entre "vida" e "matéria", ele lembra que muitas coisas não vivas, tais como a chama de uma vela e uma cachoeira, compartilham algumas características organizacionais com os seres vivos. E então propõe que não se fale de sistemas vivos e não vivos, mas sim de sistemas naturais e artificiais.

Sistema natural é então "qualquer sistema que não deve sua própria existência a um planejamento ou execução consciente do homem" (Laszlo 1972,

p. 23). Note-se que aqui sistema natural se contrapõe a sistema artificial e não a sistema social ou cultural, como se costuma pensar na tradicional contraposição natureza/cultura.

A primeira dessas invariâncias organizacionais que Laszlo destaca é exatamente a totalidade: *sistemas naturais são "todos"* (wholes) *com propriedades irredutíveis*, ou seja, há entidades, tanto no mundo físico das entidades suborgânicas, quanto no mundo vivo das entidades orgânicas, quanto no mundo social das entidades supraorgânicas, cujas propriedades não podem ser reduzidas às propriedades das partes separadas.

Essa concepção do sistema como um todo integrado, ou seja, essa propriedade de totalidade do sistema, tem sido frequentemente referida como propriedade holística. *Hólos* em grego significa inteiro, completo, e holismo então se refere à tendência — que se supõe própria do universo — a sintetizar unidade em totalidades organizadas. Por isso a visão/pensamento sistêmica(o) tem sido muitas vezes identificada como uma visão/pensamento holística(o) ou uma visão/pensamento ecológica(o).

Entretanto, o pensamento holístico tem assumido outras dimensões e tem recebido outras conotações que o distinguem fundamentalmente do pensamento sistêmico, tal como o concebemos aqui. Capra (1992, p. 26) considera que, enquanto o pensamento holístico lida com o todo, o pensamento sistêmico lida com as partes e com o todo. E afirma: "por isso, gosto mais do sistêmico do que do holístico".

Ele faz uma distinção entre uma visão ecológica superficial e uma visão ecológica profunda. Na visão ecológica superficial, ou antropocêntrica, apesar de se verem as interligações dos fenômenos, mantém-se a separação homem/natureza, sendo o homem visto como a fonte de todos os valores, enquanto à natureza se atribui um valor instrumental ou de uso. Já na visão ecológica profunda, que é ecocêntrica (eco vem do grego *oikos* = lar, casa, terra), todos os seres e vidas têm igual valor. Essa visão ecológica profunda é uma consciência da inserção do homem no universo, que corresponde a uma consciência espiritual ou religiosa, consistente com a filosofia das tradições espirituais: dos cristãos místicos, dos budistas, dos índios, da cosmologia. Holismo tem estado, pois, quase sempre associado a essa dimensão espiritual. Capra (*idem*) ressalta que é possível falar de um mundo em que os problemas são interligados, pensando em termos de conexão, de relações, de contexto, sem ser preciso falar de espiritualidade. Acrescenta, entretanto, que, em seus seminários, ao falar de pensamento sistêmico, de ciência, de gerenciamento, as pessoas acabavam pedindo para que abordasse a dimensão espiritual.

Então, os projetos ditos holísticos, acreditando que na separação homem/natureza está a fonte dos problemas que a humanidade vive hoje, preconizam o resgate da possibilidade de o homem viver em harmonia com o universo.

Parece, entretanto, que as concepções holísticas privilegiam uma harmonia utópica que tenta afastar as contradições, as divergências, os conflitos, enquanto a abordagem sistêmica preserva o espaço das partes e de soluções mais concretas para dificuldades que são inerentes às condições atuais da inserção do homem no universo.

Além do mais, a ênfase a essa dimensão espiritual pode nos desviar para uma dimensão que escapa à abordagem científica. Penso que o importante é não nos esquecermos de que, como seres humanos, podemos constituir e viver em domínios linguísticos diferentes, com diferentes critérios de validação das afirmações, sendo inclusive possível nos movermos de um domínio para outro. Religião e ciência correspondem a domínios linguísticos diferentes e disjuntos (Maturana 1997). Por esses motivos, falo de pensamento sistêmico e não de pensamento holístico.

Mas, mesmo nos mantendo numa perspectiva sistêmica, não estamos livres de más interpretações, como se pode facilmente constatar na literatura científica contemporânea. Algumas vezes, os sistemas são concebidos como agregados mecânicos. Outras vezes a distinção entre sistema e ambiente parece confundir-se com uma distinção entre sujeito e objeto. Também a afirmação de que o todo é mais que a soma das partes pode ser feita sem superar-se a postura atomista e aditiva: no atomismo, o todo é a soma das partes; a afirmação de que o todo é mais que a soma das partes – embora vista como uma reação ao atomismo – pode ocultar ainda um atomismo menos explícito, uma postura ainda aditiva, em que se continua conferindo primazia ontológica às partes. Para superar essa tendência à aditividade é preciso pensar que o todo emerge para além da existência das partes e que são as relações que criam características historicamente constrangedoras das partes.

Aqui voltamos à noção de que as relações constituem o sistema e definem, pois, a existência de um conjunto de elementos como uma *organização*.

Pensamento sistêmico | 203

Bertalanffy (1968, p. 25) afirma que a teoria de sistemas trata a "organização como um sistema de variáveis mutuamente dependentes", e que uma organização – ou um todo organizado – caracteriza-se pela existência de interações fortes e não triviais entre as partes que a compõem. Mas, ao se perguntar "que é a organização?", ele próprio considera não dispor ainda de uma teoria da organização. Indica, entretanto, algumas características, comuns às organizações, tanto biológicas, quanto sociais, tais como, crescimento, diferenciação, ordem hierárquica etc., acrescentando que a organização não pode ser adequadamente medida, nem em termos de energia, nem em termos de informação. Considera que a física teve sucesso em criar uma teoria da complexidade desorganizada, referente ao comportamento desordenado das moléculas de um gás (termodinâmica). À Teoria Geral dos Sistemas caberia então abordar a *complexidade organizada* – presente nos sistemas biológicos e sociais – por meio de uma teoria geral da organização, buscando "as leis da organização [a qual] afeta todos os planos da realidade e da ciência" (Bertalanffy 1967, p. 94).

Note-se que, apesar de Bertalanffy afirmar que é possível definir as características comuns às organizações "dentro do modelo matemático de um sistema", a noção de organização daquela época fica muito vaga e indefinida, muito diferente das definições de organização e estrutura dadas mais recentemente por Maturana e Varela. A propósito, autores que se dedicam a descrever ou resumir os princípios ou os conceitos básicos da Teoria Geral dos Sistemas geralmente falam de totalidade, não somatividade, circularidade, equifinalidade, retroação, mas não incluem a noção de organização.

A ideia de organização tem uso bastante amplo na Teoria Geral dos Sistemas. Bertalanffy propõe a concepção do "mundo como organização" (Bertalanffy 1968, p. 249). Porém, concebe o mundo como uma "enorme ordem hierárquica de entidades organizadas, numa superposição de muitos níveis, indo dos sistemas físicos e químicos aos biológicos e sociológicos [sendo a unidade da ciência possibilitada] pelas uniformidades estruturais dos diferentes níveis da realidade" (p. 124). Pode-se assim pensar em sequências, tais como: dos átomos às moléculas, das moléculas às células, das células aos organismos, destes aos grupos sociais.

Interessante observar que, apesar da pretensão de interdisciplinaridade, estão muito evidentes aqui, não só a ideia de que os sistemas naturais são compartimentados, como também a ideia de que há níveis mais fundamentais do que outros – decorrendo então, naturalmente, o fato de que algumas disciplinas científicas sejam mais fundamentais do que outras.

Trata-se então de uma *organização hierarquizada* também chamada de *ordem estratificada*. A realidade como um todo se caracterizaria por essa estrutura hierárquica, constituída pela superposição de níveis de sistemas: sistemas de um nível se combinam para formar ordens mais altas na hierarquia. Cada um desses níveis, constituindo-se como um todo, é irredutível a seus níveis inferiores, e é isso que impede que sejam estudados por métodos analíticos.

Assim, os membros individuais de um sistema sendo, por sua vez, sistemas do nível inferior seguinte, são, ao mesmo tempo, *todo* e *parte*. Koestler (1967) usou a palavra *holons* para designar esses sistemas que são simultaneamente todos e partes. Essa característica da organização hierárquica dos sistemas é também conhecida como *efeito Jano*: Jano, um deus romano, teria duas faces, olhando em direções opostas, uma para baixo, para os níveis subordinados, e outra para cima, para os níveis superiores.

Outra forma comum de se referir a essa relação entre todos e partes tem sido por meio dos conceitos de *subsistema* e *suprassistema*. Um sistema é então um subsistema em relação ao nível hierárquico imediatamente superior – por exemplo, uma célula em relação ao organismo ou órgão de que faz parte – ou um suprassistema em relação ao nível hierárquico imediatamente inferior – por exemplo, a mesma célula em relação aos elementos de que se constitui, núcleo, membrana e citoplasma. Costuma-se então dizer que a natureza se constitui de sistemas dentro de sistemas ou de *sistemas de sistemas*.

Cada *holon* teria então duas tendências: uma integrativa, para funcionar como parte de um todo maior, mostrando interdependência e *integração*, a fim de tornar o sistema viável; outra afirmativa, para funcionar como todo, para preservar sua individualidade, exibindo *autonomia*.[6]

---

6. Integração e autonomia têm sido associadas respectivamente às noções de *yin* e *yang*, da cultura oriental. Note-se que essa identificação de conceitos desenvolvidos em diferentes *áreas de racionalidade* tem sido recusada por cientistas que alertam quanto a essa *mistura de conteúdos*. Henri Atlan – que atua nas áreas de biologia celular, biofísica e informática (inteligência artificial) e que também se dedica à reflexão na tradição talmúdica –, numa entrevista concedida a Guita Pessis-Pasternak, alerta para que se evite essa armadilha. Ele exemplifica dizendo que o fato de haver uma "complementaridade entre ondas e corpúsculos, no formalismo da mecânica quântica" e de haver também uma "complementaridade entre o *yin* e o *yang*, mas num formalismo bem diverso" não justifica misturá-los (Atlan 1991, pp. 52 e 56). Concordo com Atlan e, por considerar que essas noções de *yin* e *yang* pertencem a outro domínio linguístico – e não à ciência –, não as incluo entre os demais conceitos abordados pelas teorias sistêmicas.

Também para Laszlo, essa inserção do sistema numa organização hierárquica é uma característica geral dos sistemas naturais, uma das quatro invariâncias organizacionais que ele destacou: *sistemas naturais coordenam interfaces na hierarquia da natureza*, ou seja, ligam os níveis da pirâmide de múltiplos níveis. Para se manter, todo sistema natural cumpriria essa função e precisaria, portanto, adaptar-se continuamente não só às mudanças nas condições dos subsistemas, como às mudanças nas condições do suprassistema. Essa natureza hierarquicamente integrada seria, pois, "uma entidade dinâmica e adaptativa, refletindo em seu funcionamento os padrões de mudança na hierarquia toda" (Laszlo 1972, p. 74).

Dispondo hoje do referencial da "Biologia do Conhecer", de Maturana, podemos perceber a falta que fez a Bertalanffy e a Laszlo a concepção de que a realidade emerge das distinções do observador: o observador é que fará emergir, com suas distinções, um sistema. Mas tanto Laszlo quanto Bertalanffy mantiveram-se presos à crença na existência dessa realidade objetiva: o mundo hierarquicamente organizado, independente do observador.

Aliás, parece que outro conceito de Maturana que podemos relacionar às colocações de Bertalanffy sobre o mundo como uma totalidade organizada é o de acoplamento estrutural.

> O acoplamento estrutural é o processo que nos dá o universo organizado em que vivemos, que organiza e constitui todos os sistemas complexos que existem, (...) processo que, nos seres vivos, tem sido muitas vezes erroneamente identificado como homeostase, hierarquia, ou como as regras do sistema. (Dell 1985, p. 12)

A concepção de interações intersistêmicas, de sistemas interligados a sistemas ou do mundo como sistemas de sistemas nos remete à ideia de *ecossistema*: vários sistemas, cada um com seu aspecto de totalidade, tais como um indivíduo, uma família, uma cidade, uma nação, interagindo numa rede dinâmica de interdependências e influências mútuas. Para Bertalanffy (1968), apesar de os sistemas já serem estudados há muito tempo, a nova tendência seria a de considerar os fenômenos em contextos amplos, examinando as interações em setores da natureza cada vez maiores.

Falar de interações intersistêmicas conduz naturalmente à noção das *fronteiras*, através das quais se dão as relações entre os sistemas ou as relações entre o sistema e seu *ambiente*, então considerado como o contexto do sistema.

Para ser estudada como uma unidade, qualquer entidade deveria estar delimitada: por isso alguns definem fronteiras como os limites do sistema. Aqui reside, entretanto, um grande risco, o de reificarmos a noção de fronteiras, tentando buscar algo concreto que a elas corresponda. Como diz Wilden (1972), a linha que separa o sistema e o ambiente é uma ficção e infelizmente pensamos que é concreta.

Concebidas como um aspecto da relação do sistema com seu ambiente, as fronteiras são dinâmicas e não permitem traçar com exatidão os limites do sistema. No caso de uma célula, por exemplo, muitas vezes a membrana é indicada como a sua fronteira. Mas a membrana é uma parte ativa e responsiva do sistema, podendo inclusive alterar-se à medida que vai desempenhando sua função de colocar a célula em comunicação com seu exterior. Assim podem ir se alterando as formas de relação entre o sistema e seu ambiente.

Portanto, as fronteiras não são sistemicamente concebidas como barreiras, mas sim como o "lugar de relação" ou o "lugar das trocas" entre sistema e ambiente. Hoje, numa perspectiva sistêmica novo-paradigmática, concebemos tanto o sistema quanto suas fronteiras como resultantes de distinções do observador.

Bertalanffy afirma repetidamente que sua teoria é uma teoria para os *sistemas abertos*, aqueles que se mantêm a si mesmos em contínua troca de matéria com o ambiente, "apresentando importação e exportação, construção e demolição dos materiais que o compõem" (1968, p. 193). Segundo ele, como esses sistemas importam matéria que contém energia livre, compensam, com excesso, a entropia devida aos processos irreversíveis em seu interior, podendo então não só se manter, mas inclusive evoluir para um grau de complexidade superior.

Considera que a distinção entre sistemas abertos e *sistemas fechados* – aqueles em que não há intercâmbio de matéria com o ambiente, quando nenhuma matéria entra nele ou sai dele – é fundamental, mas que os organismos não são os únicos sistemas abertos que existem: cita a chama como exemplo de um sistema físico aberto, que também troca matéria com seu ambiente.

Já no que se refere aos sistemas cibernéticos, os sistemas máquinas, ele afirma categoricamente que eles não possuem as características essenciais aos sistemas vivos e que são sistemas fechados, no que diz respeito ao intercâmbio de matéria com o ambiente, sendo, porém, abertos à informação.

Parece indispensável nos determos um pouco nessa questão da definição de sistemas fechados e abertos, em que frequentemente as pessoas se confundem.

Alguns autores têm proposto uma distinção entre sistema fechado e sistema isolado. O sistema isolado seria fechado tanto ao *input de energia* quanto ao *input de matéria*, como seria o caso do universo como um todo. O sistema fechado seria fechado aos *inputs* de matéria, mas seria aberto a *inputs* de energia, como no caso da biosfera ou de um ovo. E os sistemas abertos seriam abertos tanto a um quanto a outro tipo de *input*, como nos casos de uma chama ou de um organismo vivo. Além disso, os sistemas orgânicos e os sociais seriam também sensíveis às diferenças ou à *variedade* que a matéria/energia carrega: seja uma variedade codificada – que é chamada de *informação* – ou uma variedade não codificada – que é chamada de *ruído*.

Já o ciberneticista Ashby fala de um sistema como aberto ou fechado, dependendo de sua relação com a informação nova (Wilden 1972). Os sistemas *fechados à informação nova*, como o termostato, só são sensíveis a um nível do ambiente, no caso as diferenças de temperatura. Não têm capacidade de responder adaptativamente a outras variações do seu ambiente porque as relações de *feedback* possíveis são predeterminadas em sua estrutura. Antes de um sistema desses entrar em interação com o ambiente, o tipo de interação que terá com seu ambiente já está determinado. Alguns sistemas orgânicos também são citados como tendo essa sensibilidade restrita às variações do ambiente: o carrapato, por exemplo, seria sensível quase exclusivamente a certos compostos existentes no suor dos mamíferos. Nessa classificação, os sistemas abertos são aqueles *abertos à informação nova*, ou seja, sensíveis às variações no ambiente, sendo capazes de incorporar informação nova e, portanto, capazes de aprendizagem. Nesses sistemas, as relações possíveis vão se estabelecendo à medida que vai acontecendo a interação com o ambiente. É o que acontece no fenômeno chamado de *imprinting*. Os patos, e outras aves, logo depois de nascerem e durante um certo tempo, seguem sua mãe. Em experimentos de laboratório, os patinhos foram levados a seguir os pés do pesquisador ou uma garrafa rolando. De fato, o que cada patinho vai seguir durante um certo tempo em sua vida será o primeiro objeto móvel com o qual interagir, dentro de um período crítico, logo depois de nascer. Essa relação com seu ambiente ficará "estampada" nele, "impressa" nele, e, por um certo tempo, será determinante de seu comportamento. Daí o nome de *imprinting*. Assim esses sistemas podem construir – dentro dos limites especificados por sua estrutura – a sua relação com o ambiente. E aqueles sistemas abertos a mais níveis do ambiente são considerados mais complexos.

Aqui reside um grande risco de nos confundirmos no uso dos termos, porque os sistemas aqui definidos por Ashby como "abertos à informação nova", os sistemas vivos, são exatamente aqueles que, num outro sentido, são definidos por Maturana e Varela como "fechados à informação/fechados operacionalmente".

Se você se lembra do que vimos resumidamente, no Capítulo 4, sobre a "Biologia do Conhecer", de Maturana, já pode ter percebido uma diferença fundamental no que se refere ao uso dos termos aberto e fechado. Maturana define os seres vivos como sistemas fechados (à informação): de acordo com o princípio do fechamento operacional do sistema, seu comportamento não pode ser determinado de fora, por qualquer informação que seja, e o ambiente não pode ter com esses sistemas uma interação instrutiva. Segundo essa concepção, os sistemas cujo comportamento parece determinado a partir do *input*, com os quais o ambiente poderia ter uma interação instrutiva, são os sistemas artificiais, então defininíveis como abertos à informação. Poderíamos, entretanto, nos perguntar se o conceito de informação não seria também muito diferente para Ashby e para Maturana. Para Maturana, informação corresponde a instrução, enquanto, para Ashby, informação é uma mera variação no ambiente.

Além das dificuldades criadas por toda essa variedade de usos dos termos aberto e fechado, há mais um problema com o uso do termo semiaberto. Em 1994, escrevi um artigo discutindo essa questão, que intitulei: "Família: Sistema aberto, semi-aberto ou fechado?" (Esteves de Vasconcellos 1994a). Comecei o artigo com três citações da literatura: uma definindo a família como sistema aberto, outra, como sistema fechado, e outra ainda, como sistema semiaberto. Baseando-se nas definições de Bertalanffy para sistema aberto e sistema fechado, alguns autores se referem a uma situação intermediária, de um sistema nem totalmente fechado, nem totalmente aberto, mas semiaberto. Esquecem-se, entretanto, de que, de acordo com o próprio Bertalanffy, por definição, ou o sistema troca ou não troca com o ambiente. Ainda que essas trocas entre o sistema e o ambiente sejam mínimas, se existirem, serão suficientes para caracterizar o sistema como aberto.

Então, sistema semiaberto, por definição, não existe. O que pode existir são diferentes graus de "permeabilidade" das fronteiras de um sistema aberto: desde fronteiras "muito permeáveis", tornando o sistema aberto muito suscetível às influências de seu ambiente, até fronteiras "quase impermeáveis", reduzindo muito as trocas possíveis do sistema aberto com seu ambiente. Mas chamar de semiaberto um sistema com grau intermediário de "permeabilidade" de fronteiras só contribui para confundir ainda mais essa situação de utilização e definição de termos.

Voltando a Bertalanffy: embora não deixe de reconhecer que sua teoria para os sistemas abertos tem ainda muitas questões por abordar, ele enfatiza que o conceito de sistema aberto já teria encontrado aplicação também nas ciências da Terra, na geomorfologia, na meteorologia, no estudo da dinâmica das populações, na teoria ecológica.

Entretanto, ao reconhecer que, de acordo com suas definições de "aberto" e "fechado", existem sistemas abertos inclusive no mundo físico, ele também – como vimos que acontece com Laszlo – já começa a identificar uma dificuldade no que se refere à distinção entre o mundo inanimado e o mundo vivo.

Quando aborda a possibilidade de o sistema aberto evoluir para um grau de complexidade superior, utilizando a energia obtida dos materiais que importa, Bertalanffy enfatiza que as entradas no sistema só fornecem energia para a transformação e que não se pode dizer que essa transformação provém de um agente externo. A transformação do sistema é devida às suas leis internas de organização, sendo apenas viabilizada, do ponto de vista energético, pelo *input*.

Pode-se perceber aqui um ponto de contato entre essa afirmação de Bertalanffy e a noção de determinismo estrutural de Maturana e Varela. Ambos estão rejeitando o determinismo ambiental, embora, ao que parece, Bertalanffy esteja usando o rótulo de organização para o que Maturana e Varela chamam de estrutura.

Essas colocações nos conduzem ao conceito ou princípio de *equifinalidade*, um dos conceitos considerados centrais na Teoria Geral dos Sistemas.

Nos sistemas tipo máquina, que para Bertalanffy são sistemas fechados, os processos seguem um caminho fixo e, portanto, o estado final do sistema é inequivocamente determinado pelas condições iniciais. O estado final será modificado, se as condições iniciais, ou se o curso do processo, forem alterados. Isso acontece mesmo nos sistemas cibernéticos, em que um circuito de realimentação torna o sistema autorregulador.[7]

---

7. Essas e outras noções sobre os sistemas cibernéticos estão definidas adiante, no contexto da Cibernética.

Entretanto, isso não é o que acontece nos sistemas abertos. Nestes, o mesmo estado final – ou a mesma "meta" – pode ser alcançado partindo de diferentes condições iniciais e por diferentes trajetos. É isso que se chama *equifinalidade*, a qual não pode se basear em estruturas ou mecanismos predeterminados, mas sim numa interação dinâmica entre múltiplas variáveis, num sistema aberto que alcança um estado estável.

Bertalanffy (1968) considera que, apesar de alguns terem achado que a equifinalidade contradiz as leis da física e só pode ser realizada por algum fator vitalista que conduz o processo para a meta,

> pode-se mostrar que os sistemas abertos, na medida em que alcançam o estado estável, devem apresentar a eqüifinalidade. (p. 65) (...) O estado estável mostra características regulatórias notáveis, que se tornam evidentes particularmente em sua eqüifinalidade. (p. 194) (...) É possível dar uma formulação física ao conceito, aparentemente metafísico ou vitalista, de finalidade. (p. 183)

Nas interações intersistêmicas ou nas relações do sistema com seu ambiente, um aspecto fundamental são as chamadas relações de retroalimentação. Aliás, o próprio Bertalanffy coloca a retroação como um conceito muito importante na descrição dos sistemas abertos.

Ele faz questão de ressaltar que, apesar de esse conceito ser central na Cibernética e apesar do enorme desenvolvimento dessa noção a partir de Wiener, a aplicação do princípio de retroação aos processos fisiológicos (*feedback* e homeostase) data de mais ou menos 40 anos antes de seus livros, sendo também, portanto, muito anterior a Wiener.

Entretanto, parece unânime na literatura o reconhecimento da retroação como noção central na Cibernética. O próprio Bertalanffy (1968) afirma que "uma nova disciplina chamada Cibernética foi criada por Norbert Wiener para tratar deste fenômeno (retroação)" (p. 69) e que "a enorme popularidade da Cibernética na ciência (...) é sem dúvida devida a Wiener e à sua proclamação da Segunda Revolução Industrial" (p. 34). Assim, vou abordar a noção de retroação, junto com outras noções conexas, ao tratar do desenvolvimento da Cibernética.

Passando para a Cibernética

Na introdução de *Cibernética ou controle e comunicação no animal e na máquina*, Norbert Wiener (1894-1964) diz que esse seu livro representa o resultado de mais de uma década de trabalho e descreve as pesquisas, os contatos, os eventos, as conversações e as interações que culminaram com a sua publicação – com grande repercussão – em 1948, e com a publicação de *Cibernética e sociedade. O uso humano dos seres humanos*, em 1950.

Como matemático e graduado em filosofia, participava, em Harvard, já em 1911-1913, de seminários de metodologia científica, examinando criticamente as questões matemáticas. Depois da Primeira Guerra Mundial, em 1920, foi lecionar no Massachusetts Institute of Technology, o MIT, como é conhecido.

Na década de 1930, Rosenblueth, que trabalhava na Escola de Medicina de Harvard, junto com seu colaborador, o fisiologista Cannon, promovia reuniões mensais para discussão do método científico. Mas nem todos os participantes eram da área biológica. Um professor de física do MIT participava dessas reuniões, para as quais costumava convidar seus colegas do MIT, inclusive Wiener. Numa dessas reuniões, Wiener conheceu Rosenblueth.

Os dois compartilhavam a convicção de que as áreas mais frutíferas para o crescimento da ciência eram aquelas que ficavam entre as áreas já estabelecidas e que eram negligenciadas como "terra de ninguém". Wiener achava desconfortável conviver com a atitude dos especialistas: em geral conhecem toda a literatura de sua área, com todas as suas ramificações, mas consideram que o tema vizinho pertence a seu colega da sala ao lado e que se interessar por esse tema seria uma injustificável invasão da privacidade do colega. Entretanto, à medida que os campos se desenvolvem, uma mesma questão acaba sendo explorada por diferentes lados e uma mesma noção acaba recebendo dos diferentes grupos de especialistas nomes diferentes. Wiener e Rosenblueth achavam que essas regiões entre as fronteiras – que são refratárias às técnicas já consagradas e à divisão em partes – são as que oferecem as mais ricas oportunidades para investigações de qualidade. Assim, insistiam na exploração desses espaços vazios, por equipes de cientistas, cada um especialista em sua área, mas estando familiarizados e tendo conhecimento fundamentado dos demais temas. Sonhavam com uma instituição independente, em que os cientistas se ligassem pelo desejo de compreender a área como um todo, oferecendo uns aos outros sua própria compreensão do tema em estudo.

Wiener considerava que um fator decisivo na orientação de seus trabalhos foi a guerra. Ele achava que sua atuação numa situação de emergência nacional seria determinada não só por seu contato, desde 1940, com o programa de máquinas computadoras, como também por seu trabalho em projetos de redes elétricas. Então ele elaborou algumas recomendações que poderiam ser usadas em relação aos equipamentos numa guerra, o que popularizou suas ideias entre os engenheiros. Todas essas ideias tinham conexão com o estudo do sistema nervoso.

Também em virtude da guerra, Wiener e Rosenblueth desenvolveram um projeto conjunto, relacionado com a artilharia antiaérea. Mesmo antes da guerra, já tinha ficado claro que os aviões tinham sido tornados mais velozes e os métodos disponíveis para atacá-los tinham-se tornado obsoletos: era preciso que o míssil fosse disparado não na direção do avião, mas para o ponto em que o avião estaria em algum momento no futuro; ou seja, era preciso não só prever a posição futura do avião, como colocar no aparelho de controle do míssil todas as condições para as computações necessárias. Além disso, na maioria dos casos, o sistema de artilharia não era controlado diretamente por radar, havendo um ser humano acoplado ao sistema, como parte essencial dele.

Wiener e o engenheiro Bigelow eram parceiros numa pesquisa sobre essas questões de predição e da construção de aparelhos capazes desse tipo de predição. E Wiener estava também estudando um sistema eletromecânico que fosse capaz de desempenhar funções especificamente humanas. Portanto, eles não podiam se furtar à compreensão da *performance* de certas funções humanas. Era indispensável conhecê-las, para poder incorporá-las matematicamente nessas máquinas, sem se esquecer de que também o alvo, o avião, era controlado por um homem.

Os dois pesquisadores concluíram que um fator extremamente importante na atividade humana voluntária seria o que os engenheiros chamam de *feedback* (realimentação ou retroação). A realimentação é o que permite o controle da máquina, com base no seu desempenho efetivo, para que realize seu desempenho previsto. Assim, no caso da condução de uma embarcação, o timoneiro utiliza-se continuamente da realimentação, corrigindo os desvios de rota, para manter o barco na direção da meta, sendo que a trajetória real oscila em torno da direção prefixada.

Eles tinham conhecimento de que em certas condições o *feedback* é vantajoso e em outras condições pode ser prejudicial para o sistema, impedindo uma atividade organizada. Levantaram a hipótese de que o colapso da atividade organizada se devia a uma sobrecarga dos mecanismos de realimentação e que o tipo mais simples desse colapso deveria se manifestar como uma oscilação do movimento numa situação de busca voluntária de um alvo.

Procuraram então Rosenblueth, que era fisiologista, para saber se existe alguma situação patológica em que, ao tentar realizar alguma ação voluntária, o sujeito exibe uma oscilação incontrolável do movimento. Rosenblueth lhes relatou que, em casos de lesão do cerebelo, acontece isso e que é chamado de "tremor de intenção".

Considerando que esse fenômeno só seria explicável por processos circulares ou laços de realimentação – do sistema nervoso para os músculos e voltando dos músculos para o sistema nervoso – concluíram pela necessidade do estudo "da *performance* do sistema nervoso como um todo integrado". E, em 1943, os três juntos, Rosenblueth, Wiener e Bigelow, publicaram um artigo, que teve grande repercussão, "Comportamento, intenção e teleologia", considerado o artigo seminal da Cibernética. Esperavam que esse pudesse vir a ser um tema central para pesquisas interdisciplinares.

Nessa época, já pensavam que havia uma unidade essencial nesse conjunto de problemas e, como não havia um nome para se referir a esse campo da teoria do controle e da comunicação, seja na máquina, seja no animal, decidiram chamá-lo de "cibernética".

A palavra cibernética vem do grego *kybernetes*, que significa piloto, condutor. Usando essa palavra, queriam reconhecer a importância do primeiro artigo sobre mecanismos de *feedback,* em que Maxwell, em 1868, já falava sobre os "condutores" ou "governadores". E também queriam associar o fato de que as máquinas que dirigem (conduzem, pilotam) um navio são uma das primeiras e mais bem desenvolvidas formas de mecanismos de *feedback*. Wiener ressalta que só mais tarde ficou sabendo que a palavra cibernética já tinha sido usada também, com referência à política, como a arte de governar os homens. A Cibernética costuma ser considerada como a "arte de tornar a ação eficaz".

À medida que essas ideias foram sendo apresentadas, outros cientistas e também especialistas em lógica matemática foram se interessando. Percebeu-se claramente a analogia entre o funcionamento do sistema nervoso com as descargas *tudo-ou-nada* dos neurônios, e o funcionamento das máquinas de computação ultrarrápida que estavam sendo construídas. Também já não havia dúvidas de que a construção de máquinas computadoras era essencial para a guerra.

Nas reuniões científicas, o vocabulário dos engenheiros já estava contaminado pelos termos dos neurofisiologistas e vice-versa. No início de 1944, promoveram um encontro, em Princeton – para todos os interessados no que então se chamava Cibernética –, onde estavam representados os engenheiros, projetistas de máquinas computadoras, os fisiologistas, os neurocientistas e os matemáticos.

Seguiram-se as pesquisas e, em 1946, aconteceu, como promoção da Fundação Josiah Macy, em Nova York, a primeira de uma série de conferências dedicadas ao tema do *feedback*. O título dessas conferências era: "Mecanismos de causação circular e de retroalimentação em sistemas biológicos e sociais". Eram conferências fechadas, para não mais de 20 pesquisadores, que possibilitavam um rico intercâmbio entre eles, num contato intensivo de dois dias de tempo integral.

Como, na reunião de 1944, haviam concluído que quem estuda o sistema nervoso não pode esquecer a mente e vice-versa, convidaram também psicólogos. E como também concluíram ser impossível entender as comunidades sociais sem investigar seus meios de comunicação, convidaram também antropólogos, economistas e especialistas na teoria dos jogos. Vieram outros engenheiros e matemáticos, neuroanatomistas e fisiologistas, além dos que haviam estado no encontro anterior. Esse primeiro encontro – bem como as conferências que se seguiram – foi realizado sob a presidência do fisiologista e neurologista McCulloch, cujas pesquisas sobre o cérebro e sobre a compreensão das relações entre mente e cérebro lhe conferiam uma sólida reputação.

O arcabouço conceitual da Cibernética foi desenvolvido nessas "Conferências Macy", em que Wiener era a figura dominante, com seu entusiasmo pela ciência e sua busca da síntese conceitual. Ao lado dele, outra figura muito importante era Neumann, também matemático, estudioso da teoria quântica, criador da teoria dos jogos e inventor do computador digital. Fascinado pelo funcionamento do cérebro humano e com uma grande confiança no poder da lógica e da tecnologia, concentrava-se na busca do controle, por meio de programas, e permaneceu como consultor militar, ao longo de toda sua carreira, enquanto Wiener afastou-se do trabalho militar logo após a primeira Conferência Macy.

Já nessa primeira conferência, Gregory Bateson e Margaret Mead, ambos antropólogos, os principais representantes dos cientistas vindos das ciências humanas, apontaram, dentro de uma revisão do arcabouço conceitual das ciências sociais, a necessidade de os teóricos se inspirarem nas concepções da Cibernética. Assim, todos os participantes se empenhavam em superar a distância entre os ciberneticistas originais, oriundos das "ciências rigorosas" (Wiener, Neumann, Shannon, McCulloch, Bigelow, Rosenblueth) e esses novos ciberneticistas oriundos das ciências humanas. Essa conferência teve um caráter bastante didático e percebeu-se a necessidade de oferecer uma oportunidade à parte, para o desenvolvimento dos menos treinados em matemática.

A partir de 1947, começaram a planejar cursos ou treinamentos para os novos interessados em ingressar na área, fornecendo-lhes os necessários fundamentos, não só de matemática, física e engenharia, como também uma familiarização com as técnicas biológicas, psicológicas e médicas.

Daí em diante, a Cibernética passou a ser reconhecida por suas inúmeras e variadas realizações tecnológicas: aparelho que permite aos cegos a leitura auditiva de um texto impresso, computadores ultrarrápidos, próteses para membros perdidos ou paralíticos, máquinas artificiais com *performances* altamente elaboradas, pulmão artificial, máquina de jogar xadrez, aparelho auditivo que transforma os sons numa fala visível para os surdos, máquinas para atuarem em situações em que o trabalho implica risco de vida para o homem etc.

Wiener relata que um dos temas abordados nas Conferências Macy era o da comunicação no sistema social, em cuja dinâmica os processos de *feedback*, de natureza circular, têm um importante papel, como se pode perceber nos estudos de antropologia, sociologia, economia. Por isso, Bateson e Mead pediram a Wiener que, dados os prementes problemas sociológicos e econômicos daquele momento, se dedicasse à discussão dessa *side cibernetics* (cibernética marginal). Entretanto, ele diz que não se convenceu de que devesse fazê-lo, até porque "as ciências humanas são uma área de teste muito pobre para uma nova técnica matemática" (Wiener 1948, p. 25).

Entretanto, dois anos depois de seu primeiro livro, ele publicou *Cibernética e sociedade*, em que defende que "a sociedade só pode ser compreendida através de um estudo das mensagens e das facilidades de comunicação de que disponha" (Wiener 1950, p. 16). Aqui ele aborda mais amplamente uma questão que já levantara na introdução do primeiro livro: sua preocupação com as consequências sociais, com as dimensões moral e ética implicadas nesses desenvolvimentos científicos. Considera que esses desenvolvimentos – que não podem mais ser suprimidos – constituem uma faca de dois gumes, podendo ser usados para o bem e para o mal e que, diante de tanto *know-how*, torna-se necessário desenvolver também o *know-what*.

A Cibernética tem recebido diversas definições: teoria dos sistemas de controle baseados na transferência de informação; ciência da regulação; ciência dos mecanismos de causação circular e retroalimentação em sistemas biológicos e sociais; teoria dos atos intencionais baseados na experiência passada, na máquina e no ser vivo; teoria das máquinas; teoria das mensagens.

Afirmando que o propósito da Cibernética é o de desenvolver uma linguagem e técnicas que permitam abordar o problema da comunicação e do controle em geral, Wiener considera a mensagem como o elemento central, tanto na comunicação, quanto no controle. Diz ele: quando me comunico, transmito uma mensagem; quando comando também transmito uma mensagem. Afirma ainda que os problemas da engenharia do controle são inseparáveis dos problemas da engenharia da comunicação, por estarem ambos centrados em torno da noção fundamental, a mensagem, seja esta transmitida por meios elétricos, mecânicos ou nervosos. A mensagem se define como uma sequência de eventos mensuráveis, distribuídos no tempo.

Como o estudo da transmissão de mensagens ficou associado aos sistemas mecânicos, a Cibernética foi também definida como "teoria das máquinas". Aqui se incluem, em sentido bem amplo, a máquina mecânica, a máquina eletrônica, a máquina neural, a máquina econômica, a máquina social. A Cibernética se interessa pelo modo de funcionar das máquinas, independentemente da natureza de seus elementos constituintes: focaliza as relações entre os elementos, o modo como estão acoplados ou as regras de conexão entre eles. Procura evidenciar seu mecanismo de funcionamento, os mecanismos de regulação de que dispõem, enfim, os meios que usam para chegar à meta, a despeito dos possíveis desvios e perturbações. Concebe a estrutura da máquina como um indicador do desempenho que se pode esperar dela. É seu foco na relação que faz com que um diagrama cibernético possa descrever tanto a regulação de uma máquina hidrostática, quanto os movimentos dos músculos de um animal, conferindo-lhe uma natureza interdisciplinar. Isso correspondia ao desejo expresso de Wiener de unificar o tema, colocando juntas todas as linhas de pesquisa.

Essas máquinas cibernéticas, ou autômatos cibernéticos, distinguem-se dos autômatos simples que as antecederam. Os autômatos simples imitam comportamentos animais e humanos, mas têm seu comportamento preestabelecido. Seu desenvolvimento corresponde ao que tem sido chamado de Primeira Revolução Industrial, porque eles vieram substituir a força física do homem e do animal. Já os autômatos cibernéticos exibem comportamento contingente, respondem às variações do meio ambiente e nisso se assemelham muito aos seres vivos. Isso foi possível porque o comando se tornou interno à máquina (programa), organizando seu comportamento (ordenador). Esse desenvolvimento é chamado de Segunda Revolução Industrial, porque a máquina, exercendo decisão, ou seja, controle do controle, substitui, às vezes com grandes vantagens, o trabalho intelectual, as decisões humanas. Segundo Bertalanffy (1968, p. 42),

> ,qualquer processo, de qualquer complexidade pode ser simulado por uma máquina, se este processo puder ser expresso por um número finito de operações lógicas. Tudo que é logicamente possível (...) pode também ser construído – em princípio, embora evidentemente nem sempre na prática – por um autômato.

Apesar de se apresentar como uma nova ciência, apesar de o foco nas relações representar o primeiro grande avanço em termos de paradigma de ciência, e apesar de todo o seu esforço interdisciplinar, a Cibernética não ultrapassou o paradigma da ciência tradicional, mantendo-se determinista e objetivista. Wiener (1950) diz, por exemplo, que "sem fé em que a Natureza seja sujeita a leis, não pode haver Ciência" (p. 189), e que isso vale tanto "para um mundo puramente causal, como para um mundo em que reine a probabilidade" (p. 190). Trabalhando com o modelo da máquina artificial, o que focaliza de fato é o seu caráter de determinação, que, como vimos, é característica das trajetórias na mecânica clássica.

Assim, apesar de ter ultrapassado o reducionismo que decompunha o todo em seus elementos, instalou um outro reducionismo, abordando todas as entidades pelo modelo da máquina artificial (Morin 1977). Além disso, a Cibernética valorizou tanto os efeitos corretivos do *feedback* negativo, que não considerou os efeitos desintegradores ou transformadores do *feedback* positivo.[8] E, empenhando-se

---

8. Adiante abordaremos a noção de *feedback*, assim como a diferença entre esses dois tipos de *feedback*.

especialmente no controle, subordinou a comunicação ao comando, tornando-se uma ciência do controle organizacional: uma teoria do comando, ou do controle dos sistemas em que há comunicação de mensagens.

Finalmente, apesar de ter considerado que não há o comportamento de um sistema à parte de um dado observador, descreve sempre os sistemas existindo num mundo cuja realidade objetiva não é questionada. Portanto, a Cibernética também não preenche nossos critérios para ser considerada uma teoria sistêmica novo-paradigmática e também não é uma teoria transdisciplinar.

Caracterizada e contextualizada assim a Cibernética, vamos ver a conceituação de suas principais noções, começando pela *retroação*.

Usado originalmente em inglês, pelos engenheiros, o termo *feedback* tem sido usado também em português, assim como suas traduções, realimentação e retroação. Quando se diz que um sistema conta com um mecanismo de retroação ou de realimentação, isso quer dizer que, à medida que o sistema vai funcionando, vai também sendo informado dos resultados ou efeitos produzidos por seu funcionamento. Ou seja, uma parte do resultado (*output*) é enviada, como informação (*input*), para a entrada do sistema, constituindo o que se chama de *alça de retroação* ou *circuito de retroação* ou *ciclo de retroação*.

Uma máquina ou autômato simples – uma caixa de música, por exemplo – pode ser dotada de uma programação interna, com um certo número de diferentes comportamentos que se sucedem automaticamente. Já a máquina ou *autômato cibernético* conta com uma entrada, de modo que, além das mudanças de estado a estado – determinadas pelo programa –, poderá também apresentar mudanças de comportamento por influência de um fator externo. Por isso se diz que o sistema cibernético é fechado a energia e matéria, porém *aberto à informação* vinda de seu ambiente.

Entretanto, nos dois livros, Wiener ressalta que, para a Cibernética, é a estrutura da máquina ou organismo que é um indicador do desempenho que se pode esperar. Ou seja, a estrutura precisa estar preparada para receber e lidar com os *inputs* do seu ambiente. Em alguns casos, os mecanismos de que o sistema dispõe em sua estrutura, para garantir uma relação *input-output* previamente determinada, são bem conhecidos e pode-se falar de uma "caixa-branca". Mas, mesmo nos casos em que esses mecanismos sejam desconhecidos ou não estejam descritos – casos em que o sistema é uma *caixa-preta*, definida só pela entrada e

Pensamento sistêmico | 219

pela saída –, são os mecanismos constantes em sua estrutura que determinam suas reações aos aspectos de seu ambiente (Wiener 1948; 1950).

A noção de alça de retroação não é associada apenas aos autômatos cibernéticos e aos organismos. Costuma-se também dizer, por exemplo, que nas reações químicas são as alças de retroação que permitem a um produto da reação retroagir ou retroalimentar o processo, alterando a velocidade da própria reação que o fez aparecer.

No caso dos sistemas cibernéticos, sistemas orientados para a meta, a retroação se identifica com seus mecanismos de *regulação*. "Regular é gerar níveis de metaestabilidade, para além de, e como produto de, uma mudança constante em outros níveis de funcionamento do sistema" (Pakman 1991b, p. 21). A regulação visa à sobrevivência do sistema, mantendo em níveis adequados as variáveis essenciais. Por exemplo, quando uma mãe, percebendo uma queda na temperatura ambiente, agasalha seu bebê, estaria exercendo uma atividade de regulação em relação ao sistema bebê, o qual está num processo heterorregulado (regulado pelo outro). Quando o próprio sistema exibe um comportamento adaptativo às variações do meio, diz-se que está exibindo *autorregulação*.

O que torna possível a autorregulação são os mecanismos de retroalimentação: recebendo informação sobre os resultados de seu desempenho passado, o sistema se torna capaz de ajustar sua conduta futura. Wiener exemplifica com um comportamento simples, o de pegar um lápis no chão. Se, numa primeira tentativa, o lápis não foi atingido, a amplitude em que o movimento falhou é informada para o sistema nervoso – por uma mensagem visual, kinestésica ou proprioceptiva – de modo que o movimento possa ser melhorado na próxima tentativa. Diz ele: "quando desejamos que um movimento siga um determinado padrão, a diferença entre o padrão e o movimento efetivamente realizado é usada como um novo *input* para fazer com que a parte regulada se mova de modo que o movimento se torne mais próximo do padrão" (Wiener 1948, p. 6).

Portanto, o *feedback* viabiliza a autorregulação – que se baseia fundamentalmente numa avaliação de diferenças – sendo um fator extremamente importante na direção da ação para o alcance de uma meta, ou seja, para o chamado *comportamento dirigido para o alvo*.

Mas a retroação – e a consequente autorregulação – é também importante para garantir a estabilização do sistema, para corrigir os desvios em relação a um estado a ser mantido, ou seja, para a *conservação da homeostase*, a conservação dos parâmetros do organismo vivo.[9]

Também nas máquinas cibernéticas podem manifestar-se esses dois aspectos da autorregulação: a direção do sistema para a meta e a manutenção do estado do sistema. Os mísseis autodirigidos são um exemplo de autorregulação garantindo o alcance da meta. E o termostato é um exemplo de autorregulação na manutenção de uma temperatura constante. Por isso, essas máquinas cibernéticas são também chamadas de *autômatos simuladores de vida*. Entretanto, segundo Wiener (1950), para que possam realizar uma tarefa de autorregulação, constituindo-se como *sistema autorregulador*, essas máquinas devem ter:

- órgãos motores, análogos aos dos seres vivos;
- órgãos sensoriais que captem não só as variações do ambiente, mas também as características de seu próprio desempenho: detectores de desempenho ou monitores;
- esquema de retroação ou *feedback* que leve a mensagem – a informação sobre o desempenho – de volta para a entrada do sistema;
- capacidade de ajustar sua conduta futura, de acordo com seu desempenho passado;
- órgãos decisórios centrais que, de posse da informação sobre o desempenho prévio, determinem o que fazer a seguir.

No Capítulo 4 (p. 115) encontra-se uma representação esquemática desse mecanismo de retroalimentação característico dos sistemas autorreguladores, exemplificado pelo funcionamento de um termostato.

Como se vê, esse sistema atua no sentido de corrigir os desvios da temperatura, para mais ou para menos, em relação a um nível desejável, previamente estabelecido, ou seja, corrigindo os erros em relação a um nível geralmente defi-

---

9. Wiener e seus colegas viram a realimentação como o mecanismo essencial da homeostase (homeo = semelhante, da mesma natureza). Em 1932, o fisiologista Walter Cannon, cujo nome ficou ligado à noção de homeostase, em seu livro *A sabedoria do corpo*, já descrevera muitos processos homeostáticos, autorreguladores, sem entretanto identificar claramente neles a presença fundamental das alças de retroação (Capra 1996).

nido como *estado de equilíbrio do sistema*. A informação sobre o erro no alcance da meta vai retroagindo sobre o sistema até que a meta seja atingida. Assim, essa realimentação costuma ser chamada de realimentação de autoequilibração. Existem reguladores que reagem à ameaça de uma perturbação, antes mesmo que ela ocorra. Mas, no caso dessas máquinas de que estamos falando, o regulador só reage com base na informação proveniente de uma perturbação ou desvio já presente. Por isso, é chamado de *regulador de circuito fechado* ou de *servomecanismo controlado pelo erro*.

Esse tipo de retroalimentação, em que a informação sobre o erro – ou sobre o desvio do *output* em relação ao alcance da meta – atua no sentido de diminuir ou de reduzir o desvio, é chamado de *retroalimentação negativa* ou *feedback negativo*. Importante ter claro que o adjetivo negativo se refere ao efeito de reduzir a amplitude do desvio, como se vê na Figura 9.

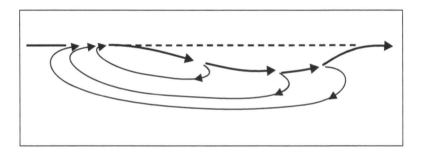

Figura 9 – Representação esquemática da retroalimentação negativa

Vejamos outros casos de retroalimentação negativa, além do termostato. Por exemplo, quando o carro está saindo da estrada para a direita e o motorista, tendo recebido essa informação sobre o efeito do seu comportamento ao volante, vira-o para a esquerda e assim reduz o desvio do carro em relação à pista, tem-se um caso de retroalimentação negativa. Ou se, ao percebermos que a inflação está subindo, passássemos a consumir menos e assim conseguíssemos diminuir os índices de inflação, teríamos também um caso de retroalimentação negativa.

Em virtude da associação da retroalimentação negativa com a possibilidade da volta do sistema a um estado anterior ou da manutenção de um estado constante, costuma-se dizer que esse tipo de *feedback* é um *mecanismo homeostático* (*homeo* = mesmo), ou seja, um mecanismo que atua para manter a mesma forma de funcionamento, para manter o equilíbrio do sistema.

Num outro tipo de retroalimentação, a parte do produto do sistema que é reintroduzida nele como informação provoca ampliação ou acentuação do desvio do *output* do sistema em relação às normas ou tendências que o vinham caracterizando até então. Essa é chamada de *retroalimentação positiva* ou *feedback positivo*, positivo porque o efeito é o de aumentar a amplitude do desvio, como se vê na Figura 10. Essa é também chamada de realimentação de autorreforço, porque se intensificam cada vez mais os efeitos do processo, criando-se um círculo vicioso.

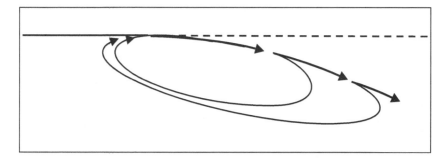

Figura 10 – Representação esquemática da retroalimentação positiva

A retroalimentação positiva conduz, portanto, a uma mudança do sistema: ou distinguimos uma ruptura do sistema, se os parâmetros deste não comportarem desvios tão grandes; ou distinguimos mudanças qualitativas em seu funcionamento, se suas características comportarem uma evolução ou um salto descontínuo ou uma mudança qualitativa para novas formas de funcionamento. Nesse caso, costuma-se dizer que esse tipo de *feedback* é um *mecanismo morfogenético* (*morfo* = forma), ou seja, um mecanismo que produz a gênese ou surgimento de formas novas de funcionamento.

Por exemplo, se acontecer um defeito no termostato e, ao invés de fazer baixar a temperatura, o mecanismo de controle acionar o dispositivo de aquecimento e fizer a temperatura subir cada vez mais, temos uma retroalimentação positiva, a qual pode levar esse sistema para além de seus limites, à ruptura.

Ou se um motorista, ao receber o *feedback* de que o carro está saindo da pista para a direita, vira o volante para a direita, ampliando o desvio do carro em relação à estrada, pode cair num despenhadeiro, em consequência dessa retroalimentação positiva.

Na nossa sociedade industrial consumista, há uma relação de *feedback* positivo entre o comportamento do consumidor e os bens disponíveis: quanto mais o indivíduo tem, mais adquire. Subjacente a esse comportamento há a crença de que tudo que se define como ambiente está disponível para ser consumido pelo homem. Parece que isso corresponde àquela atitude que Capra (1992) chama de ecologia antropocêntrica, derivada da teoria bíblica sobre a emergência da vida, em que o homem se coloca acima de todas as demais formas de vida e em que todas essas estão a serviço do homem.

Sucessivos *feedbacks* positivos podem ir aumentando o desajuste entre o sistema e o ecossistema. Mas, na natureza, esses sistemas são inexoravelmente controlados, a longo prazo, pelo *feedback* negativo, num segundo nível. Esse *feedback* negativo de segunda ordem ou toma a forma da elaboração de novas estruturas – como numa revolução – ou da destruição do ecossistema – com extinção de alguns sistemas (Wilden 1972).

Vejamos um exemplo em que a retroalimentação positiva se manifestou por meio de um salto qualitativo no funcionamento do sistema, ou seja, numa modificação fundamental de suas regras. Um casal teve suas duas filhas depois de muitos anos de casados, estando ambos já próximos de 50 anos e as filhas pequenas, sendo a segunda ainda bebê. Muito preocupados em cuidar muito bem das crianças, cercaram-se de uma equipe de auxiliares. Aconteceu que num fim de semana, coincidentemente, todas as auxiliares ficaram impedidas, o que fez com que os pais ficassem bastante desorientados. Se, ao perceberem a dificuldade que estavam tendo para lidar com a situação, tivessem recorrido a uma *baby-sitter* ou a uma creche, estaríamos diante de um caso de retroalimentação negativa. Entretanto, não foi o que aconteceu. Diante das dificuldades, alteraram em alguns aspectos os cuidados com as crianças naqueles dias e, posteriormente, incorporaram as alterações em sua rotina diária, o que tornou desnecessário contar com toda a equipe de auxiliares. Trata-se, portanto, de um caso de retroalimentação positiva, caracterizada por mudança na qualidade do funcionamento do sistema.

Interessante observarmos que só *a posteriori* se classifica a retroalimentação como positiva ou negativa, dependendo de seus efeitos em relação ao desvio original no funcionamento do sistema.

Vimos que a Cibernética valorizou tanto os efeitos corretivos do *feedback* negativo, que não deu a devida atenção aos efeitos desintegradores ou transformadores do *feedback* positivo.

Foi Magoroh Maruyama, antropólogo e ciberneticista, quem, em 1963, chamou a atenção para a retroalimentação positiva. Publicou um artigo sobre os processos de amplificação dos desvios e criou a distinção entre a Primeira Cibernética e a Segunda Cibernética (Maruyama 1963).

A *Primeira Cibernética* trata dos processos morfostáticos (manutenção da mesma forma), resultantes de retroação negativa ou retroação autorreguladora, a qual conduz o sistema de volta a seu estado de equilíbrio homeostático, otimizando a obtenção da meta. A Primeira Cibernética trata, pois, da capacidade de autoestabilização, ou de *automanutenção do sistema*.

A *Segunda Cibernética* trata dos processos morfogenéticos (gênese de novas formas), resultantes de retroação positiva ou retroação amplificadora de desvios, amplificação que pode – caso não produza a destruição do sistema, e se a estrutura do sistema permitir – promover sua transformação, levando-o a um novo regime de funcionamento. A Segunda Cibernética trata então da capacidade de *automudança do sistema*.

A existência de retroalimentação, seja negativa, seja positiva, tem sido frequentemente associada à noção de *circularidade*, graças à presença da alça de retroação ou de uma comunicação identificada como bidirecional. O próprio ciberneticista Heinz von Foerster (1991a, p. 13) diz que "circularidade é o princípio subjacente da cibernética, quer se trate da cibernética dos sistemas observantes, quer se trate da cibernética dos sistemas observados".[10]

Costuma-se também considerar que, havendo retroalimentação, está presente uma *causalidade circular*, enquanto nos processos heterorregulados, a causalidade é linear. Mas há quem considere – Bertalanffy, por exemplo – que

---

10. Adiante veremos que tanto a Primeira Cibernética quanto a Segunda Cibernética estão tratando de "sistemas observados", constituindo, portanto uma Cibernética de Primeira Ordem, e que, para a abordagem dos "sistemas observantes" surgirá uma outra cibernética, a Cibernética de Segunda Ordem ou Cibernética da Cibernética.

o esquema básico na retroação ainda é o clássico estímulo-resposta – linear e unidirecional, portanto – ao qual apenas se acrescentou uma alça de retroação. Parece que ele quer reservar as noções de circularidade e de causalidade circular, para associá-las a um sentido mais amplo que esses termos podem ter com referência aos sistemas vivos. Aliás, ele afirma também que os sistemas cibernéticos são apenas um caso especial dos sistemas que apresentam autorregulação e que a Cibernética, como teoria dos mecanismos de controle "é apenas uma parte da teoria geral dos sistemas" (Bertalanffy 1968, p. 36).

Vimos que o próprio Wiener, ao publicar *Cibernética e sociedade*, em 1950, levou os conceitos cibernéticos para muito além da tecnologia, para os domínios biológico e social. Também outros cibernéticistas trabalharam nesse sentido. Ashby, por exemplo – que, como McCulloch, era neurologista –, foi mais longe do que este, ao conceber modelos cibernéticos, mecanicistas e deterministas para os processos neurais e ao estender o modelo do computador para o fenômeno da cognição. Em seu livro *Projeto de um cérebro* (Ashby 1952), procurou evidenciar as analogias entre as máquinas cibernéticas e os organismos ou máquinas vivas, entre o sistema nervoso e a máquina automática. Seguiram-se então os estudos que constituíram o chamado campo da inteligência artificial.

Mas logo se desencadeou uma discussão sobre os limites de uma cibernetização dos sistemas vivos e antropossociais. Além das limitações à possibilidade de colocar numa máquina todas as características dos seres vivos, há ainda os limites ao se usarem os princípios cibernéticos para a compreensão e o controle dos sistemas vivos (David 1965).

Apesar disso, a Cibernética, subordinando a comunicação ao comando, inspirou práticas tecnocêntricas, tecnomórficas e tecnocráticas. Seu modelo de máquina funcionalizada (Morin 1977) foi aplicado em muitos contextos na esfera antropossocial, considerando-se os sistemas vivos e os sistemas sociais como máquinas a serem funcionalizadas. Não são raros os casos em que isso ainda costuma se evidenciar. Por exemplo, na área de administração de empresas: costuma-se conceber o administrador como aquele que deve identificar o problema (o desvio do sistema em relação à meta) e, usando as estratégias adequadas, deve corrigir esse desvio e fazer com que o sistema volte a encaminhar-se em direção à meta.

Bertalanffy enfatizou bastante os limites da Cibernética para a abordagem dos sistemas vivos, dizendo que a concepção da célula e do organismo como máquinas – a qual pode ocultar as diferenças – fez com que se negligenciassem "os importantes princípios oferecidos pela teoria dos sistemas abertos" (Bertalanffy 1968, p. 217). Assim, focalizando reiteradamente as diferenças entre o sistema cibernético e o sistema vivo, vai apresentando o que considera como as características definidoras deste último.

Vamos então retornar à Teoria Geral dos Sistemas, para ver algumas outras noções sistêmicas que constituem essa vertente teórica para os seres vivos.

Voltando à Teoria Geral dos Sistemas: Especificidades dos sistemas vivos

Afirmando, como acabamos de ver, que a Teoria Geral dos Sistemas é muito mais ampla do que a Cibernética, Bertalanffy quer dizer que sua teoria abrange o funcionamento de sistemas que apresentam muitas outras características não exibidas pelas máquinas. E que, portanto, o conceito de máquina não pode ser generalizado para todo tipo de sistema.

Segundo Morin, todo ser físico cuja atividade comporta trabalho, transformação, produção pode ser concebido como máquina, podendo-se distinguir as máquinas artificiais, fabricadas pelo homem, das máquinas naturais, físicas, biológicas ou sociais. Contrapondo as características dos dois tipos de máquina, ele mostra que, no caso da máquina artificial, há: preconcepção dos elementos da constituição e da organização; impossibilidade de existência e funcionamento na desordem; elaboração de produtos exteriores como finalidade primeira (*alopoiese*); cópia, em vez de criação; impossibilidade de reorganização espontânea e impossibilidade de produção de si. Ao contrário, no caso das máquinas naturais, há: espontaneidade no agrupamento, na regulação e na organização; possibilidade de existência e funcionamento na desordem; produção de si (generatividade – autopoiese) como finalidade primeira, sendo a produção de produtos exteriores um subproduto; criação, em vez de cópia; possibilidade de reorganização espontânea (Morin 1977).

Como já vimos, Laszlo também propôs essa classificação dos sistemas em artificiais e naturais. As máquinas cibernéticas estariam, então, na categoria dos sistemas artificiais e os organismos, na dos sistemas naturais.

Como Bertalanffy está principalmente envolvido com sua "teoria do organismo considerado como sistema aberto", dedica-se de modo especial a mostrar o que o ser vivo tem e que a máquina cibernética não tem, apontando as principais diferenças entre os seres vivos e as máquinas.

Nos sistemas abertos, o comportamento é determinado pela *interação dinâmica* de seus componentes, uma interação entre múltiplas variáveis, e não por uma estrutura mecânica do sistema com seus mecanismos de retroação: "a interação dinâmica entre muitas variáveis (...) precede a realimentação estrutural" (Bertalanffy 1967, p. 107).

O organismo vivo, sendo um sistema aberto à energia, pode evoluir de um estado para outro mais diferenciado, apresentando uma crescente diferenciação e heterogeneidade. Essa *diferenciação progressiva* "não é possível para as máquinas que recebem como alimentação somente informação" (*idem*, p. 123). Os seres vivos dispõem de grande capacidade de *adaptação* às variações do ambiente, enquanto um autômato, dispondo de apenas um ou de poucos canais de comunicação, é muito limitado em suas possibilidades de lidar com perturbações imprevistas.

A *auto-organização*, como "passagem do inorganizado para o organizado" ou como "passagem de uma má organização para uma boa organização", só é possível para sistemas abertos à energia. "Nenhuma máquina pode ser auto-organizadora nesse sentido" (Bertalanffy 1968, p. 136). Os sistemas auto-organizadores não têm lugar no modelo cibernético. O próprio Wiener ressalta que, nos processos peculiares dos organismos vivos, o sistema se auto-organiza, enquanto as máquinas, para "decidir", para "aprender", para "multiplicar-se" dependem de programas rígidos preestabelecidos, os quais requerem que se programe o programa (Wiener 1948).

Bertalanffy sintetiza as dificuldades e limitações do "modelo do organismo como máquina", apontando três problemas: primeiro, o problema da origem, pois as máquinas não nascem por si mesmas na natureza; segundo, o problema da regulação, que na máquina se restringe estritamente às regulações programadas; terceiro, o problema da contínua troca de componentes do organismo vivo, garantindo sua autoconservação, o que não acontece com a máquina. Sua conclusão é de que "não é possível substituir o conceito de sistema pelo conceito generalizado de máquina de Ashby" (Bertalanffy 1968, p. 139).

Diz ele: Mas, por outro lado, ele depara com a falta de uma teoria para o ser vivo.

> Em Biologia, os organismos são, por definição, coisas organizadas. Embora tenhamos uma imensa soma de dados sobre a organização biológica (...), não temos uma teoria da organização biológica, isto é, um modelo conceitual que permita a explicação dos fatos empíricos. (Bertalanffy 1968, pp. 73-74)

Então, na falta de uma resposta para a pergunta, já formulada em 1945, pelo físico alemão Erwin Schrödinger, em seu livro *O que é a vida?*, procura-se pelo menos indicar o que se considera como características fundamentais da vida, a saber: metabolismo, crescimento, desenvolvimento, atividade espontânea, resposta a estímulos, autorregulação, autorrestauração, reprodução etc., todas consequências do fato de o organismo ser um sistema aberto. Portanto, não se vai além de uma lista de características da vida e se continua sem uma definição de vida.

Os sistemas vivos, sendo sistemas abertos, não são sistemas em equilíbrio, sendo então concebidos como sistemas abertos em *estado estável*, concepção que, segundo Bertalanffy, teria se demonstrado uma eficiente hipótese de trabalho. O verdadeiro equilíbrio é incapaz de fornecer trabalho, mas o aparente equilíbrio que se encontra num organismo "é um pseudo-equilíbrio dinâmico, que se mantém constante a uma certa distância do verdadeiro equilíbrio". Portanto, esse aparente equilíbrio, que corresponde ao estado estável, "é capaz de fornecer trabalho, embora exija contínua importação de energia para manter a distância que o separa do verdadeiro equilíbrio" (Bertalanffy 1968, p. 173). O equilíbrio é definido em física como o estado de entropia máxima, quando se nivelam as diferenças existentes, desaparecendo totalmente qualquer capacidade de realização de trabalho pelo sistema. Mas não há uma definição termodinâmica para os estados estáveis nos sistemas abertos, que se mantêm pela contínua transformação de seus componentes.

Manter-se por meio da mudança – conservar-se, transformando-se: essa coexistência de *estabilidade e mudança* é considerada característica essencial da vida e Bertalanffy afirma que a Teoria Geral dos Sistemas incorpora igualmente a manutenção e a mudança, a preservação e a transformação contínuas do sistema. Diz ele:

> Observando em geral os fenômenos biológicos, não se pode negar que se identificam dois princípios muitos gerais, um, a manutenção dos sistemas vivos em um contínuo

fluxo ordenado de processos, e o outro, uma tendência ao aumento da diferenciação e da ordem. (Bertalanffy 1967, p. 122)

Também Laszlo (1972) considera essas duas características como duas outras invariâncias organizacionais, além das duas já referidas. Entretanto, é preciso lembrar que ele não está distinguindo essas invariâncias apenas nos sistemas biológicos ou vivos, mas, como já vimos, em todos os sistemas naturais, nos níveis suborgânico, orgânico e supraorgânico.

Para ele, *os sistemas naturais se mantêm a si próprios, num ambiente em mudança*. Essa é uma invariância organizacional. À medida que o ambiente muda, os sistemas naturais, desde que suas características estruturais o permitam, também mudam, no sentido de manter sua relação com o ambiente. Os sistemas naturais o fazem porque, devido ao fato de serem sistemas abertos, importam do ambiente os recursos de que necessitam para se manterem adaptados às exigências do ambiente alterado. No caso dos sistemas orgânicos, podem inclusive reparar suas partes danificadas. Inclusive a reprodução é aqui concebida como uma forma de super-reparação, em que não se substitui apenas uma parte envelhecida, mas se substitui o organismo inteiro. Os sistemas supraorgânicos, os grupos sociais exibem, por meio de suas regras implícitas de funcionamento, essa tendência a se perpetuar: ajustam-se e adaptam-se, mantendo-se a si próprios num estado estável dinâmico. Mesmo "os átomos estáveis opõem-se efetivamente ao curso total de degradação de energia previsto pela Segunda Lei [da Termodinâmica]" (Laszlo 1972, p. 38). É a tendência dos sistemas naturais para automanutenção, para a estabilidade. Costuma-se dizer que, nesse caso, o sistema muda – *mudança de primeira ordem* – para não mudar, para se manter o mesmo. Chama-se mudança de primeira ordem porque não implica mudanças substanciais nas regras do sistema, na forma de relação de seus elementos. Essa mudança garante a *morfostase*.

Mas, por outro lado, *os sistemas naturais criam-se a si próprios em resposta aos desafios do ambiente*. Essa é mais uma invariância organizacional, segundo Laszlo. A autocriatividade é considerada como uma resposta do sistema a condições do ambiente que não podem ser enfrentadas com a estrutura existente. Nesse sentido, essa característica dos sistemas naturais é uma precondição para a evolução, o desenvolvimento, o progresso. Em virtude dessa tendência, os sistemas avançam no sentido de uma maior complexidade. Importante lembrar que, estando os sistemas interligados na natureza, pode-se concebê-los provocando mutuamente respostas criativas, de modo que eventos mínimos podem produzir grandes efeitos. No caso dos sistemas sociais, têm-se muitos exemplos de como eles têm respondido às condições ambientais novas, globalizadas, interligadas pelos meios de comunicação, com formas criativas, qualitativamente novas, de funcionamento. Ou seja, os sistemas naturais se auto-organizam diante dos desafios do ambiente. Essa é a tendência dos sistemas naturais para a automudança, para o que se costuma considerar como a verdadeira mudança, uma *mudança de segunda ordem*. Chama-se mudança de segunda ordem porque implica novas regras ou um salto qualitativo no funcionamento do sistema. É o tipo de mudança que viabiliza a *morfogênese*.

Hoje, dispondo já dos trabalhos de Heinz von Foerster sobre a auto-organização e da Biologia do Conhecer de Maturana, podemos perceber que a presença da auto-organização foi destacada por Bertalanffy mas que ele, entretanto, só pôde dar-lhe uma abordagem ainda bastante indefinida. Somos levados a concordar com ele: naquele momento ele não dispunha de uma teoria da organização e nem de uma definição de vida, agora oferecidas por esses novos cientistas sistêmicos.

Claro que não foi só Foerster que tratou da auto-organização. Vimos que naquele colóquio de Cerisy, sobre esse tema, além de Atlan, cuja obra sobre a auto-organização motivou o colóquio, havia cientistas de diversas outras áreas trabalhando com o tema. E já vimos também a contribuição fundamental de Prigogine para a compreensão da auto-organização também no nível suborgânico da natureza. Entretanto, optei aqui por destacar Foerster, não só pela importância e pelas repercussões de seu trabalho, mas também por sua participação como ciberneticista no MIT e nas Conferências Macy, como veremos adiante.

Laszlo publicou seu livro em 1972, quatro anos depois da publicação da obra *Teoria geral dos sistemas* de Bertalanffy – por sinal no ano em que Bertalanffy morreu – e colocou na bibliografia indicada sobre os "fundamentos interdisciplinares da visão sistêmica contemporânea", um livro intitulado *Princípios de auto-organização*, organizado por Foerster e Zopf, em 1962. Apesar disso, parece que o propósito de Laszlo foi principalmente o de caracterizar a visão sistêmica de mundo, como uma "filosofia natural dos novos desenvolvimentos nas ciências". Assim, ele também não avança muito, nem na direção de uma teorização, nem na direção de apontar as implicações de distinguir a auto-organização nos vários níveis da natureza.

De fato, o argumento crítico de que os computadores – sistemas artificiais – não mostram a auto-organização evidenciada nos sistemas naturais estava presente desde a fase inicial da Cibernética, mas ficou eclipsado pela visão computacional dominante. Mas, cerca de três décadas depois, na década de 1970, o tema da auto-organização, exigindo a noção de padrão de organização, reemergiu e mobilizou alguns daqueles pensadores sistêmicos, ciberneticistas das Conferências Macy, cujas reflexões e elaborações vieram repercutir definitivamente na constituição de um novo paradigma da ciência. Por isso, vamos voltar agora ao MIT, ou seja, ao contexto da Cibernética.

Voltando à Cibernética: Desenvolvimentos novo-paradigmáticos nas duas vertentes da "ciência dos sistemas"

No início deste capítulo, distingui dois momentos em ambas as vertentes teóricas da "ciência dos sistemas". Até agora, abordei o primeiro momento nas duas vertentes – a Teoria Geral dos Sistemas e a Cibernética – e considero que, apesar de sistêmicas, nenhuma dessas duas teorias é ainda novo-paradigmática.

Para falar do segundo momento, proponho que voltemos ao MIT, para encontrar três personagens importantes – Gregory Bateson, Heinz von Foerster e Humberto Maturana – e então podermos acompanhar suas realizações como pensadores/teóricos sistêmicos.

Já distingui Foerster e Maturana como personagens que, trabalhando originalmente nas vertentes mecanicista e organicista, respectivamente, ao se deterem na pergunta sobre o conhecimento e ao colocarem o foco da ciência no sujeito do conhecimento, no observador, permitiram o desenvolvimento de um pensamento sistêmico novo-paradigmático.

Agora, estou distinguindo também Bateson, que, ao focalizar de modo amplo o fenômeno da vida, colocou as ciências sociais ao lado das ciências físicas e das ciências biológicas, no contexto da Cibernética.

Vimos que os antropólogos Gregory Bateson e sua esposa Margaret Mead foram convidados para a 1ª Conferência Macy sobre as questões da retroalimentação, em virtude da relação dos seus trabalhos com o tema da comunicação.

Desde 1926, *Gregory Bateson* (1904-1980), biólogo inglês, tinha publicações relatando seus estudos sobre culturas primitivas em Bali e Nova Guiné. Em

1936, publicou o livro *Naven*, com os dados de sua pesquisa sobre a cultura da tribo Iatmul, da Nova Guiné. Em 1942, escreveu, com Margaret Mead, *O caráter balinês*, que foi publicado pela Academia de Ciências de Nova York.

Segundo ele relata, quando conheceu McCulloch e Bigelow, que falavam com entusiasmo do conceito de *feedback*, percebeu que, em seu livro *Naven*, tinha chegado até bem perto da Cibernética, mas que lhe tinha faltado exatamente o conceito de retroalimentação negativa. Tendo o privilégio de participar, depois da guerra, das Conferências Macy, reconheceu que essa oportunidade teve repercussões em tudo que escreveu a partir de então.

Na ocasião, ele inclusive revisou seus dados de campo obtidos anteriormente na Nova Guiné, reinterpretando-os à luz dos conceitos de circuitos autocorretivos e de causalidade circular, da Cibernética (Simon; Stierlin e Wynne 1984).

De 1949 a 1962, trabalhou como etnólogo no Hospital dos Veteranos, em Palo Alto, na costa oeste dos Estados Unidos. Nessa época obteve uma verba para pesquisar "o papel dos paradoxos de abstração na comunicação", reunindo em torno de si um grupo de pesquisadores, interessados em diversos aspectos da comunicação, tais como: o humor, a comunicação dos animais, a comunicação dos esquizofrênicos, os tipos lógicos na comunicação etc.

Com um desses colegas, Ruesch, Bateson publicou, em 1951, o livro *Comunicação: A matriz social da psiquiatria* (Ruesch e Bateson 1951) e, com outros colegas, Jackson, Haley e Weakland, publicou, em 1956, o artigo "Para uma teoria da esquizofrenia" (Bateson *et al.* 1956). Nesse artigo, descrevem a comunicação patogênica na família do esquizofrênico e apresentam a hipótese do duplo vínculo – uma forma de comunicação paradoxal que tem profundas implicações nas relações interpessoais. O artigo teve enorme repercussão não só na área da psiquiatria, mas das ciências humanas em geral.

Enquanto trabalhava nesse projeto, para o estudo da comunicação esquizofrênica, cujos resultados foram apresentados em 1960, Bateson foi percebendo que, para avançar no estudo dos tipos lógicos na comunicação, precisava estudar mais a comunicação dos animais. Assim, em 1963, voltou ao Havaí, convidado para desenvolver pesquisas no Instituto Oceânico, onde estudou a comunicação interespécies, entre humanos e golfinhos.

Entretanto, alguns dos integrantes de sua equipe de pesquisadores já tinham fundado o Mental Research Institute, que ficou conhecido como MRI, onde deram continuidade às pesquisas e desenvolveram revolucionárias formas de trabalhar com o doente mental, tornando-se um centro de referência em terapia familiar.

Apesar de ter atuado em diversas áreas, Bateson considerou que um dos acontecimentos mais significativos em sua vida foi seu contato com a "cibernética ou teoria da informação ou teoria dos sistemas", quando percebeu que Bertalanffy, Wiener, Neumann, Shannon, Craik etc. estavam se ocupando de problemas da comunicação no sistema, em especial com a questão do que é um sistema organizado. Para ele, "a cibernética é a maior mordida no fruto da Árvore do Conhecimento que a humanidade deu nos últimos 2.000 anos" (Bateson 1972, pp. 506-507), a qual, entretanto, não nos resguarda contra o seu mau uso.

Também aqui, para vermos suas principais ideias e contribuições, vou destacar – como fiz em relação a Bertalanffy e Wiener – os dois livros mais importantes de Bateson, *Passos para uma ecologia da mente* (1972) e *Mente e natureza: A unidade necessária* (1979).

Passos para uma ecologia da mente é uma coletânea de artigos já publicados e textos apresentados em conferências e reuniões científicas, datados de 1935 a 1971. Dos 99 artigos de que dispunha, selecionou 34, sendo que mais da metade do livro foi escrita enquanto ele estava no Instituto Oceânico.

O livro está organizado em quatro partes, cujos artigos correspondem a quatro tipos de temas de que se ocupou em quatro períodos parcialmente superpostos de sua vida: antropologia; psiquiatria; evolução biológica e genética; a nova epistemologia que resulta da teoria dos sistemas e da ecologia.

Penso que ao dizer que a nova epistemologia resulta da teoria dos sistemas, Bateson está se referindo mais à Cibernética do que à Teoria Geral dos Sistemas, uma vez que, como Wiener, ele também não inclui nenhum dos trabalhos de Bertalanffy nas referências bibliográficas de seus dois livros.

Bateson se considerava basicamente um biólogo e acreditava que esses outros temas com que se envolvia eram ramos da biologia, por serem aspectos do "mundo das coisas vivas", cujos princípios de organização ele queria descobrir. Entretanto, para evitar associações com a biologia mecanicista de seu tempo, ele preferia considerar que esses estudos eram parte da "história natural" e costumava se identificar como naturalista. Assim, a epistemologia – o estudo de como chegamos a conhecer algo – passou a ser para ele um ramo da história natural, deixando de ser filosofia abstrata.

Mente e natureza: A unidade necessária foi escrito entre 1978 e 1979, no Instituto Esalen, na costa oeste dos Estados Unidos. Depois de uma cirurgia, sabendo que não teria mais muito tempo de vida – de fato faleceu em julho de 1980 –, resolveu escrevê-lo rapidamente. Ele diz que retomou temas, pelos quais se interessou em muitos momentos de sua vida, e já abordados no livro anterior, mas procurou escrever de modo a ser compreendido por quem não tivesse lido *Passos para uma ecologia da mente*.

Apesar disso, ele próprio "achava que não era compreendido mesmo pelas poucas pessoas que pensavam entendê-lo. Poucas, pouquíssimas pessoas, a seu ver, o compreendiam" e até suas piadas eram difíceis de entender (Capra 1988, p. 63). Dell (1985) considera que os escritos de Bateson não são fáceis de entender, que seus argumentos ficam tautológicos e um tanto místicos, porque Bateson se limitou a trabalhar com sua epistemologia, faltando-lhe uma ontologia para fundamentar seus argumentos e, além disso, por ter usado o termo epistemologia em diversos sentidos diferentes.

Bateson manteve um bom relacionamento com Wiener, durante as Conferências Macy. Como Wiener, ele atravessava facilmente as fronteiras disciplinares na busca de padrões gerais e descrições abrangentes para uma ampla gama de fenômenos, sem, entretanto, sair do âmbito da ciência.

Percebendo a inadequação das descrições mecanicistas, reducionistas, para o "mundo das coisas vivas", buscava uma forma mais adequada para descrever a natureza. Diz ele:

> (...) vocês observarão que o que disse (...) é uma análise dos sistemas organizados e de suas propriedades. Agora quero dizer que estamos elaborando um corpo de conceitos científicos rigorosos desses sistemas organizados, que estão cheios de mistérios. (Bateson 1972, p. 506)

Foi a concepção de que a retroalimentação era o padrão geral da vida, com o qual se poderiam descrever os sistemas organizados, biológicos e sociais, que fez com que Bateson e Mead se entusiasmassem com a Cibernética. De fato, os efeitos da retroalimentação positiva (vulgarmente chamados de círculos viciosos) já lhes eram familiares em suas observações de grupos sociais e, então, vieram encontrar, na retroalimentação negativa, um mecanismo descritivo para os processos autorreguladores homeostáticos, a que a Cibernética se dedicava especialmente.

Bateson refletia e ficava intrigado com a questão de como se poderia ter chegado à dicotomia entre os "temas da substância" e os "temas da forma" e sobre como essa dicotomia definia uma divisão entre as *hard sciences* e a ciência que ele estava tentando construir. Segundo ele, a ciência que aborda "os assuntos da forma – os processos mentais, as ideias, a comunicação, diferenciação, padrão etc (...) se viu espetacularmente enriquecida pelos descobrimentos da cibernética e da teoria dos sistemas" (Bateson 1972, p. 25). Parece, entretanto, que ele próprio se mantinha preso a essa dicotomia entre natureza inanimada e natureza viva. Aliás, ele disse que colocou numa caixa os seres inanimados (varas, pedras, bolas de bilhar e galáxias) e a deixou de lado e que, noutra caixa, colocou as coisas vivas (caranguejos, pessoas, problemas de beleza e problemas de diferença), sendo que o conteúdo dessa segunda caixa é que é o assunto do livro *Mente e natureza* (Bateson 1979, p. 15).

Rejeitando a linguagem da lógica, por considerá-la um instrumento inadequado para lidar com os fenômenos da vida, ele diz que precisamos entender a linguagem da natureza, que é preciso procurar pelo que torna coeso o tecido das coisas vivas, o padrão de organização comum a todas as criaturas vivas. Ele pergunta: "Que padrão liga o caranguejo à lagosta, a orquídea à prímula (uma planta) e todos os quatro a mim? E eu a você? E nós seis à ameba em uma direção e ao esquizofrênico retraído em outra?" (*idem, ibidem*, p. 16).

Refere-se então constantemente ao *padrão que liga* ou padrão que une:

(...) o caminho certo para começar a pensar sobre o padrão que liga é pensar nele como primordialmente (...) uma dança de partes que interagem e só secundariamente restringida por vários tipos de limites físicos e por aqueles limites que os organismos caracteristicamente impõem. (Bateson 1979, p. 21)

Para ele, as partes só podem ser classificadas de acordo com as relações que existem entre elas. É preciso pensar as relações (a forma ou o padrão) como algo primário, e os termos relacionados (a substância ou o conteúdo) como algo secundário, focalizando mais a relação do que as pessoas ou fatos relacionados. Essa ênfase ao padrão que liga, às relações, ocorrendo na anatomia, na geologia, na linguística, na ecologia etc., criaria a possibilidade de investigações interdisciplinares que se ocupem das analogias entre seus objetos de estudo.

Bateson fazia amplo uso de analogias, metáforas e histórias. Considerava que, como as relações são a essência do mundo vivo, é melhor usar uma linguagem de relações para descrever a natureza. E, segundo ele, as histórias são um ótimo caminho para o estudo das relações, uma vez que, nelas, o importante não são nem os objetos, nem os personagens, mas as relações entre todos os elementos. Em seus cursos e conferências, contava muitas histórias e costumava responder às perguntas com mais histórias: pensamos através de histórias, dizia, e o fato de pensarmos em termos de histórias não nos deixa isolar os seres humanos das estrelas do mar, dos coqueiros e das orquídeas. Segundo Capra (1988), esse estilo de comunicação era divertido e fascinante de observar, mas dificílimo de acompanhar.

Focalizar o padrão, a forma, leva necessariamente a considerar a importância do *contexto*, o padrão através do tempo. Bateson diz que, em 1935, ainda não tinha captado com clareza a importância central que tem o contexto e que depois sua compreensão do contexto evoluiu até se encontrar com as ideias de redundância, padrão e significado. Bateson (1972, p. 17) exemplifica a importância do contexto, com uma pergunta: "Uma mãe recompensa habitualmente seu filhinho com um sorvete, quando ele come espinafre. De que informação você precisaria para predizer se a criança: a) chegará a gostar ou a odiar o espinafre; b) a gostar ou odiar os sorvetes; c) a amar ou odiar a mãe?". Então argumenta que toda a informação necessária é sobre o contexto da conduta da mãe e do filho: informações sobre o que aconteceu antes e o que aconteceu depois desse evento envolvendo mãe e filho e informações sobre outros eventos acontecendo simultaneamente. Não é possível descrever e compreender processos relacionais sem descrever os contextos, sem ampliar o foco de observação. Contexto é a palavra necessária na descrição de fenômenos relacionados.

Para mostrar também como é o contexto que determina o significado, utiliza-se de um outro exemplo: quando dizemos que a tromba é o nariz do elefante, sua localização, entre os olhos e acima da boca, sua relação com esses outros elementos é importante para lhe conferir esse significado.

Entretanto, apesar de enfatizar a importância de considerar o contexto, Bateson adverte quanto ao risco de tomar o contexto como variável independente ou determinante, como o fator causal, tomando-se o fenômeno observado como variável dependente, como algo determinado pelo contexto. Isso seria mantermos o determinismo ambiental, das ciências físicas, aliás, bastante utilizado também pelas ciências biológicas e sociais. Quando dissermos que algo acontece em um contexto, será preciso ver a ação em que estamos interessados "como parte do subsistema ecológico que chamamos de contexto, e não como o produto ou efeito do que resta do contexto depois que se retira dele o elemento que queremos explicar". Ou seja, é preciso ver o fenômeno em relação (Bateson 1972, p. 369).

Uma relação só sobrevive graças a mudanças em ambos os termos da relação. Quando acontece uma mudança qualquer em um dos elementos, se não for acompanhada por alguma mudança no outro, coloca em risco a sobrevivência da relação. Interessante ressaltar, desde já, como essa colocação de Bateson parece corresponder à noção de acoplamento estrutural, de Maturana.

"*A unidade de sobrevivência*, no mundo biológico, é o organismo mais o ambiente", o organismo e o ambiente em relação, o que remete necessariamente à noção de ecologia. Entretanto, a noção de ecologia de Bateson foi muito ampliada. Rejeitando o dualismo mente-matéria e buscando pensar uma ciência de estrutura monística, Bateson desenvolveu um conceito novo e radical de mente, capaz de superar a cisão cartesiana. Concebeu a *mente* como um fenômeno sistêmico característico dos seres vivos, uma característica relacional, vital: a unidade de sobrevivência é então a mente. Por isso se diz que, para Bateson, a mente não está no cérebro, na caixa craniana ou em qualquer parte do corpo, e sim nas relações.

Os processos mentais não dependem, pois, da existência de cérebro ou de características especiais do sistema nervoso, manifestando-se não só em qualquer ser vivo, mas também em sistemas sociais e ecossistemas. Então a mente está na natureza, tornando coeso o tecido das coisas vivas. Torna-se, assim, compreensível o título que deu a seu livro, *Mente e natureza: Uma unidade necessária*.

Com essa concepção, ele diz que "a *ecologia*, num sentido mais amplo, termina sendo o estudo da interação e da sobrevivência das ideias e programas (isto é, diferenças, complexos de diferenças etc.) em circuitos" (Bateson 1972, p. 516). Na introdução do livro *Passos para uma ecologia da mente*, ele diz que pretende propor uma nova maneira de pensar sobre as ideias e que essa maneira de pensar ele chama de "ecologia da mente" ou ecologia das ideias, uma ciência que não existe ainda como corpo organizado de teorias ou conhecimentos.

Bateson sabia, entretanto, como é difícil, em nossa civilização ocidental, adotarmos essa nova maneira de pensar. Estamos todos tão aculturados na ideia de "eu mesmo", diz ele, que é difícil desenvolver essa nova concepção de nós mesmos e de nossos ambientes, em relações. Em virtude dessa dificuldade, colocamo-nos contra a natureza, sem perceber que, ao destruí-la, nos destruímos a nós mesmos. Colocamo-nos uns contra os outros, acreditamos que podemos nos controlar uns aos outros e acreditamos até que podemos ensinar unilateralmente uns aos outros. Aqui, novamente, vale ressaltar que também Maturana enfatizará a impossibilidade da interação instrutiva.

Bateson nos adverte de que os circuitos e equilíbrios da natureza podem romper-se com excessiva facilidade e isso acontece inevitavelmente quando nossos erros básicos de pensamento, de visão de mundo, são constantemente reforçados por nossa cultura. Apesar de ressaltar que na natureza viva (ou ecológica) a acentuação de um desequilíbrio gera suas próprias limitações, ele considera que "o desequilíbrio foi tão longe que não podemos iludir-nos com a esperança de que a Natureza deixe de compensá-lo com uma hipercorreção" (*idem, ibidem*, p. 525).

Sabendo que essa nova maneira de pensar incidirá sobre formas de governo, estrutura econômica, filosofia educacional, posições militares etc., todas profundamente marcadas pelas antigas premissas, acredita, entretanto, na possibilidade de mudanças a partir de amplos debates dessas ideias, que permitam mudar nossas formas de interação. Essas mudanças dependerão de acreditarmos na força das relações, de acreditarmos que "além do determinismo físico (...) existe um determinismo mental". Ao dizer isso, Bateson adverte, entretanto, que considera "o mental como função exclusivamente de uma relação complexa" e que não está se referindo a algo transcendente, mas sim imanente às relações e evidente nos setores do universo que têm vida (1972, p. 497).

Embora tenha considerado que a existência de partes ligadas umas às outras está na própria raiz do que é estar vivo e embora tenha ligado definitivamente o fenômeno da mente e o fenômeno da vida, usando os mesmos critérios para ambos, Bateson não fez a pergunta: "o que é a vida?". Segundo Capra (1996, p. 145), ele parece "não ter sentido necessidade de desenvolver uma teoria, ou mesmo um modelo dos sistemas vivos que pudesse fornecer um arcabouço conceitual para seus critérios de processo mental".

Não podemos, pois, considerar Bateson como um teórico dos sistemas. Foi antes um epistemólogo. Apesar de à sua epistemologia ter faltado uma ontologia correspondente, sua importância não pode ser menosprezada. Parece-me que Capra (1988) foi feliz ao dizer, por ocasião dos funerais de Gregory Bateson:

> (...) parte de sua mente decerto desapareceu com seu corpo, mas uma grande parte ainda está conosco e permanecerá por muito tempo. É a parte que participa de nossas relações uns com os outros e com nosso ambiente; relações que foram profundamente influenciadas pela personalidade de Gregory (...). Creio que Gregory tenha se tornado, ele próprio, "*o padrão que une*". (p. 72, grifo meu)

Um mês antes da 6ª Conferência Macy, programada para março de 1949, *Heinz von Foerster* (1911-2002), físico austríaco, nascido em Viena, chega aos Estados Unidos e é logo convidado a participar da conferência, iniciando assim suas conexões com os ciberneticistas do MIT.

Adiante veremos que Marcelo Pakman organizou um livro com diversos artigos de Foerster e, na introdução, nos oferece informações importantes sobre ele e sua história, das quais me utilizo a seguir.

Apesar de ter-se formado em física, Von Foerster acompanhava sua família no interesse pela filosofia. Era sobrinho de Wittgenstein e, na década de 1930, participou do Círculo de Viena, onde conheceu o *Tratactus*. Dessa experiência lhe ficou o interesse pela articulação rigorosa entre filosofia, lógica, matemática e ciências e pelo papel da linguagem nessa articulação. O interesse pela linguagem se ampliou para os processos mentais e para a questão de como emergem os objetos e as leis da natureza.

Passou o período da guerra em Berlim, trabalhando como físico e, depois da guerra, voltou a Viena, onde trabalhou em telefonia, ajudando os americanos em contrapropaganda aos russos. A devastação causada pela guerra levou-o a incluir, em suas reflexões sobre o conhecer, uma constante preocupação ética. Até que, em fevereiro de 1949, Foerster se muda com a família para os Estados Unidos.

Como o presidente das Conferências Macy, McCulloch, já conhecia e tinha interesse pela sua "teoria quântica da memória", ao saber de sua presença nos Estados Unidos, convidou-o a participar da 6ª Conferência, indicando-o também para redigir as atas. Essas atas das Conferências – da 6ª à 10ª – foram publicadas com autoria conjunta de Foerster e Margaret Mead.

Daí, até 1958, foi se apropriando da linguagem cibernética para expressar suas ideias e não só se tornou um ciberneticista, como passou a oferecer à Cibernética suas importantes contribuições, especialmente relacionadas ao fenômeno da auto-organização.

Desde os primeiros anos da Cibernética, os cientistas começaram a construir modelos matemáticos para representar a lógica presente nas redes neurais. Já em 1943, McCulloch e Pitts publicaram um artigo, mostrando que a lógica dos processos fisiológicos podia ser representada por redes neurais. A seguir, os cientistas perceberam, nessas redes, a emergência espontânea de padrões ordenados de funcionamento, a que deram o nome de auto-organização.

A *auto-organização* seria então "a emergência espontânea de novas estruturas e de novas formas de comportamento em sistemas abertos, afastados do equilíbrio, caracterizados por laços de realimentação internos e descritos matematicamente por meio de equações não lineares" (Capra 1996, p. 80).

Entre 1958 e 1976, Foerster dirigiu o Laboratório de Computação Biológica, na Universidade de Illinois, onde era professor de biofísica e de engenharia eletrônica. Foi então que desenvolveu o primeiro "megacomputador", o Illiac III, baseando-se em modelos cibernéticos originais e avançados. Nesse laboratório, que foi uma referência mundial em Cibernética, realizavam-se pesquisas interdisciplinares sobre sistemas auto-organizadores, assim como experiências nada convencionais de ensino e aprendizagem das ideias que ali se desenvolviam.

Em 1969, Foerster organizou, em Chicago, um "Simpósio sobre Cognição" e convidou Maturana a participar, ocasião em que este apresentou suas ideias sobre a cognição como um fenômeno biológico. Maturana enfatizou não só a organização circular do sistema nervoso, identificando-a como a organização de todos os sistemas vivos, mas também o fechamento operacional da rede neural, que não permite que se fale em representação da realidade. A partir de então, cognição fica identificada com vida.

Interessante que, no mesmo ano, Bateson também apresentou sua nova concepção de processo mental, na Segunda Conferência sobre Saúde Mental na Ásia e no Pacífico, no Havaí. Esse trabalho está publicado com o título "Patologias da epistemologia" (Bateson 1971). Ele então propõe que pensemos sobre o que é uma mente e sugere algumas características essenciais mínimas de um sistema que podem ser tomadas como características da mente, também identificada, por ele, com a presença de vida no sistema.

Os dois cientistas, Bateson e Maturana, ambos influenciados pela Cibernética, estavam envolvidos com a mesma questão – a questão de como os seres vivos conhecem – e ambos elaboram concepções revolucionárias sobre essa questão (Capra 1996). Entretanto, adiante destacaremos diferenças fundamentais entre ambos.

A Cibernética constitui-se, então, como um contexto muito propício ao questionamento da crença de que podemos conhecer objetivamente o mundo: a atividade de projetar sistemas artificiais e a consequente necessidade de compreensão dos sistemas naturais auto-organizadores (não necessariamente vivos) levaram naturalmente os ciberneticistas a darem

> uma atenção cada vez maior a duas noções centrais: a de *autonomia*, o fato de serem esses sistemas regidos por suas próprias leis; e a de *auto-referência*, uma operação lógica pela qual uma operação se toma a si mesma como objeto, como acontece quando, por exemplo: falamos da linguagem, pensamos o pensamento, ou somos conscientes de nossa consciência. (Pakman 1991b, p. 23)

A partir daí, a consequência natural foi assumir que as noções cibernéticas não eram independentes dos ciberneticistas, que elas não se aplicavam somente aos sistemas cibernéticos observados (sejam sistemas artificiais – que são sistemas triviais –, sejam sistemas naturais – que são sistemas não triviais), mas também aos próprios cientistas como observadores. Essa distinção entre máquinas triviais e não triviais está apresentada por Foerster num artigo publicado em 1984. De forma bem simplificada, pode-se dizer que as máquinas triviais, dispondo de uma entrada (variável independente), de uma saída (variável dependente) e de uma função (relação funcional), têm comportamento previsível e são independentes da história. Já as máquinas não triviais são sensíveis a modificações de seus próprios estados internos, os quais vão se tornando diferentes à medida que elas funcionam, o que acarreta que seus comportamentos sejam dependentes de seu passado e portanto imprevisíveis.

A aplicação das noções cibernéticas aos próprios cientistas como observadores implicou assumir que tudo que se dizia sobre um sistema estava relacionado com as propriedades do cientista para fazer essa observação. Ou seja, a observação do cientista estava relacionada às características de sua estrutura. Surge aí a concepção de Foerster de *sistema observante*, aquele em que o observador, incluindo-se no sistema que ele observa, se observa observando.

Tornou-se então necessária uma teoria do observador. Segundo Pakman (1991a), em 1972, Foerster fez uma das primeiras e mais completas exposições sobre os fundamentos lógico-biológicos de uma teoria do observador, texto-chave do construtivismo, importante para que todos os seres humanos conheçam como eles próprios conhecem, como seres vivos. Esse texto tem o título "Notas para uma epistemologia dos objetos vivos" (Foerster 1972).

Acho interessante ressaltar que nele Von Foerster já se refere ao conceito de autopoiese, de Maturana e Varela, e cita um texto de Maturana, "Biologia da cognição", publicado pelo Laboratório de Computação Biológica, Departamento de Engenharia Elétrica da Universidade de Illinois, em 1970. Aliás, numa conferência anterior, em 1969, Foerster havia-se declarado em dívida com Maturana, com Gunther e com Ashby, por terem iluminado suas noções sobre a vida, a lógica e os grandes sistemas.

Assim, ao fazer esse giro de autorreferência, a Cibernética tomou-se a si mesma como objeto e surgiu então a *Cibernética da Cibernética*, também chamada de *Cibernética de Segunda Ordem*. Em 1974, Foerster deu esse título, "Cibernética da Cibernética", a uma conferência que fez na Universidade da Pensilvânia, a qual Pakman (1991c) considera como um "manifesto construtivista". Nessa conferência, ele começa dizendo como se fascinou, poucos anos antes, com a apresentação do neurofisiólogo chileno Humberto Maturana, sobre a autopoiese. É então que ele batiza a afirmação de Maturana, "tudo que é dito é dito por um observador", como "teorema nº 1 de Humberto Maturana" e acrescenta o que chama de "corolário nº 1 de Heinz von Foerster": "Tudo que é dito é dito a um observador". É também nessa ocasião que ele fala da conexão não trivial entre observador, linguagem e sociedade, à qual já me referi mais de uma vez.

Depois de deixar o Laboratório de Computação Biológica, em 1976, Foerster mudou-se para Pescadero, na Califórnia. Na Califórnia, em Palo Alto, estava o Mental Research Institute, o qual – como já vimos, fundado por membros do grupo de Bateson para as pesquisas em comunicação – era um centro de referência para trabalhos sistêmicos com famílias. Ali trabalhava Paul Watzlawick que, juntamente com outros pesquisadores da comunicação, tinha publicado, em 1967, *Pragmática da comunicação humana. Um estudo dos padrões, patologias e paradoxos da interação*, que também passou a ser referência fundamental para os terapeutas de família. Watzlawick convidou então Foerster para ministrar uma conferência no MRI, em 1978, e assim, segundo Sluzki – que também trabalhava ali –, iniciou-se o intercâmbio entre a epistemologia cibernética (de Segunda Ordem) e a terapia de família (Sluzki 1991).

Parece interessante ressaltar que poucos anos depois, em 1981, Watzlawick já publicava *A realidade inventada. Como sabemos o que acreditamos saber?* (Watzlawick *et al*. 1981a), uma coletânea de diversos trabalhos unidos, segundo ele, pelo "interesse de seus autores pelos fenômenos do construtivismo" (p. 16). Uma década depois, organizava outra coletânea sobre o mesmo tema, uma edição comemorativa ao aniversário de Foerster: *O olhar do observador. Contribuições para uma teoria do conhecimento construtivista* (Watzlawick e Krieg 1991). Assim, ficou também mundialmente conhecido como um construtivista e um disseminador das ideias de Foerster.

Em 1991, Marcelo Pakman, epistemólogo, psiquiatra e também terapeuta de família, brindou-nos com uma obra preciosa, *As sementes da cibernética. Obras escolhidas de Heinz von Foerster* (Pakman 1991a). Das 129 publicações de Foerster, listadas ao final do volume, Pakman selecionou 11 e organizou-as em quatro seções: a) Da auto-organização à epistemologia; b) A Cibernética de Segunda Ordem; c) Cibernética, linguagem e sociedade; d) A construção do futuro. Mas Pakman fez mais. Como os textos de Foerster são dirigidos a ciberneticistas, lógico-matemáticos e filósofos da ciência, e como os formalismos matemáticos que ele utiliza extensamente – inclusive para enfatizar noções qualitativas – não são familiares a todos, sua leitura não é nada fácil. Pakman então elaborou uma introdução para cada uma das seções do livro, na qual já se antecipando às dificuldades do leitor, apresenta e comenta os artigos, "proporcionando referências esclarecedoras e comentários-ponte que guiam sem trivializar, que acompanham respeitosamente o leitor sem reduzir o impacto conceitual e estético de sua exploração" (Sluzki 1991, p. 10).

A partir do uso da expressão cibernética da cibernética, por Foerster, várias expressões passaram a ser usadas para se referir a esse segundo momento da Cibernética. Além de Cibernética da Cibernética e Cibernética de Segunda Ordem, podem-se encontrar as expressões cibernética à segunda potência, cibernética de segundo grau, visão de segunda ordem, cibernética dos sistemas de observação, cibernética da linguagem, nova cibernética, além de, naturalmente, construtivismo ou visão construtivista.

Ao avaliar a aplicabilidade da Teoria Cibernética para os sistemas antropossociais, Morin, além de reconhecer suas vantagens, aponta também seus limites.

Segundo ele, a Cibernética, além de não ter desenvolvido o princípio da complexidade, subordinou a comunicação ao comando, tornando-se uma ciência do controle organizacional e conduzindo a práticas tecnocêntricas, tecnomórficas e tecnocráticas. Por isso, propõe empreendermos um movimento que permita ultrapassar a Cibernética numa *Si-Cibernética*. O prefixo "si" é elemento da preposição grega *sun* – "com, estar com, estar junto" – que marca a ideia de obrigação recíproca entre as partes. Ao fazermos essa ultrapassagem, atingiríamos uma *Si-Cibernética* mais abrangente e integradora, permitindo-nos resgatar e integrar a Cibernética com suas vantagens, porém agora tendo um olhar novo sobre ela (Morin 1977).

Ao acompanhar a descrição de Morin para a *Si-Cibernética*, identifiquei, nessa sua noção, as três dimensões que distingui no paradigma da ciência contemporânea emergente: a abordagem da complexidade; o reconhecimento da imprevisibilidade e da impossibilidade de instruir e controlar o sistema; o afastamento da pretensão de objetivar ou atingir a realidade.

Como já vimos, considero o pressuposto construtivista – ou o pressuposto da construção da realidade no espaço da intersubjetividade – como uma das dimensões, aliás, como uma dimensão radicalmente fundamental, do pensamento sistêmico novo-paradigmático. Por isso, não concordo com a oposição entre visão sistêmica de um lado e visão construtivista (ou narrativista) de outro e privilegio os conceitos que contemplem as três dimensões que distingo no pensamento sistêmico novo-paradigmático (Esteves de Vasconcellos 2001b).

Assim, propus que se adotasse a expressão *sistêmico-si-cibernética* para caracterizar as práticas sistêmicas correspondentes a esse segundo momento da Cibernética. Distingui nessa expressão dois tipos de vantagens, conforme represento no Quadro 33. A primeira é a de proporcionar uma articulação entre os dois momentos da Cibernética, um tipo especial de articulação em que já se ultrapassa resgatando e integrando, sem necessidade de renegar o que foi ultrapassado ou de recorrer a um terceiro elemento para fazer a articulação. A segunda é a de privilegiar uma integração entre as diferentes dimensões do novo paradigma da ciência. O quadro pretende, pois, representar que a noção de *Si-Cibernética* não só resgata e integra a Cibernética (de Primeira Ordem), como assume igualmente os três novos pressupostos da ciência contemporânea emergente (Esteves de Vasconcellos 1992; 1995b).

Quadro 33 – As vantagens da expressão *sistêmico-si-cibernética* para caracterizar as práticas novo-paradigmáticas

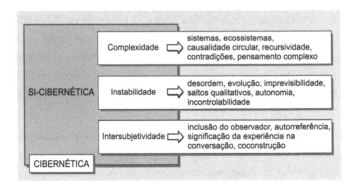

Portanto, como represento no Quadro 34, quando falo em *Si-Cibernética*, estou falando, de forma integradora, de todos os momentos e aspectos que se costuma distinguir no desenvolvimento da Cibernética: falo da complexidade (decorrente de a Cibernética colocar o foco no sistema, mesmo quando focalizando a autorregulação, como o fez a Primeira Cibernética); falo também da instabilidade (assumida quando se reconhecem a autonomia, os saltos qualitativos, a impossibilidade de controlar o sistema, como o fez a Segunda Cibernética); e falo ainda da intersubjetividade (da postura construtivista, decorrência necessária da Cibernética de Segunda Ordem). Estou, portanto, falando da *Si-Cibernética* como uma Cibernética novo-paradigmática.

Esses sucessivos desenvolvimentos da Cibernética contribuíram, pois, para que possamos hoje pensar essa Cibernética novo-paradigmática, que tenho chamado também de epistemologia *Si-Cibernética*.

Quadro 34 – *Si-Cibernética*: A articulação dos desenvolvimentos da Cibernética

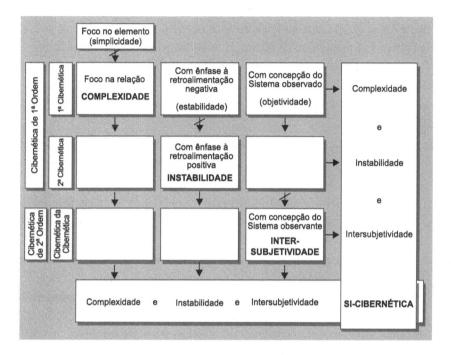

A esta altura, penso estar deixando claro como as contribuições de Foerster para os desenvolvimentos recentes da Teoria Cibernética foram decisivas no encaminhamento para um pensamento sistêmico novo-paradigmático. Entretanto, penso ter deixado claro também, desde o Capítulo 4 e ainda no Capítulo 5, que a possibilidade de atingirmos esse novo pensamento sistêmico nos foi aberta não só por Foerster, mas também por Maturana, cujas contribuições teóricas resumo a seguir.

Na década de 1950, *Humberto Maturana* (1928-2021), biólogo chileno, desenvolveu pesquisas em biologia, na Inglaterra e nos Estados Unidos. Integrou a equipe de pesquisadores de McCulloch, no MIT, realizando experimentos em neurofisiologia. No final da década, publicou alguns artigos (Lettvin *et al.* 1959; Maturana *et al.* 1960), em colaboração com esses pesquisadores, um dos quais, escrito em colaboração com Lettvin, McCulloch e Pitts, "O que o olho da rã diz para o cérebro da rã", ficou como um marco para os estudos de neurofisiologia da visão.

Quando voltou ao Chile, em 1960, estava envolvido com os fenômenos de percepção da cor, com a pergunta: "O que ocorre no fenômeno da percepção?". Mas paralelamente perguntava-se também: "Qual é a organização da vida ou o que é a vida?". Até que, no final dos anos 60, quando Foerster, diretor do Laboratório de Computação Biológica, convidou-o para aquele "Simpósio sobre Cognição", Maturana já tinha uma resposta articulando as duas questões. Ao perceber que os dois fenômenos – a cognição e o processo de estar vivendo – são um único e mesmo fenômeno, pôde afirmar que "conhecer é viver" e que "viver é conhecer".

O fato é que hoje ele nos apresenta um arcabouço conceitual articulado e consistente sobre os sistemas vivos, uma teoria biológica sistêmica.

No início do século XXI, falando no Instituto de Estudos Avançados Transdisciplinares da Universidade Federal de Minas Gerais, Maturana apresentou o que chamou de três leis sistêmicas:

1ª) quando as relações entre o ser vivo e seu ambiente começam a se conservar, essas relações começam a se modificar para se conservarem;
2ª) o passado não é necessário para causar o que ocorre, não é determinante do que ocorre: ocorre o que a estrutura atual do sistema lhe permite;
3ª) tudo ocorre segundo a coerência estrutural do momento e os seres vivos vão se movendo na conservação do viver (Maturana 2001a; 2001b).

Parece interessante observar que essas três leis destacadas por Maturana nos remetem a três conceitos fundamentais em sua teoria, a *organização autopoiética*, o *determinismo estrutural* e o *acoplamento estrutural*.

Já abordei esses e outros conceitos da Teoria da Autopoiese, de Maturana e Varela, no Capítulo 4, ao mostrar como essa teoria, evidenciando o enraizamento biológico, não só de nossa forma de conhecer, como de nossa forma de sermos humanos, levou-nos a colocar a "objetividade entre parênteses" e a assumir a responsabilidade pelas realidades que construímos por meio de nossas interações na linguagem.

Como os textos de Maturana estão hoje bastante acessíveis para nós e como considero fundamental o contato direto com esses textos, dispenso-me de uma apresentação mais detalhada da Teoria da Autopoiese.

A Teoria da Autopoiese é uma teoria biológica e Maturana costuma dizer repetidamente que está falando como biólogo e que se preocupa com transposições de seus conceitos – que ele desenvolveu para sistemas biológicos – para outros sistemas, chamando-se, por exemplo, os sistemas sociais de sistemas autopoiéticos.

Mas, como já vimos, apesar de ser uma teoria biológica, tem implicações não só epistemológicas, mas também ontológicas. Nossa nova crença ou pressuposto epistemológico sobre o "como conhecemos" traz consigo necessariamente uma nova resposta para a pergunta ontológica "o que conhecemos?". Conhecemos o que constituímos. Ou seja, o que conhecemos emerge das distinções que fazemos: constituímos uma realidade ao distingui-la e nomeá-la.

Essa não é uma consequência trivial da teoria de Maturana. É o que estabelece uma diferença fundamental entre as contribuições de Bateson e as contribuições de Maturana (Dell 1985).

Perguntaram a Bateson, no final de sua vida, quem daria continuidade aos estudos de epistemologia e ele respondeu que "o centro desses estudos é agora Santiago-Chile, através de um homem chamado Maturana". Mas o trabalho de Maturana nos levou além de Bateson, uma vez que contém a ontologia que Bateson nunca desenvolveu, apesar de a ter deixado, em certo grau, implícita em seus escritos (Dell 1985, p. 5).

Quando Bateson decidiu usar o termo epistemologia para se referir tanto a aspectos epistemológicos, quanto a aspectos ontológicos, deu prioridade à epistemologia e não tomou o caminho da ontologia. Ele afirma a impossibilidade da objetividade, mas preserva a existência de uma realidade independente do observador, quando diz, por exemplo, que os experimentos de Ames sobre percepção demonstraram como nossos sentidos podem nos enganar. Ou quando, ao falar do experimento de McCulloch com a rã, considera que é a estrutura neurofisiológica que impede que a informação objetiva seja transmitida ao observador. Assim, ele mantém "o mundo lá", independente do observador, atendo-se apenas à impossibilidade de representá-lo adequadamente. Então, para ele, agir acreditando na objetividade, ignorando a circularidade do sistema e tentando controlá-lo seria um erro epistemológico, porque essas ações estariam em desacordo com o que o mundo é.

Já Maturana, ao mostrar, por meio do experimento das cores, que não há correlação entre o estímulo (o comprimento de onda) e a atividade nervosa da retina (a cor percebida), mas apenas entre a atividade nervosa da retina e a atividade nervosa de nomeá-la, afastou completamente a possibilidade de representação do mundo pelos seres vivos e colocou em foco a pergunta ontológica, "o que percebemos?". Os seres vivos, concebidos como estruturalmente determinados, percebem e reagem ao meio, conforme o que lhes determina sua estrutura presente (a cada momento), e não cabe, pois, falar em erro de percepção. Quando dizemos que um organismo errou, estamos usando como referência nosso ponto de vista quanto a alguma meta que deveria ter sido atingida e não usando como referência as possibilidades estruturais do organismo. Não adianta também enfatizar o contexto, como o fez Bateson, se não se incluir o determinismo relacional na compreensão de todas as relações que se possam ali distinguir.

A compreensão da biologia do nosso conhecer remove os traços de objetividade remanescentes na "epistemologia de Bateson" e permite avançar da epistemologia para uma "ontologia da realidade", e assim nos implicamos todo o tempo, por meio das distinções que fazemos. Aliás, *Ontologia da realidade* é o título do livro que Maturana publicou em 1997.

De acordo com suas proposições, de que a realidade emerge para nós com base em nossas distinções, e de que a linguagem é constitutiva de nossa existência como seres humanos, Maturana não foge às suas condições de observador humano. Explicitando sua ontologia constitutiva – somos unidades autopoiéticas determinadas estruturalmente, que operam em acoplamento estrutural com seu meio –, apresenta sua teoria como um conjunto de distinções. Acompanhando-o nessas distinções, seremos inevitavelmente implicados nas realidades que estamos constantemente constituindo ou fazendo emergir: como e em que domínio linguístico emerge essa ou aquela descrição, essa ou aquela teoria, essa ou aquela crença?

Interessante que também o trabalho de Foerster, desembocando na postura construtivista, conduz-nos a esse mesmo tipo de implicações ontológicas: que realidades estamos construindo por meio de nossos intercâmbios na linguagem? Aliás, como vimos, ele disse preferir o termo ontogenetismo a construtivismo, pois ontogenetismo nos ajudaria mais a pensar em termos de gênese, de processo: como estamos gerando – ou fazendo emergir – nossos conhecimentos, nossas crenças?

Para finalizar, volto a enfatizar aqui essa convergência que distingo, no que se refere às consequências epistemológicas/ontológicas entre as duas vertentes da "ciência dos sistemas", convergência que só ocorre no momento em que ambas atingem as condições que defini como novo-paradigmáticas.

Desde o início, e durante todo o tempo em que estive escrevendo este livro, concebi-me em interação com você. Observei-me, inúmeras vezes, observando sua expressão facial, seu arregalar de olhos ou seu olhar distante, parecendo-me pensativo. Observei-me, outras tantas vezes, escutando suas perguntas e dúvidas, ou mesmo tentando me antecipar a elas. Observei-me querendo manter nosso acoplamento, querendo manter-me nessa interação com você até o final do livro.

Começamos nossa interação em torno das questões da epistemologia/ontologia e elas nos acompanharam o tempo todo. Mas agora, apesar de ter proposto que, neste "Adendo necessário", passássemos a falar não mais de epistemologia/ontologia, mas sim de teorias sistêmicas, vimo-nos de volta à nossa questão inicial. Não lhe parece interessante essa volta circular? Ou será que podemos dizer que foi uma volta recursiva, porque, ao voltar ao mesmo ponto de partida não somos mais os mesmos? Como autora do livro, eu poderia então dizer: começamos pela epistemologia, passamos pelas teorias e, voltando agora à epistemologia/ontologia, posso considerar realizada minha proposta.

Mas, sendo este um capítulo sobre teorias sistêmicas, há ainda um ponto que não posso deixar de abordar. No final do Capítulo 5, compartilhei com você que Mateus Esteves-Vasconcellos, meu filho, usou meu quadro de referência na elaboração de sua monografia de fim de curso, que já se encontra disponível na Biblioteca da Pontifícia Universidade Católica de Minas Gerais. De fato, ele elaborou, e colocou como um anexo à monografia, um texto que intitulou: "Teoria geral dos sistemas da natureza: Um esboço" (Esteves-Vasconcellos 2000a). Nesse texto, ele expõe resumidamente a Biologia do Conhecer de Maturana – derivada de sua teoria para o *nível orgânico* da natureza, a Teoria da Autopoiese. A seguir – mantendo a coerência conceitual e não fazendo meras transposições de conceitos –, ele propõe a extensão dessa teoria para os níveis *suborgânico* e *supraorgânico* da natureza.

Espero que, partindo desse esboço para uma teoria, ele possa se debruçar detidamente sobre cada um dos pontos ali esboçados, estudar cuidadosamente a literatura correlata, e então oferecer-nos um arcabouço conceitual articulado e consistente – tal como considero que é o de Maturana – para todos os sistemas da natureza, uma teoria científica de fato transdisciplinar.

Acredito que poderá ser uma teoria sistêmica novo-paradigmática que, ultrapassando definitivamente a compartimentação da natureza e evidenciando as possibilidades de articulação dos conhecimentos sobre os sistemas *suborgânicos*,

orgânicos e supraorgânicos, abra de fato possibilidades não só de surgimento de outros desenvolvimentos teóricos, mas também de vivermos sistemicamente no mundo, "compreendendo-o e nós mesmos", com base em uma nova teoria geral de sistemas.

Até aqui, esta 10ª edição revista e atualizada vem mantendo basicamente a estrutura do texto das edições anteriores, apenas com correções e atualizações pontuais.

Entretanto, agora precisarei e terei o prazer de acrescentar informações sobre acontecimentos, posteriores à publicação deste livro, os quais distingo como fundamentais para o âmbito das teorias sistêmicas contemporâneas.

Aconteceu que, pouco depois de Mateus ter recebido de sua própria mãe o que, nas suas palavras, foi um "dever de casa público" – ou seja, a explicitação de minha expectativa de que ele pudesse vir a elaborar uma teoria sistêmica novo-paradigmática –, o professor Sandro Schlindwein, da Universidade Federal de Santa Catarina, solicitou-lhe um artigo para sua revista da pós-graduação em Agroecossistemas.

Motivado pela preparação do artigo, Mateus debruçou-se de fato sobre o conjunto dos textos de Maturana e esmiuçou-os em profundidade, o que lhe permitiu distinguir, implícitos na Teoria da Autopoiese de Maturana, os princípios constitutivos de uma teoria sistêmica novo-paradigmática, aplicável aos sistemas em geral – que o próprio Maturana nunca explicitou – e a que Mateus chamou "A Nova Teoria Geral dos Sistemas".

Além de explicitar e sistematizar essa teoria, Mateus avançou além dela e elaborou uma "Teoria Geral dos Sistemas Autônomos", sistemas que incluem os sistemas vivos ou autopoiéticos e os sistemas sociais.

Finalmente, abordou os sistemas sociais humanos, distinguindo dentre eles os sistemas que chamamos de "instituições" e os sistemas sociais que ele chamou de "sistemas de interconstituição de segunda ordem", e mostrou ainda como algumas tecnologias sociais podem viabilizar a emergência desta última classe de sistemas sociais.

Esse trabalho está apresentado num livro intitulado *A nova teoria geral dos sistemas: Dos sistemas autopoiéticos aos sistemas sociais* (Esteves-Vasconcellos 2013).

Como ressaltei, ao escrever a Apresentação do livro de Mateus, o afazer científico se desenvolve em três dimensões – epistemologia, teoria e prática – idealmente articuladas e consistentes entre si.

Entretanto, no caso da ciência novo-paradigmática, há muito eu vinha distinguindo uma lacuna, no âmbito das teorias sistêmicas contemporâneas.

Ao desenvolver práticas sistêmicas novo-paradigmáticas – consistentes com a epistemologia sistêmica novo-paradigmática, ou pensamento sistêmico novo-paradigmático que identifiquei e descrevi neste livro – eu sentia falta de uma teoria sistêmica abrangente e também novo-paradigmática que pudéssemos usar para a descrição e compreensão do funcionamento e dos resultados da aplicação da nossa Metodologia de Atendimento Sistêmico (Aun; Esteves de Vasconcellos e Coelho, vol. I, 2005; vol. II, 2007; vol. III, 2010).

Considero que esse trabalho de Mateus vem preencher essa lacuna, tornando possível que os cientistas sistêmicos nos movamos nas diferentes dimensões de nosso afazer – epistemologia, teoria e prática – mantendo-nos consistentemente novo-paradigmáticos.

REFERÊNCIAS

ASHBY, W. Ross (1952). *Design for a brain*. Nova York: John Wiley.

_____ (1956). *Introdução à cibernética*. São Paulo: Perspectiva, 1970. Original inglês.

ATLAN, Henri (1979). *Entre le cristal et la fumée. Essai sur l'organisation duvivant*. Paris: Éditions du Seuil.

_____ (1984). "L'intuition du complexe et ses theorisations". *In*: SOULIÉ, Françoise Fogelman *et al. Colloque de Cerisy: Les théories de la complexité. Autour de l'oeuvre d'Henri Atlan*. Paris: Éditions du Seuil, 1991, pp. 9-42. Colóquio realizado em 1984.

_____ (1991). Entrevista concedida a Guita Pessis-Pasternak: "Henri Atlan, teórico da auto-organização". *In*: PESSIS-PASTERNAK, Guita. *Do caos à inteligência artificial. Quando os cientistas se interrogam*. São Paulo: Edusp, 1993. Original francês.

AUN, Juliana Gontijo (1994). "Formas de conhecimento do mundo. Concepção do mundo: Das coisas, dos enigmas, do universo, da autocompreensão". Belo Horizonte: EquipSIS. Roteiro para aula.

_____ (1996). "O processo de co-construção como um contexto de autonomia. Uma abordagem às políticas de assistência às pessoas portadoras de deficiência". Dissertação de mestrado. Belo Horizonte: Departamento de Psicologia, Universidade Federal de Minas Gerais.

_____ (1998). "The co-construction process as a context for autonomy: An alternative for the policies of assistance to the handicapped". *Human Systems: The Journal of Systemic Consultation & Management*. Leeds, Inglaterra, vol. 9, n. 3-4, pp. 289-305.

AUN, Juliana; ESTEVES DE VASCONCELLOS, Maria José; COELHO, Sônia Vieira (2005). *Atendimento sistêmico de famílias e redes sociais. Vol. I – Fundamentos teóricos e epistemológicos.* Belo Horizonte: Ophicina de Arte & Prosa.

_____ (2007). *Atendimento sistêmico de famílias e redes sociais. Vol. II, Tomos I e II – O processo de atendimento sistêmico.* Belo Horizonte: Ophicina de Arte & Prosa.

_____ (2010). *Atendimento sistêmico de famílias e redes sociais. Vol. III – Desenvolvendo práticas com a Metodologia de Atendimento Sistêmico.* Belo Horizonte: Ophicina de Arte & Prosa.

BARKER, Joel A. (s.d.). *A questão dos paradigmas* (vídeo). Distribuidora Siamar.

BATESON, Gregory (1936). *Naven: A survey of the problems suggested by a composite picture of a New Guinea tribe drawn from three points of view.* Cambridge: Cambridge University Press.

_____ (1971). "Patologies of epistemology". Apresentação na Segunda Conferência sobre Pesquisa em Saúde Mental na Ásia e no Pacífico. Honolulu: East-West Center Press.

_____ (1972). *Steps toan ecology of mind.* 6ª ed. Nova York: Ballantine Books.

_____ (1979). *Mente e natureza. A unidade necessária.* Rio de Janeiro: Francisco Alves, 1986. Original inglês.

BATESON, Gregory e MEAD, Margaret (1942). *Balinese character. A photographic analysis.* Nova York: New York Academy of Sciences, vol. 2.

BATESON, G. *et al.* (1956). "Toward a theory of schizophrenia". *Behavioral Science*, n. 1, pp. 251-264.

BERGER, Peter e LUCKMANN, Thomas (1966). *A construção social da realidade.* Petrópolis: Vozes, 1973. Original inglês.

BERTALANFFY, Ludwig von (1967). *Robots, hombres y mentes. La psicología en el mundo moderno.* Madri: Ediciones Guadarrama, 1971. Original inglês.

_____ (1968). *Teoria geral dos sistemas.* Petrópolis: Vozes, 1973. Original inglês.

BUNGE, Mario (1980). *Epistemologia. Curso de atualização.* São Paulo: T.A. Queiroz Editor, 1987. Original espanhol.

CANNON, Walter B. (1932). *The wisdom of the body.* Nova York: Norton.

CAPRA, Fritjof (1982). *O ponto de mutação. A ciência, a sociedade e a cultura emergente.* São Paulo: Cultrix, 1987. Original inglês.

_____ (1988). *Sabedoria incomum. Conversas com pessoas notáveis*. São Paulo: Cultrix, 1990. Original inglês.

_____ (1992). "O ponto de mutação". Conferência no II Congresso Internacional Amana de Administração Estratégica. São Paulo, set. Transcrição de fita gravada.

_____ (1996). *A teia da vida. Uma nova compreensão científica dos sistemas vivos*. São Paulo: Cultrix, 1997. Original inglês.

CECCHIN, Gianfranco (1991). "Exercícios para manter sua mente sistêmica". *Nova Perspectiva Sistêmica*. Ano VI, n. 10, Rio de Janeiro, ago. 1997, pp. 6-15. Apresentação anterior no Encontro Internacional Novos Paradigmas, Cultura e Subjetividade, Buenos Aires.

DAVID, Aurel (1965). *La cibernética y lo humano*. Barcelona: Labor, s.d. Original francês.

DELL, Paul (1985). "Understanding Bateson and Maturana: Toward a biological foundation for the social sciences". *Journal of Marital and Family Therapy*, vol. 11, n. 1, Washington, pp. 1-20.

DOMINGUES, Ivan (1991). *O grau zero do conhecimento. O problema da fundamentação das ciências humanas*. São Paulo: Loyola.

_____ (1992). "História e filosofia da ciência". Curso "Nas fronteiras da ciência moderna". Belo Horizonte: Pontifícia Universidade Católica de Minas Gerais. Notas de aulas.

D'OTTAVIANO, Ítala (1990). "Paradoxos auto-referenciais e as lógicas não clássicas heterodoxas". *Ciência e Cultura*, vol. 42, n. 2, São Paulo, pp. 164-173.

DUMOUCHEL, Paul e DUPUY, Jean-Pierre (orgs.) (1981). *Colloque de Cerisy: L'auto-organisation. De la physique au politique*. Paris: Éditions du Seuil, 1983. Colóquio realizado em 1981.

ELKAIM, Mony; GOLDBETER, A. e GOLDBETER, E. (1980). "Analyse des transitions de comportement dans un système familial en termes de bifurcations". *Cahiers Critiques de Thérapie Familiale et de Pratiques de Réseaux*, n. 3, Bruxelas, pp. 18-34.

ESTEVES DE VASCONCELLOS, Maria José (1991a). "Sobre a precisão do quadro conceitual da terapia familiar sistêmica". Apresentação no II Congresso da Associação Sistêmica de Buenos Aires e I Congresso Interamericano de Psicoterapia Sistêmica, Buenos Aires, 18-19 out.

_____ (1991b). "Algumas considerações sobre a terminologia (simetria, complementaridade e conceitos afins) utilizada na análise sistêmica da interação diádica". *Família, Temas de Terapia Familiar e Ciências Sociais*. Ano 4, vol. 1, n. 4, Fortaleza, pp. 57-69.

_____ (1992). "As bases cibernéticas da terapia familiar sistêmica. Contribuições à precisão do quadro conceitual". Dissertação de mestrado. Belo Horizonte: Departamento de Psicologia da Universidade Federal de Minas Gerais.

_____ (1994a). "Família: Sistema aberto, semi-aberto ou fechado? Uma nota preliminar sobre uma questão de precisão conceitual". *Família. Temas de Terapia Familiar e Ciências Sociais*. Ano 6, vol.1, n. 6, Fortaleza, pp. 87-101.

_____ (1994b). "A cibernética como base epistemológica da terapia familiar sistêmica". *Nova Perspectiva Sistêmica*. Ano IV, n. 6, Rio de Janeiro, 1995, pp. 37-43. Apresentação anterior no I Congresso Brasileiro de Terapia Familiar, São Paulo, 28-30 jul.

_____ (1995a). "Pensamento sistêmico como 'novo paradigma da ciência'". Apresentação na mesa-redonda "Pensamento sistêmico, terapia familiar e outras práticas", promovida por Associação Brasileira de Treinamento e Desenvolvimento e EquipSIS, Belo Horizonte, 22 fev.

_____ (1995b). *Terapia familiar sistêmica: Bases cibernéticas*. Campinas: Editorial Psy.

_____ (1995c). "Los nuevos conceptos-llave en terapia familiar sistémica". *Sistemas Familiares*. Ano 12, n. 2, Buenos Aires, ago. 1996, pp. 53-58. Apresentação anterior na conferência "Desenvolvimentos em Psicoterapia Familiar", São Paulo, 29 jun.-2 jul.

_____ (1996). "Teoria ou epistemologia sistêmica?". Apresentação na mesaredonda "Dialogando sobre teorias", no II Congresso Brasileiro de Terapia de Família, Gramado (RS), 1-3 ago.

_____ (1997a). "Contextualizando o construtivismo no quadro da ciência novoparadigmática". *Nova Perspectiva Sistêmica*. Ano VI, n. 10, Rio de Janeiro, ago. 1997, pp. 37-47. Apresentação anterior na mesa-redonda "Construtivismo e terapia. Reflexões sobre questões epistemológicas e da prática clínica", no XXVI Congresso Interamericano de Psicologia, São Paulo, 6-11 jul.

_____ (1997b). "El poder en la terapia familiar sistémico-si-cibernética". Apresentação em mesa-redonda no III Congreso Europeo de Terapia Familiar, Barcelona, 1-5 out.

_____ (1997c). "Setting constructivist/social constructionist proposals in the context of the new-paradigmatic science". *Human Systems. The Journal of Systemic Consultation & Management*, Leeds, Inglaterra, vol. 10, n. 1, 1999, pp. 25-34. Apresentação anterior no Simpósio Internacional sobre Autopoiese: Biologia, Linguagem, Cognição e Sociedade. Belo Horizonte: Universidade Federal de Minas Gerais, 18-21 nov. 1997.

_____ (1998a). "Pensamento sistêmico. Uma nova visão nas áreas da educação, da saúde, das empresas, da ecologia, das políticas assistenciais, do direito, das relações internacionais". Texto-base de entrevista: Jornal *Estado de Minas*, Caderno Fim de Semana, 22 mar., p. 1.

_____ (1998b). "De sistemas, redes e paradigma". *Anais do III Congresso Brasileiro de Terapia Familiar: O indivíduo, a família e as redes sociais na virada do século.* Rio de Janeiro: Associação Brasileira de Terapia Familiar e ATF-RJ, 29 jul-2 ago. Forma resumida publicada anteriormente no jornal *Estado de Minas*, 23 abr. 1996, 1º Caderno, seção Opinião, p. 7.

_____ (2000a). "Navegando numa nova epistemologia". Apresentação na mesa-redonda "Dilemas epistemológicos: Navegando entre distintas epistemologias", no IV Congresso Brasileiro de Terapia Familiar/II Encontro Latino-Americano de Terapia Familiar, Brasília, 2-6 ago.

_____ (2000b). "Mudança de paradigma? Ou o fim da ciência?". Participação na mesa-redonda "A árvore do conhecimento e seus múltiplos frutos", no XII Congresso Nacional do Corpo de Psicólogos e Psiquiatras Cristãos, Belo Horizonte, 7-10 set.

_____ (2003). "Implicações do 'pensamento sistêmico novo-paradigmático' para as práticas psicoterápicas: A questão da 'terapia sistêmica individual'". *Nova Perspectiva Sistêmica*. Ano XII, n. 20, Rio de Janeiro, jan. 2003, pp. 6-13.

_____ (2004). "Implicações do 'pensamento sistêmico novo-paradigmático': A questão da dicotomia 'terapia familiar sistêmica'/'terapia familiar narrativista'". *Nova Perspectiva Sistêmica*. Ano XIII, n. 24, Rio de Janeiro, jun. 2004, pp. 7-13.

ESTEVES-VASCONCELLOS, Mateus (2000a). "Teoria geral dos sistemas da natureza: Um esboço". *In*: ESTEVES-VASCONCELLOS, Mateus. "A identidade acadêmico-científica dos cursos de relações internacionais do Brasil". Monografia para graduação em Relações Internacionais. Belo Horizonte: Pontifícia Universidade Católica de Minas Gerais, pp. 118-224.

_____ (2000b). "A identidade acadêmico-científica dos cursos de Relações Internacionais do Brasil". Monografia para graduação em Relações Internacionais. Belo Horizonte: Pontifícia Universidade Católica de Minas Gerais.

_____ (2003). "Mediação de conflitos: Epistemologia, teoria e tecnologia". Monografia para graduação em Direito. Brasília: UniCeub.

_____ (2013). *A nova teoria geral dos sistemas: Dos sistemas autopoiéticos aos sistemas sociais.* São Paulo: Livraria Cultura/Kobo.

FISHMAN, Charles e ROSMAN, Bernice (orgs.) (1986). *El cambio familiar: Desarrollos de modelos.* Buenos Aires: Gedisa, 1988. Original inglês.

FOERSTER, Heinz von (1972). "Notas para una epistemología de los objetos vivientes". *In*: PAKMAN, Marcelo (org.). *Las semillas de la cibernética. Obras escogidas de Heinz von Foerster.* Barcelona: Gedisa, 1991, pp. 63-79. Conferência original, 1972.

_____ (1973). "Construyendo una realidad". *In*: WATZLAWICK, Paul *et al*. (1981). *La realidad inventada. Como sabemos lo que creemos saber?*. Buenos Aires: Gedisa, 1990, pp. 38-56. Artigo original inglês.

_____ (1974). "Cibernética de la cibernética". *In*: PAKMAN, Marcelo. *Las semillas de la cibernetica. Obras escogidas de Heinz von Foerster*. Barcelona: Gedisa, 1991, pp. 89-93. Artigo original inglês.

_____ (1981). *Observing Systems*. Seaside: Intersystems Publication.

_____ (1984). "Principios de autoorganización en un contexto socioadministrativo". *In*: PAKMAN, Marcelo (org.). *Las semillas de la cibernética. Obras escogidas de Heinz von Foerster*. Barcelona: Gedisa, 1991, pp. 138-169. Artigo original inglês.

_____ (1991a). "Prefácio". *In*: PAKMAN, Marcelo (org.). *Las semillas de la cibernética. Obras escogidas de Heinz von Foerster*. Barcelona: Gedisa, pp. 13-14. Artigo original inglês.

_____ (1991b). "Visión y conocimiento: Disfunciones de segundo orden". *In*: SCHNITMAN, Dora Fried (org.). *Nuevos paradigmas, cultura y subjetividad*. Buenos Aires: Paidós, 1995, pp. 91-113. Anais do encontro realizado em 1991.

FOERSTER, Heinz von e ZOPF, George W. (orgs.) (1962). *Principles of selforganization*. University of Illinois Symposium of Self-Organization,1961. Nova York: Pergamon.

FOLHA DE S.PAULO (1996). "A ciência chegou ao fim?". Suplemento Mais!, 5º caderno, 29 set., pp. 1-8.

GARCIA, Célio (1990). "Ordem e desordem". *Ciência e Cultura*. Vol. 42, n. 2, São Paulo, pp. 160-164.

GERGEN, Kenneth (1994). *Realidades y relaciones. Aproximaciones a la construcción social*. Barcelona: Paidós, 1996. Original inglês.

GLASERSFELD, Ernst von (1991a). "Adeus à objetividade". *In*: WATZLAWICK, Paul e KRIEG, Peter (orgs.). *O olhar do observador. Contribuições para uma teoria do conhecimento construtivista*. Campinas: Editorial Psy, 1995, pp. 17-29. Original alemão.

_____ (1991b). "La construcción del conocimiento". *In*: SCHNITMAN, Dora Fried (org.). *Nuevos paradigmas, cultura y subjetividad*. Buenos Aires: Paidós, 1994, pp. 115-141. Anais do encontro realizado em 1991.

GRANDESSO, Marilene A. (2000). *Sobre a reconstrução do significado: Uma análise epistemológica e hermenêutica da prática clínica*. São Paulo: Casa do Psicólogo.

HOFFMAN, Lynn (1981). *Fundamentos de la terapia familiar. Un marco conceptual para el cambio de sistemas*. México: Fondo de Cultura Económica, 1987. Original inglês.

_____ (1989). "Una posición constructivista para la terapia familiar". *Sistemas familiares*. Ano 6, n. 3, Buenos Aires, dez. 1990, pp. 29-44. Já publicado anteriormente também em espanhol.

HORGAN, John (1996). *O fim da ciência. Uma discussão sobre os limites do conhecimento científico*. São Paulo: Companhia das Letras, 1998. Original inglês.

KEENEY, Bradford (1982). "Que signifie une epistemologie de la thérapie familiale?". *Cahiers Critiques de Thérapie Familiale et de Pratiques de Réseaux*, n. 7, Bruxelas, 1983, pp. 9-23. Original inglês.

KOESTLER, Arthur (1967). "The ghost in the machine". Londres: Hutchinson, *apud* MORIN, Edgar. *O método. A natureza da natureza*. Lisboa: Publicações Europa-América, s.d. Original francês.

KUHN, Thomas (1962). *A estrutura das revoluções científicas*. Trad. da 2ª ed. 1970. São Paulo: Perspectiva, 1975. Original inglês.

_____ (1963). "La función del dogma en la investigación científica". *Cadernos Teorema*, Valência, 1979. Publicado anteriormente *in*: CROMBIE, A. *Scientific change*. Nova York: Heineman Educational Books.

_____ (1971). *Segundos pensamientos sobre paradigmas*. Madri: Tecnos, 1978. Original inglês.

LASZLO, Ervin (1972). *The systems view of the world. The natural philosophy of the new developments in the sciences*. Nova York: George Braziller.

LETTVIN, J.Y. *et al.* (1959). "What the frog's eye tells the frog's brain". *In*: McCULLOCH, W.S. *Embodiments of mind*. The MIT Press: Cambridge, Mass, 1975. Publicado anteriormente no Proc. Inst. Radio Engin.

LÉVY-LEBLOND, Jean Marc (1984). "La physique, une science sans complexe?". *In*: SOULIÉ, Françoise Fogelman *et al*. *Colloque de Cerisy: Les théories de la complexité. Autour de l'oeuvre d'Henri Atlan*. Paris: Éditions du Seuil, 1991, pp. 127-134. Colóquio realizado em 1984.

MAGRO, Cristina (org.) (1997). *International symposium on autopoiesis. Biology, language, cognition and society. Workbook*. Belo Horizonte: Universidade Federal de Minas Gerais.

MARUYAMA, Magoroh (1963). "The second cybernetics: Deviationampliflying mutual causal processes". *American Scientist*, n. 51, Nova York, pp. 164-179.

MATURANA, Humberto (1987). "O que se observa depende do observador". *In*: THOMPSON, William Irwin (org.). *Gaia: Uma teoria do conhecimento*. São Paulo: Gaia, 1990. Original inglês.

_____ (1988a). "Êtres humains individuels et phénomènes sociaux humains". *Cahiers Critiques de Thérapie Familiale et de Pratiques de Réseaux*, n. 9, Bruxelas, nov., pp. 39-44.

_____ (1988b). "Realidade: A busca da objetividade, ou a procura de um argumento coercitivo". *In*: MATURANA, Humberto (1997). *A ontologia da realidade*. Belo Horizonte: Ed. da UFMG. Publicação original em inglês, 1988.

_____ (1990). *Emoções e linguagem na educação e na política*. Belo Horizonte: Editora da Universidade Federal de Minas Gerais, 1998. Original espanhol.

_____ (1997). *A ontologia da realidade*. Belo Horizonte: Editora da Universidade Federal de Minas Gerais.

_____ (2001a). "As eras da humanidade". Apresentação no Instituto de Estudos Avançados Transdisciplinares da Universidade Federal de Minas Gerais. Belo Horizonte, 19 mar.

_____ (2001b). "Origens da linguagem". Apresentação no Instituto de Estudos Avançados Transdisciplinares da Universidade Federal de Minas Gerais. Belo Horizonte, 20 mar.

MATURANA, Humberto e VARELA, Francisco (1972). *Autopoiesis and cognition. The realization of living*. Dordrecht, Holanda: D. Reidel Publishing Co., 1979. Publicado anteriormente em espanhol: *De máquinas y seres vivos*.

_____ (1983). *The tree of knowledge. The biological roots of human understanding*. Boston: New Science Library, 1987. Original espanhol.

MATURANA, Humberto R. *et al.* (1960). "Anatomy and physiology of vision in the frog (*Rana pipiens*)". *Journal of General Physiology*, vol. 43, n. 6, pp. 129-175.

MÉNDEZ, Carmen Luz; CODDOU, Fernando e MATURANA, Humberto (1988). "The bring forth of pathology". *The Irish Journal of Psycology*, vol. 9, n. 1, 1988, pp. 144-172.

MONOD, Jacques (1970). *O acaso e a necessidade. Ensaio sobre a filosofia natural da biologia moderna*. 2ª ed. Lisboa: Publicações Europa-América, s.d. Original francês.

MORIN, Edgar (1977). *O método. A natureza da natureza*. Lisboa: Publicações Europa-América, s.d. Original francês.

_____ (1982). *Ciência com consciência*. Lisboa: Publicações Europa-América.

_____ (1983). *O problema epistemológico da complexidade*. Lisboa: Publicações Europa-América.

_____ (1984). "De la complexité: Complexus". *In*: SOULIÉ, Françoise Fogelman *et al. Colloque de Cerisy: Les théories de la complexité. Autour de l'oeuvre d'Henri Atlan*. Paris: Éditions du Seuil, 1991, pp. 283-296. Colóquio realizado em 1984.

_____ (1990). *Introducción al pensamiento complejo*. 3ª ed. Barcelona: Gedisa, 1997. Original francês.

_____ (1991). "Epistemologia de la complejidad". *In*: SCHNITMAN, Dora Fried (org.). *Nuevos paradigmas, cultura y subjetividad*. Buenos Aires: Paidós, 1994, pp. 421-442. Anais do encontro realizado em 1991.

MOTOMURA, Oscar (1997). "Prefácio à edição brasileira". *In*: CAPRA, Fritjof. *A teia da vida. Uma nova compreensão científica dos sistemas vivos*. São Paulo: Cultrix.

MUSGRAVE, Alan (1971). "Los segundos pensamientos de Kuhn". *Cadernos Teorema*, Valência, 1978. Original inglês.

OLIVEIRA, Armando Lopes de (1998). "A descoberta da razão. Do mito ao logos". *Estado de Minas*, Caderno Pensar, Belo Horizonte, 7 fev., pp. 1-3.

PAKMAN, Marcelo (1988). "Una actualización epistemológica de las terapias sistémicas". *Psyche*, n. 21, Buenos Aires, pp. 34-37.

_____ (org.) (1991a). *Las semillas de la cibernética. Obras escogidas de Heinz von Foerster*. Barcelona: Gedisa.

_____ (1991b). "Introducción". *In*: PAKMAN, Marcelo (org.). *Las semillas de la cibernética. Obras escogidas de Heinz von Foerster*. Barcelona: Gedisa, pp. 15-30.

_____ (1991c). "Comentario introductorio a la parte II. La cibernética de segundo orden". *In*: PAKMAN, Marcelo (org.). *Las semillas de la cibernética. Obras escogidas de Heinz von Foerster*. Barcelona: Gedisa, pp. 83-88.

_____ (1994). "Introducción". *In*: MORIN, Edgar. *Intoducción al pensamiento complejo*. 3ª ed. Barcelona: Gedisa, 1997, pp. 9-19. (1ª ed. 1994)

PRIGOGINE, Ilya (1980). *From being to becoming. Time and complexity in the physical sciences*. Nova York: W.H. Freeman & Co.

_____ (1991a). "¿El fin de la ciencia?". *In*: SCHNITMAN, Dora Fried (org.). *Nuevos paradigmas, cultura y subjetividad*. Buenos Aires: Paidós, 1994, pp. 37-60. Anais do encontro realizado em 1991.

_____ (1991b). "De los relojes a las nubes". *In*: SCHNITMAN, Dora Fried (org.). *Nuevos paradigmas, cultura y subjetividad*. Buenos Aires: Paidós, 1994, pp. 395-413. Anais do encontro realizado em 1991.

PRIGOGINE, Ilya e STENGERS, Isabelle (1979). *A nova aliança. A metamorfose da ciência*. Brasília: Editora da UnB, 1984. Original francês.

RIFKIN, Jeremy e HOWARD, Ted (1980). *Entropy. A new world view*. 2ª ed. Toronto: Bantam Books, 1981.

RODRIGUES, João Resina (1983). "Notas sobre a epistemologia das ciências da natureza". *In*: MORIN, Edgar. *O problema epistemológico da complexidade*. Lisboa: Publicações Europa-América, pp. 45-51.

ROSENBLUETH, A.; WIENER, N. e BIGELOW, J. (1943). "Behavior, purpose and teleology". *Philosophy of Science*, n. 10.

RUESCH, J. e BATESON, Gregory (1951). *Communication: The social matrix of psychiatry*. Nova York: Norton.

SANTOS, Boaventura de Sousa (1985). *Um discurso sobre as ciências*. 2ª ed. Porto: Edições Afrontamento, 1988. Apresentação original em Coimbra.

SCHNITMAN, Dora *et al.* (org.) (1991). *Nuevos paradigmas, cultura y subjetividad*. Buenos Aires: Paidós, 1994. Anais do encontro realizado em 1991.

SCHRÖDINGER, Erwin (1945). *What is life?*. Cambridge: Cambridge University Press.

SIMON, Fritz B.; STIERLIN, Helm e WYNNE, Lyman C. (1984) *Vocabulario de terapia familiar*. Buenos Aires: Gedisa, 1988. Original inglês.

SLUZKI, Carlos E. (1991). "Presentación". *In*: PAKMAN, Marcelo (org.). *Las semillas de la cibernética. Obras escogidas de Heinz von Foerster*. Barcelona: Gedisa, pp. 9-11.

_____ (1999). "En busca de la familia perdida: Una nota al pie para el ensayo de Minuchin". *Sistemas Familiares*. Ano 15, n. 1, Buenos Aires, pp. 17-20.

SOLITTO, Neide Aparecida (1973). "Curso de observação sistemática do comportamento". Belo Horizonte: Departamento de Psicologia da Universidade Federal de Minas Gerais.

SOULIÉ, Françoise Fogelman *et al.* (orgs.) (1984). *Colloque de Cerisy: Les théories de la complexité. Autour de l'oeuvre d'Henri Atlan*. Paris: Éditions du Seuil, 1991. Colóquio realizado em 1984.

STENGERS, Isabelle (1981). "Des tortues jusqu'en bas". *In*: DUMOUCHEL, Paul e DUPUY, Jean Pierre (orgs.). *Colloque de Cerisy: L'auto-organisation. De la physique au politique*. Paris: Éditions du Seuil, 1983, pp. 37-51. Colóquio realizado em 1981.

STEWART, John (1997). "Cognitive science, language and epistemology". *In*: MAGRO, Cristina (org). *International symposium on autopoiesis. Biology, language, cognition and society. Workbook*. Belo Horizonte: Universidade Federal de Minas Gerais, pp. 1-5.

STRATHERN, Paul (1997). *Einstein e a relatividade*. Rio de Janeiro: Jorge Zahar Editor, 1998. Original inglês.

_____ (1998). *Bohr e a teoria quântica*. Rio de Janeiro: Jorge Zahar Editor, 1999. Original inglês.

VARELA, Francisco (1979). *Principles of biological autonomy*. Nova York: Oxford, Elsevier North Holland.

WATZLAWICK, Paul (1977). *El lenguage del cambio. Nueva técnica de la comunicación terapéutica*. Barcelona: Herder, 1980. Original austríaco.

WATZLAWICK, Paul e KRIEG, Peter (orgs.) (1991). *O olhar do observador. Contribuições para uma teoria do conhecimento construtivista*. Campinas: Editorial Psy, 1995. Original alemão.

WATZLAWICK, Paul; BEAVIN, Janet Helmick e JACKSON, Don (1967). *Pragmática* da comunicação humana. Um estudo dos padrões, patologias e paradoxos *da interação*. São Paulo: Cultrix. Original inglês.

WATZLAWICK, Paul et al. (1981a). *La realidad inventada. ¿Como sabemos lo que creemos saber?*. Buenos Aires: Gedisa, 1990. Original alemão.

_____ (1981b). "La mosca y el cazamoscas". In: *La realidad inventada. Como sabemos lo que creemos saber?*. Buenos Aires: Gedisa, 1990, pp. 200-205. Original alemão.

WIENER, Norbert (1948). *Cybernetics or control and communication in the animal and the machine*. Cambridge, Mass.: The MIT Press, 1961. Revisão da edição original.

_____ (1950). *Cibernética e sociedade. O uso humano de seres humanos*. Tradução da edição revista de 1954. São Paulo: Cultrix, 1978. Original inglês.

WILDEN, Anthony (1972). *System and structure. Essays in communication and exchange*. 2ª ed. Londres: Tavistock Publications, 1980.

WITTGENSTEIN, Ludwig (1921). *Tractatus logico-philosophicus*. Trad. José Arthur Gianotti. São Paulo: Companhia Editora Nacional/Edusp, 1968. Original alemão.

_____ (1953). *Investigações filosóficas*. Trad. José Carlos Bruni. São Paulo: Abril Cultural, Coleção Os Pensadores. Original alemão.

ÍNDICE REMISSIVO

Acesso privilegiado ao saber / ao objeto do conhecimento 76, 90, 107, 134, 155, 181

Acoplamento estrutural / unidade de sobrevivência 137, 181, 238, 248, 250

Alopoiese / sistema alopoiético / máquina alopoiética / máquina artificial 116, 227

Ampliação do foco 111, 151

Amplificação do desvio 123

Análise, operação lógica de / "análise complexa" / "análise sistêmica" 74, 165

Atitude "e-e" / articulação / pensamento integrador 113, 159

Atitude "ou-ou" / pensamento disjuntivo 75, 159

Autômatos simuladores de vida 221

Autonomia / sistema autônomo / Teoria Geral dos Sistemas Autônomos 186, 242, 252

Auto-organização / sistema auto-organizador 124, 138, 155, 228, 231, 241

Autopoiese / sistema autopoiético / máquina autopoiética / máquina natural 139, 227, 243

Autopoiese, Teoria da 135, 186, 187

Autorreferência / reflexividade 143, 242, 243

Autorregulação / regulação / sistema autorregulador 115, 210, 220

Biologia do Conhecer 141, 144, 166, 171

Caos / sistema caótico 120, 128

Causalidade circular 114, 115, 225

Causalidade circular recursiva / causalidade recursiva / relações causais recursivas / recursividade 114, 115, 116

Causalidade circular retroativa 115, 116

Causalidade eficiente 59, 64, 77, 98

Causalidade final / teleologia / explicações teleológicas 59, 64, 77, 98

Causalidade linear / causalidade linear unidirecional / relações causais lineares 76, 77, 114, 115

Pensamento sistêmico | 265

Certeza 91, 181

Cibernética / Teoria Cibernética 212, 217

Cibernética, Primeira 225

Cibernética, Segunda 225

Cibernética da Cibernética / Cibernética de Segunda Ordem 143, 186, 187, 243, 244

Ciência como domínio linguístico 174, 175

Ciência novo-paradigmática / ciência contemporânea emergente 68, 94, 102, 145, 154

Ciência tradicional, paradigma da 68, 69, 93, 94, 95

Ciências humanas como ciências hermenêuticas ou históricas 64, 98

Ciências humanas como *soft sciences* 65, 99, 216, 236

Ciências rigorosas como *hard sciences* 65, 98, 216, 236

Classificação, operação lógica de 75

Coconstrução da realidade / coconstrução da realidade na linguagem / construção intersubjetiva da realidade 137, 141, 142, 155, 169, 245

Compartimentação do saber 75

Complementaridade, princípio da 107, 108, 117

Complexidade, imperativos da / mandamentos da (de Morin) 173

Complexidade, pressuposto da 101, 104, 107, 108, 110, 145, 169, 173

Complexidade organizada 106, 113, 204

Concepção lógica-analítica-racional 78

Conexão não trivial entre complexidade, instabilidade, intersubjetividade 153, 154, 169

Conexão não trivial entre observador, linguagem, sociedade (de Von Foerster) 144

Conexões ecossistêmicas / interligações / padrões interconectados 112

Conhecer / "conhecer é viver"/ "viver é conhecer" / cognição = vida 174, 241, 248

Conjunção, operação lógica de 113

Construção/constituição do conhecimento / construção intersubjetiva do conhecimento 142, 144

Construtivismo / teorias construtivistas e construcionistas 170

Construtivismo, pressuposto epistemológico do / postura construtivista / sistêmico-construtivista 142, 155, 169, 171, 172, 245

Contexto / contextualização 111, 112, 113, 237

Contradição / contradição lógica 78, 107, 116, 117

Controle / controlabilidade 69, 83

Crise / flutuação / ponto de bifurcação 123, 124, 125, 127

Dedução, operação lógica de / raciocínio dedutivo / nexo dedutivo 57

Desordem, problema da 108, 109

Determinação, pressuposto da 86

Determinismo ambiental 88, 137

Determinismo estrutural / determinismo estrutural do sistema 125, 137, 139, 248

Determinismo histórico 125

Determinismo relacional 137, 162, 250

Dialética / pensamento dialético 113, 114, 117, 159

Disciplinaridade / multidisciplinaridade / pluridisciplinaridade 75, 179

Disjunção, operação lógica de / operação disjuntiva 75, 113

Distinção, operação lógica de 52, 113

Domínios linguísticos, ciência e filosofia como 174

Domínios linguísticos de explicações / explicação 102, 159

Doxa / opinião 54

Ecologia / alfabetização ecológica / ecoimpostos / ecofiscalização / ecologia superficial e profunda (de Capra) 176, 177, 202

Ecologia / ecologia da mente / processo mental (de Bateson) 234, 238, 239

Entropia / segunda lei da termodinâmica / lei da entropia 88, 106, 121, 122

Epistemologia / paradigma / visão de mundo 44

Epistemologia / perguntas epistemológicas 40, 42

Epistemologia / teoria / prática 28, 161, 162, 175

Epistemologia científica para o viver, conhecer, afazer científico 174, 175

Epistemologia como ciência da ciência / naturalização da epistemologia / epistemologia científica 167, 169, 171, 174, 175

Epistemologia como filosofia da ciência 162, 166

Epistemologia como ramo da história natural / epistemologia experimental 167, 234

Epistemologia da ciência 42, 43

Epistemologia sistêmica / pensamento sistêmico como pressuposto epistemológico 168, 186

Equifinalidade 210

Equilíbrio / sistemas que admitem estado de equilíbrio 85, 122

Equilíbrio / sistemas que funcionam longe do equilíbrio 123, 125

Espaços consensuais 140

Especialista/*expert* em conteúdos / soluções 75, 178

Especialista/*expert* em relações / contextos 178

Estabilidade, pressuposto da / pressuposto da estabilidade do mundo 66, 69, 81

Estrutura do sistema (de Maturana) 138

Estrutura relacional 162

Ética / ética normativa 176

Ética / imperativo ético construtivista (de Von Foerster) como implicação epistemológica 177

Ética / legitimar o outro (de Maturana) como implicação epistemológica 177

Ética / viver eticamente como implicação epistemológica 177

Evolução do sistema 85

Exercícios para manter a mente sistêmica 148

Experimentação / verificação empírica 84

Explicação científica / caminhos explicativos / objetividade sem e entre parênteses 102, 140, 141, 142, 143, 155, 162, 167, 168, 174

Explicação / domínios linguísticos de explicações 102, 159

Explicação científica na ciência novo-paradigmática 142

Pensamento sistêmico | 267

Fechamento operacional do sistema / da rede neural / sistema fechado à informação (de Maturana) 145, 166, 209, 241, 250

Feedback / *feedback* negativo / *feedback* positivo 115, 213, 214, 215, 216, 218, 222, 223, 225

Fidedignidade 91

Filosofia como domínio linguístico 174

Física do devir / física de processos 119

Física do ser / física de estados 85, 119

Física social 63

Flutuação / crise / ponto de bifurcação 123, 124, 125, 127

Fractais / geometria fractal 117

Fronteiras do sistema 206, 207

Hard sciences / ciências rigorosas / ciências objetivas 65, 97, 98, 216, 236

Holograma / relação hologramática 117

Holons / efeito Jano 205

Homeostase / mecanismo homeostático / equilíbrio homeostático 222, 225

Implicação (*x* aplicação) do pensamento sistêmico 172, 175

Imprevisibilidade, pressuposto da 129

Incerteza, princípio da (de Heisenberg) 108, 109, 133

Incontrolabilidade, pressuposto da 129

Indeterminação, pressuposto da 128

Indução, operação lógica de / raciocínio indutivo / método indutivo 60, 61

Input / *output* 115

Instabilidade, pressuposto da / pressuposto da instabilidade do mundo 101, 107, 109, 118, 120, 129, 145, 169

Instituição / sistema social humano como instituição 252

Interação 199

Interação instrutiva 88, 209

Interconstituição de segunda ordem / sistema social humano de interconstituição de segunda ordem 252

Interdisciplinaridade 114, 179

Intersubjetividade, pressuposto da 101, 129, 140, 145, 169

Invariâncias organizacionais 201, 230

Irreversibilidade, pressuposto da 129

Lei dos grandes números (de Boltzman) 121, 123, 124

Lei dos três estágios (de Comte) 63

Leis da natureza 85

Leis gerais / leis universais 84

Leis singulares 123

Leis sistêmicas (de Maturana) 248

Lógica-analítica-racional, concepção 78

Lógica de Tarski 118

Lógica ortodoxa / lógica clássica 118

Lógicas heterodoxas / lógicas não clássicas 118

Logos, descoberta do 53, 54

Mapa é o território / mapa não é o território 134, 141

Mecanicismo 85

Mente / ecologia da mente / processo mental (de Bateson) 234, 238, 239

Mito (*mythos*) 54

Morfogênese / mecanismo morfogenético 124, 223, 225

Morfostase / mecanismo morfostático 225, 230

Mudança de paradigma da ciência, quadro de referência para 102, 182

Mudança de primeira ordem 230

Mudança de segunda ordem 231

Multidisciplinaridade 75, 179

Multi-*versa* / múltiplas verdades 102, 140, 141, 165, 175

Mundo em processo de tornar-se 119

Mundo ordenado / mundo estável 81, 119

Não reducionismo 113

Não unilateralidade / bidirecionalidade 200

Narrativas 141

Nova Teoria Geral dos Sistemas (de Humberto Maturana) / teoria sistêmica novo-paradigmática 186, 251, 252

Novo paradigma da ciência / paradigma da ciência contemporânea emergente / pensamento sistêmico como 68, 94, 145, 154

Objetividade / questionamentos (filosóficos e científicos) à 131, 132, 133, 134, 135, 156

Objetividade entre parênteses 102, 140, 141, 162, 167, 168, 174, 180

Objetividade, pressuposto da / pressuposto da possibilidade da objetividade 66, 69, 89

Objetividade sem parênteses 143, 155, 162, 180

Objeto do conhecimento (domínio do objeto) 97, 108, 161, 167, 180

Observador / teoria científica sobre o 134, 135, 166

Observador / teorias filosóficas sobre o 132, 161, 166

Observador / "tudo que é dito é dito *por* um observador" / "tudo que é dito é dito *a* um observador" 144, 243

Ontogenetismo (de Von Foerster) 143, 250

Ontogenia (de Maturana) 144

Ontologia / perguntas ontológicas / biologia ontológica 40, 42, 167, 168, 249, 250

Ordem a partir da flutuação 124, 127

Ordem estratificada / organização hierarquizada 205

Organização / mundo como organização 203, 204

Organização autopoiética 248

Organização do sistema (de Maturana) 137

Organização hierarquizada / ordem estratificada 205

Paradigma / epistemologia / visão de mundo 44

Paradigma cartesiano 46, 61, 132

Paradigma da ciência contemporânea emergente, novo paradigma da ciência 101, 103, 145, 154

Paradigma da ciência tradicional 68, 69, 93, 94, 95

Paradigma na ciência 37

Paradigma na vida cotidiana, experiências de / "efeito paradigma" / "doença fatal de certeza" 29, 30, 31, 32, 33

Paradigmas de ciência (tradicional e novo), articulação dos 159, 160

Paradoxos (de Russell, sintático, semântico, pragmático) / injunção paradoxal / predição paradoxal 78, 79

Pensamento complexo / epistemologia complexa 113, 114

Pensamento sistêmico | 269

Pensamento disjuntivo / atitude "ou-ou" 75, 159

Pensamento holístico / *hólos* 202

Pensamento integrador / articulação / atitude "e-e" 113, 159

Pensamento sistêmico / epistemologia sistêmica / pensamento sistêmico como pressuposto epistemológico 168, 186

Pensamento sistêmico, implicação *x* aplicação do 172, 175

Pensamento sistêmico novo-paradigmático 158, 172, 232

Perturbação 123

Pluridisciplinaridade 75, 179

Ponto cego, experiência do 36

Ponto de bifurcação / flutuação / crise 123, 124, 125, 127

Pós-imagem cromática 136

Positivismo / lei dos três estágios (de Comte) 63

Pressuposto da complexidade 101, 104, 107, 108, 110, 145, 169, 173

Pressuposto da controlabilidade 69, 83

Pressuposto da determinação 86

Pressuposto da estabilidade do mundo 66, 69

Pressuposto da imprevisibilidade 129

Pressuposto da incontrolabilidade 129

Pressuposto da indeterminação 128

Pressuposto da instabilidade do mundo 101, 107, 109, 118, 120, 129, 145, 169

Pressuposto da intersubjetividade 101, 107, 129, 140, 145, 169

Pressuposto da irreversibilidade 129

Pressuposto da possibilidade da objetividade 66, 69, 89

Pressuposto da previsibilidade 82, 86, 93

Pressuposto da reversibilidade 87

Pressuposto da simplicidade do microscópico 65, 69, 74, 75

Pressuposto epistemológico construtivista / postura construtivista / sistêmico-construtivista 142, 155, 169, 171, 172, 245

Pressupostos da ciência contemporânea emergente 101, 145

Pressupostos da ciência tradicional 69, 93

Pressupostos tradicionais da ciência, ultrapassagem dos 160, 166

Previsibilidade, pressuposto da / previsão 82, 86, 93

Primeira Cibernética 225

Princípio da complementaridade 107, 108, 117

Princípio da incerteza (de Heisenberg) 108, 109, 133

Princípio de ordem (de Boltzman) 121

Princípio dialógico (de Morin) / pensamento dialógico 113, 133, 134

Princípio lógico da identidade 75

Problema dos três corpos 128

Quadro de referência para mudança de paradigma na ciência 102, 182

Quantificação / matematização 84, 106

Racionalidade / pensamento racional 53, 77, 81

Realidade / representação da / realismo do universo 90

Realidade, versões da / múltiplas versões da 102, 140, 141

Recursividade / causalidade circular recursiva / causalidade recursiva / relações causais recursivas 114, 115, 116

Redução, operação lógica de / reducionismo 75, 218

Reflexividade / autorreferência 143, 242, 243

Relações funcionais / descrição do mundo ordenado 81

Retroação / retroalimentação / alça de retroação / retroação da retroação 115, 116, 213, 214, 215, 219, 222, 223, 225

Reversibilidade, pressuposto da 87

Revolução paradigmática 158, 173

Salto qualitativo no funcionamento do sistema 124, 127, 224

Segunda Cibernética 225

Si-Cibernética / sistêmico-si-cibernética 160, 245, 246, 247

Silogismo / silogismo perfeito / raciocínio dedutivo 57

Simplicidade, pressuposto da / pressuposto da simplicidade do microscópico 65, 69, 74, 75

Simplificação / paradigma da simplificação / simplicidade atomizada 74, 75, 111, 113

Sistema 148, 198, 199, 200

Sistema aberto / sistema fechado (de Bertalanffy) 207, 210

Sistema alopoiético / máquina alopoiética / máquina artificial / alopoiese 116, 227

Sistema autônomo / Teoria Geral dos Sistemas Autônomos / autonomia 186, 242, 252

Sistema auto-organizador / auto-organização 124, 138, 155, 228, 231, 241

Sistema autopoiético / máquina autopoiética / máquina natural / autopoiese 139, 227, 243

Sistema autorregulador / autorregulação 115, 210

Sistema caótico / caos 120, 128

Sistema cibernético / máquina cibernética / autômato cibernético 218, 219

Sistema complexo 110

Sistema natural / sistema artificial 201, 202

Sistema observado / sistema observante 91, 143, 242

Sistema operacionalmente fechado / sistema fechado à informação (de Maturana) / fechamento operacional da rede neural 145, 166, 209, 241, 250

Sistema reificado / reificação 155

Sistema semiaberto 209

Sistema vivo / vivo e não vivo / vivo e matéria 125, 201, 210, 229, 236, 237

Sistemas amplos 111

Sistemas que admitem estado de equilíbrio 85

Sistemas que funcionam longe do equilíbrio 123, 125

Sistemas sociais humanos – instituições 252

Sistemas sociais humanos de interconstituição de segunda ordem 252

Sistemas suborgânicos, orgânicos, supraorgânicos 230, 251

Sistemas triviais / sistemas não triviais 242

Soft sciences / ciências humanas como 65, 99, 216, 236

Solipsismo / proposta solipsista 131, 140, 141

Sombras coloridas, experiência das 136

Subjetividade entre parênteses / impossibilidade da 69, 92, 143

Subsistemas / suprassistemas 205

Pensamento sistêmico | 271

Sujeito do conhecimento (domínio do sujeito) 97, 108, 161, 167, 173, 180

Teleologia / explicação teleológica / causalidade final 59, 64, 77, 98

Tempo, paradoxo do / paradoxo quântico 129

Tempo, seta do / flecha do 120, 129

Teorema de Goedel 118

Teoria Cibernética 212, 217

Teoria científica sobre o observador 135, 166

Teoria da Autopoiese 135, 186, 187

Teoria dos tipos lógicos / Teoria dos níveis lógicos 78, 161

Teoria Geral dos Sistemas 195, 196, 198, 199, 210, 211, 227

Teoria Geral dos Sistemas Autônomos / sistema autônomo / autonomia 186, 242, 252

Teoria sistêmica novo-paradigmática / Nova Teoria Geral dos Sistemas (de Humberto Maturana) 186, 251, 252

Teorias construtivistas e construcionistas 170

Teorias filosóficas sobre o observador / sobre o sujeito do conhecimento 97, 132, 161, 166

Termodinâmica do equilíbrio / termostática / termodinâmica clássica 89, 122

Termodinâmica do não equilíbrio 123

Tipos (níveis) lógicos, teoria dos 78, 161

Todo é mais que a soma das partes / todo é menos que a soma das partes 200, 203

Totalidade / globalidade 199

Trajetórias, determinadas e reversíveis 85, 86

Transdisciplinaridade / como relação privilegiada do cientista com outros cientistas 127, 130, 144, 179, 180

"Tudo que é dito é dito *por* um observador" / "Tudo que é dito é dito *a* um observador" / observador 144, 243

Uni-*versum* 90, 157

"Verdade" / "nossa verdade" 184

Visão de mundo / epistemologia / paradigma 44

Visão de segunda ordem 143, 155

Visão ecológica / ecologia / pensamento ecológico / ecologia da mente 202, 234, 238, 239

Viver / "viver é conhecer" / "conhecer é viver" / cognição = vida 174, 241, 248

Vivo e não vivo / vivo e matéria / sistema vivo 125, 201, 210, 229, 236, 237